大国大转型

中国经济转型与创新发展丛书

中国（海南）改革发展研究院组织编著

"十二五"国家重点图书出版规划项目

当代中国
中产阶层的兴起

THE
RISE
OF THE
MIDDLE CLASS
IN
CONTEMPORARY
CHINA

苏海南　王　宏　常风林◎著

ZHEJIANG UNIVERSITY PRESS

浙江大学出版社

图书在版编目（CIP）数据

当代中国中产阶层的兴起 / 苏海南,王宏,常风林著.
—杭州：浙江大学出版社，2015.11(2016.11 重印)
（大国大转型——中国经济转型与创新发展丛书）
ISBN 978-7-308-15230-3

Ⅰ.①当… Ⅱ.①苏…②王…③常… Ⅲ.①中等资
产阶级－研究－中国 Ⅳ.D663

中国版本图书馆 CIP 数据核字（2015）第 234119 号

当代中国中产阶层的兴起

苏海南　王　宏　常风林　著

丛书策划	袁亚春　王长刚
责任编辑	樊晓燕
责任校对	董凌芳
封面设计	卓义云天
出版发行	浙江大学出版社
	（杭州市天目山路 148 号　邮政编码 310007）
	（网址：http://www.zjupress.com）
排　　版	杭州中大图文设计有限公司
印　　刷	浙江印刷集团有限公司
开　　本	710mm×1000mm　1/16
印　　张	19
字　　数	221 千
版 印 次	2015 年 11 月第 1 版　2016 年 11 月第 2 次印刷
书　　号	ISBN 978-7-308-15230-3
定　　价	52.00 元

总 序

2020：经济转型升级的历史抉择

迟福林

13亿多人的大国，正处于"千年未有之变局"。变革、转型、创新，是这个时代的主旋律、主音符。在增长、转型、改革高度融合的新时代，"大转型"是决定中国命运的关键所在：不仅要在转型中全面清理传统体制遗留的"有毒资产"，而且要在转型中加快形成新的发展方式，释放新的发展动力。

"十三五"的中国"大转型"具有历史决定性。以经济转型为重点，社会转型、政府转型都处于承上启下、攻坚克难的关键时期。总的判断是，2020年是一个坎：化解短期增长压力的希望在2020；转变经济发展方式的关键在2020；实现全面小康、迈向高收入国家行列的关节点在2020。如果谋划好、把握好2020这个"中期"，就能奠定中长期公平可持续增长的坚实基础；如果错失2020"中期"这个重要历史机遇期，就会失去"大转型"的主动权，并带来多方面系统性的经济风险。

"十三五"实现经济转型升级的实质性突破，关键是把握和处理好"四个三"。首先,抓住三大趋势:一是从"中国制造"走向"中国智造"的工业转型升级大趋势;二是从规模城镇化走向人口城镇化的城镇化转型升级大趋势;三是从物质型消费走向服务型消费的消费结构升级大趋势。其次,应对三大挑战:一是在经济下行压力下,加大结构调整力度,实现结构改革的重大突破;二是应对全球新一轮科技革命,加快提升创新能力,实现"弯道超车";三是在改革上要"真改"、"实改"。当前,转型更加依赖于改革的全面突破,对改革的依赖性更强。没有制度结构的变革,转型寸步难行,增长也将面临巨大压力。再次,实现三大目标:一是在产业上,加快推进制造业服务化进程,形成服务业主导的产业结构;二是增长动力上,形成消费主导的经济增长新格局,消费引导投资,内需成为拉动经济增长的主要动力;三是对外开放上,形成以服务贸易为主的开放新格局,实现服务贸易规模倍增。最后,处理好三大关系:一是短期与中长期关系,做好2020"中期"这篇大文章,立足中期、化解短期、着眼长期;二是速度与结构关系,在保持7%左右增速的同时,加快结构调整的进度;三是政策与体制关系。在经济下行压力下,关键是在制度创新中形成政策优势。

近40年的改革开放,给我们留下许多宝贵的财富。最重要的一条就是:越是形势复杂,越是环境巨变,越需要坚定改革的决心不动摇,坚持转型的方向不动摇。这就需要对"大转型"进行大布局、大谋划,需要实现产业结构、城乡结构、区域结构、所有制结构、开放结构、行政权力结构等改革的重大突破,需要对绿色可持续发展、"互联网十"等发展趋势进行前瞻性的谋划,布好"先手棋"。

基于对"十三五"转型改革的判断,中国(海南)改革发展研究院与浙江大学出版社联合策划出版这套"大国大转型——中国经济转型与创新发展丛书"。丛书在把握战略性、前瞻性和学术性的基础上,注重可读性。我们期望,本套丛书能够对关注中国转型改革的读者有所启示,对促进"十三五"转型改革发挥积极作用。

　　本套丛书的作者大多是所在领域的知名专家学者。他们在繁忙的工作之余参加了丛书的撰写。作为丛书编委会主任,我首先对为丛书出版付出艰辛努力的顾问、编委会成员,以及作者和出版社的领导和编辑,表示衷心感谢!

　　本套丛书跨越多个领域,每本书代表的都是作者自己的研究结论和学术观点,丛书不追求观点的一致性。欢迎读者批评指正!

2015 年 9 月

导　言

　　中产阶层——这是眼下许多中国人时常听说但尚未细解其意的一个名词。毫无疑问,在中国进入中等偏上收入国家行列、加快全面建成小康社会并实施经济社会转型的历史进程中,成为中产阶层的一分子是当今中国除富人以外的其他国人所追求的人生目标之一。正如习近平总书记在中国共产党第十八次全国代表大会中央政治局常委中外记者见面会上所讲的:"我们的人民热爱生活,期盼有更好的教育、更稳定的工作、更满意的收入、更可靠的社会保障、更高水平的医疗卫生服务、更舒适的居住条件、更优美的环境,期盼着孩子们能成长得更好、工作得更好、生活得更好。"进入中产阶层,成为其中的一员,正是这一期盼的综合体现。可以说,让绝大多数中国人成为中产者,就是我们常说的共同富裕的具体体现。而要让绝大多数国人成为中产者,从微观看,主要靠个人努力学习、刻苦钻研、提高素质技能,通过辛勤劳动、合法经营、创业和创新等增加个人及家庭的收入和财产,同时也需要有好的机遇和环境;从宏观看,在当今中国经济社会体制转型的历史阶段,面临各种机遇和挑战,要形成中产阶层兴起的格局,则取决于国家大环境的改善和支持,需要通过经济、社会、政治、文化、生态文明等多方面的改革和建设来提供制度和机制的支撑。可见,在我国加快中产阶层的兴起,既是一个与亿万劳动者及其家庭成员切身利益紧密相关的重大民生问题,是社会主义追求和实现共同富裕的本质要求,具有重大的现实意义和历史意义;同时也是一个涉及面广、影响度大、理论和政策及操作性要求很高的庞大、复杂的系统工程,是我国经济社会转型的重大任务之一,需要进行深入细致的专题研究。正是基于此,由中国(海南)改革发展研究院与浙江大学出版社共同发起组织的"大国大转型——中国经济转型与创新发展丛书"编辑委员会研究决定,在丛书中专设一本书研究、阐释此专题,以适应中国经济社会转型的现实需要。我们因曾经关注和研究过此方面问题,有幸受丛书编委会之邀负责撰写此书,书名就叫《当代中国中产阶层的兴起》。

20世纪90年代以来,国内研究中产阶层及其相关问题的著述逐渐增多,进入21世纪后国内关于中产阶层的专著明显增加,光在北京国家图书馆收藏的就有百余本[①];而国际上研究同一问题则年代既久远,论著也更丰厚。在此背景下,我们这本书写什么、怎么写,才能做到既参考借鉴已有研究成果又不落窠臼,才能既有意义又有意思呢? 斟酌再三,我们设想整体上围绕四方面内容来研究并做出我们的回答。

第一,为什么当代中国要"兴起"中产阶层? 新中国成立到改革开放之前,中国是没有中产阶层这一称谓的。改革开放以来,随着经济快速发展,人民群众收入水平普遍有大幅度的提高,生活明显改善,特别是实行"让一部分地区和一部分人通过诚实劳动和合法经营先富起来"的政策以来,我国涌现出了一批中等收入群体并逐渐增加,中产阶层的称谓也逐渐被人们提及。到今天,在我国进入中等偏上收入国家行列、全面建成小康社会目标实现在即之际,我国为什么要兴起中产阶层,其必要性、紧迫性如何,应该是本书首先要回答的问题。

[①] 通过国家图书馆网站"联机公共目录查询系统"搜索,有112部(篇)关于中产阶层的书籍、文章。

　　第二，什么是中产阶层，当代中国的中产阶层是什么样的？在阐述为何要兴起中产阶层之后，紧接着需要回答此问题。其中包括西方及我国中产阶层是如何产生和发展的，如何分析其内涵及外延，特别是当代中国中产阶层如何界定，其现状如何？对这些问题，目前已有著述众说纷纭。为此，我们拟通过梳理、归纳国内外许多有关论述并结合对我国有关情况的分析，就中产阶层的产生和发展得出我们的基本结论。针对当代中国中产阶层的定义及界定标准，在概要分析国内外有关论述的基础上，必须阐明我们独自的观点和结论。这里的关键是既要防止"被中产"、"伪中产"，又要防止"超中产"。中国老百姓当前最担心"被中产"、"伪中产"。近些年来每当国内以及外国研究机构发布报告，分别界定在中国有多少钱即为中产者，宣称中国中产阶层已有多少亿人时，学界和网上往往质疑声此起彼伏，老百姓骂声阵阵。这种为老百姓普遍不认可和否定的关于当代中国中产阶层的分析、判断是站不住脚的，应该避免和纠正。与此同时，也要避免盲目向市场经济发达国家的中产阶层看齐，将其收入财产和生活水平等作为我国界定中产阶层的标准，那样只能吊人们的胃口，超出我国经济社会发展阶段和承受能力，无法真正实现，还可能导致诸多负面影响。说清楚这个问题，应该是本书的重要任务，也是本书的重点之一。

　　第三，中国能否"兴起"中产阶层？这应该是人们随之而关心的问题。中产阶层的兴起是好事，大家都期盼，但这好事有无可能办成？这点至为重要。如果办不成，只是"水中花、镜中月"，看着朦胧，触摸不着，这种"好事"还是少说为佳。目前，我国已进入经济社会转型阶段，处于经济增速换挡期、各种矛盾凸显期、社会转型阵痛期等几期叠加的特定历史阶段。在此背景下，我国"兴起"中产阶层的客观条件、推动因素有哪些？当前及今后我们"兴中"所面临的诸多困难能否克服？我们能不能够真正"兴起"中产阶层，对此需要深入细致地研究讨论。因此，这应该作为本书的第三项任务。

　　第四，如何实现中国中产阶层的兴起？这是本书的又一个重点。这个问题既会是政府有关主管部门、学界高度关心的问题，也会引起各类用人单位和劳动者的兴趣。就为人民服务的政府而言，当然希望实现民富国强。那么，在我国全面建成小康社会并向富裕社会发展的历史进程中，在我国经济社会转型面临诸多机遇和挑战的特定历史阶段，推动中产阶层兴起与世界其他国家中产阶层的发展扩大有何相同点，特别是有何不同之处？基于特殊国情，我国"兴中"的基本路径是什么？基本思路、原则以及主要措施有哪些，当前又要做好哪些工作？对此都需要进行多方面深入研究并提出对策建议，供政府有关主管部门和学界有关方面在形成共识和决策时参考；就用人单位和劳动者而言，让大多数劳动者在提高素质技能和劳动效率的基础上成为中产者的途径、办法有哪些？面临的阻碍和问题如何解决？也需要多方面深入研究并提出意见，供用人单位和劳动者参阅。因此，这应该作为本书的第四项任务。

　　围绕以上四项任务，我们设计了本书的基本框架和结构，共设本导言加九章。第一章"当代中国亟须中产阶层兴起"，第二章"中产阶层的起源和发展"，第三章"谁是当代中国中产阶层"，第四章"当代中国中产阶层现状、问题及原因分析"，第五章"当代中国中产阶层能够兴起"，第六章"国（境）外有益经验借鉴"，第七章"中产阶层全面兴起的思路和目标"，第八章"中产阶层全面兴起的治本措施"，第九章"当前全面'兴中'的重点工作"。其中，第一章阐述当代中国为什么要兴起中产阶层；第二章、第三章和第四章共同阐述什么是中产阶层，国外和我国中产阶层是如何产生和发展的，重点是阐述当代中国的中产阶层是什么样的；第五章阐述面对诸多挑战和困难，当代中国能够发展扩大中产阶层；第六章概要介绍主要市场经济发达国家、部分新兴国家以及我国香港、台湾地区发展扩大中产阶层的经验和教训，为我国如何兴起中产阶层提供正反两方面的经验借鉴；第七章、第八章、第九章共同阐述如何发展扩大当代中国的中产阶层，其基本思路是什么,其治本措施以及当前重点工作有哪些。通过以上九章,使书中描述的当代中国中产阶层具有可信度和吸引力,所论述的发展扩大当代中国中产阶层的理由充分,所阐述的中产阶层全面兴起的基本思路、原则及措施具有科学性和可行性。与此同时,本书在遣词造句时争取尽量生动活泼一些,使本书既具有较强的学术性,又具有较好的可读性;既可供学界和政府有关机构、人员参考,也可供一般读者阅读;从而更好发挥本书促进形成中产阶层全面兴起的共识的作用。

　　以上就是本书开篇要向读者说的话。

目　录

第一章　当代中国亟须中产阶层兴起

本章主要阐述当代中国中产阶层兴起的必要性和紧迫性，其大背景是我国正处于全面建成小康社会的关键时期和大国转型的新阶段，面对跨越"中等收入陷阱"的挑战，形势发展客观要求我国中产阶层的兴起。理由主要有五个"迫切需要"：一是中国亿万人民追求实现共同富裕的迫切需要；二是解决我国当前收入分配领域存在突出问题的迫切需要；三是促进调整我国经济结构、扩大内需的迫切需要；四是形成合理社会结构、维护社会长期稳定的迫切需要；五是贯彻落实党中央有关大政方针的迫切需要。

本书所称"当代"是指中国实施改革开放以来的年代。"当代中国"即指进入改革开放年代的中国,重点是进入 21 世纪,特别是中国共产党第十八次全国代表大会召开以来的中国。本书所称"中产阶层兴起"是指中产阶层的产生、发展、扩大、成熟及其发挥应有作用的过程。从现在起到中国共产党成立 100 周年以及中华人民共和国成立 100 周年的特定历史阶段,是当代中国具有极为重大的战略意义的关键时期。在这一时期,中国人民将在中国共产党的领导下,于第一个百年努力实现全面建成小康社会的目标;在这一时期,我们将要努力完成中国的"大国转型",并于第二个百年把中国建成富强、民主、文明、和谐的社会主义现代化国家;在这一时期,全国各族人民将在党的领导下,努力实现中华民族伟大复兴的梦想。我们肩负的重任无比神圣,我们从事的事业无上光荣。在这一历史进程中,中国经济社会已经发生了翻天覆地的重大变化,而且,今后还将发生更为重大的变化。其中,中产阶层的兴起具有何种地位和作用,是否具有必要性和紧迫性,其理由有哪些? 这正是本书首先需要思考和回答的问题。

一、当代中国发展新阶段提出的新课题

当前,在全面建成小康社会并向富强、民主、文明、和谐的社会主义现代化国家迈进的过程中,将要面对哪些新挑战,将要面临哪些新要求,需要我们深入分析并预测,这是我们判断当代中国是否需要中产阶层兴起的基础。

(一)当代中国面临跨越"中等收入陷阱"的新挑战

改革开放以来,在经济体制改革和对外开放的多方面因素推动下,我国经济长期快速发展,取得了举世瞩目的成绩。从 1978 年至 2013 年,我国国内生产总值由 216.81 亿美元增长到 91849.86 亿美元,年均实际增长9.8%;人均国内生产总值由 227 美元增长到 6995 美元[①]。到 2014 年,我国国内生产总值进一步增加到 636463 亿元人民币,按当期汇率换算首次突破 10 万亿美元,成为世界上仅次于美国的第二个 GDP 超 10 万亿美元的国家;当年人均国内生产总值为 46531 元人民币,当年人民币平均汇率为 1 美元兑 6.1428 元人民币,据此可计算出 2014 年我国人均国内生产总值达到 7575 美元[②]。但是,从 2011 年起,我国经济发展开始减速。到今天,我国进入经济增长换挡期、经济结构调整阵痛期、前期刺激政策消化期"三期叠加"阶段,需要面对并加以克服的困难不少,其主要表现如下。

一是我国经济增速正处于逐渐下降区间。"十二五"期间前 4 年,我国GDP 增速持续下降,由 2011 年的 9.5%、2012 年的 7.7%、2013 年的7.7%再到 2014 年的 7.4%[③],2015 年预计增速为 7%左右[④],年均增速约

---

① 百度百科:《中国 GDP》,数据来自国家统计局。
② 国家统计局:《2014 年国民经济和社会发展统计公报》;国家统计局:《2014 年中国人均 GDP 达到 7575 美元》,证券时报网,2015-02-26。当年人民币与美元平均汇率为 6.1428 元人民币兑 1 美元。
③ "十二五"期间前 4 年我国 GDP 增速数据均来自国家统计局公布数据。
④ 此数据引自 2015 年李克强总理政府工作报告。

为 7.82％；而"十一五"期间我国 GDP 年均增速为 11.2％，"十二五"期间年均增速比"十一五"期间下降了 3.38 个百分点。由此推算，"十三五"、"十四五"期间要分别保持年均 6.5％和 5％的增速是不容易的。与此同时，我国劳动生产率也呈现下降趋势。根据国家统计局 2013 年首次发布的数据，2011年至 2014 年，我国劳动生产率分别比上年增长 9.06％、7.32％、7.29％、6.9％[①]，也就是说呈现逐年下降趋势。这说明近些年来我国就业人数虽有增加，但全员劳动生产率没有保持原有水平，反而逐渐下降。经济发展由高速换挡为中高速并逐渐向中速变化已经基本成为定式。

二是经济结构调整和经济增长方式转变尚未到位，对经济增速存在负面影响。一方面是调整大量过剩产能将对经济增速形成一定程度冲击。欧美国家一般认为，产能利用率在 79％～83％属于产需合理配比。中国企业家调查系统组织实施的"2013 中国企业经营者问卷跟踪调查"显示，我国有 19 个制造业产能利用率都在 79％以下，有 7 个行业产能利用率还在 70％以下，只有 2 个接近 79％。[②] 统计数据显示，2012 年中国钢铁行业产能过剩高达 21％；水泥产能过剩高达 28％；有色金属的产能利用率已由2007 年的 90％降至 65％左右，部分行业甚至已经出现了绝对量和长期性过剩，电解铝产能过剩更高达 35％；汽车产能过剩为 12％。[③] 将这么大的一批过剩产能进行兼并重组，在一定时期内无疑会对经济增速以及就业等都带来冲击。另一方面是淘汰大量高污染、高能耗、高排放的"三高"企业和低附加值产品企业将对经济增速形成冲击。按照国务院《节能减排"十二五"规划》要求，要重点淘汰小火电 2000 万千瓦、炼铁产能 4800 万吨、炼钢产能 4800 万吨、水泥产能 3.7 亿吨、焦炭产能 4200 万吨、造纸产能 1500万吨，单位工业增加值（规模以上）能耗比 2010 年下降 21％左右，外加关

---

① 根据国家统计局《2014 年国民经济和社会发展统计公报》附表 3"2010—2014 年国家全员劳动生产率"计算。
② 引自《当前我国产能过剩问题仍然十分突出》，中研网，2014-11-24。
③ 张前荣：《我国当前产能过剩的现状、原因及应对政策》，国家信息中心网站，2014-07-16。

停并转低附加值产品企业，这些工作在"十三五"及其以后都还要做。这也将给经济增速和就业率带来冲击。

三是人口红利消失、老龄化社会到来。根据国家统计局的数据，2012年年末，我国15～59岁劳动年龄人口为93727万人，比上年末减少345万人，占总人口的69.2%，比上年末下降0.6个百分点。[①] 这是我国长时期以来劳动年龄人口绝对数量的第一次下降，其后将继续此变化趋势。与此同时，我国未富先老，老龄化社会提前到来。根据国家统计局的数据，2014年末，我国60周岁及以上有21242万人，占全国人口比例的15.5%，其中65周岁及以上人口13755万人，占我国人口比例10.1%。[②] 这一方面使我国长期依靠劳动力无限供给、低成本竞争的战略无法继续维持，开始比较频繁地出现"用工荒"，人工成本快速上升；另一方面使我国当前及今后的养老压力大增，我国社会老年抚养比由2001年的10%，上升到2014年的15%[③]，此比例今后还将继续提高。如果按领取养老金人数与参加养老保险缴费总人数之比计算，则此口径的老年抚养比将更高，坊间有所谓"当前三人养一人，今后若干年一人养一人"之说。因此，养老金支付总量及个人账户空账的压力会越来越大，有的研究机构和专家测算今后空账可能高达20万亿元左右。以上这两方面都会对我国经济发展形成新的冲击。

四是内需不足。一方面，居民手中的钱仍然不够多。虽然近些年来我国居民收入年均增长速度不慢，但总的来看，居民收入占国内生产总值之比仍然不高。根据《中国统计年鉴》上的"资金流量表"数据测算，2012年我国居民收入总额占全国GDP的比重大约为62%，此比重尚未恢复到1996年比重最高时的67.2%。[④] 在居民收入比重偏低的基础上，我国基尼

---

① 国家统计局：《2012年我国国民经济和社会发展统计公报》。
② 国家统计局：《2014年我国国民经济和社会发展统计公报》。
③ 老年抚养比指老年人口与劳动年龄人口之比，即65周岁及以上人口与16～59岁劳动年龄人口之比。按国家统计局相关年份国民经济和社会发展公报数据计算。
④ 测算数据引自苏海南：《如何正确判断和实现合理的收入分配比例》，《中国经济时报》，2014年2月19日。

系数虽然近些年来总的呈现逐渐下降趋势,但 2014 年仍高达 0.469[1],高于国际上通行所称的 0.4 收入分配警戒线,也高于世界上大多数国家的基尼系数。城乡居民之间、地区之间、行业之间和居民内部收入差距仍然明显偏大,中等收入群体人数明显偏少,低收入群体人数庞大。如 2014 年我国 6 亿多农村居民人均纯收入在连续几年较快增长后也只有 9892 元,较多地低于城镇居民人均可支配收入 28844 元[2],不少农民尚处于刚解决温饱的生活水平;全国贫困居民按国际贫困标准计算还有上亿人口。在此基础上,我国居民消费能力当然不足,极不利于扩大消费。另一方面,由于国内产品和服务的质量不够高,假冒伪劣产品仍然占有一定比重,导致国内部分已达全面小康和富裕生活水平的居民出国消费。据我国商务部部长在 2015 年第十二届全国人大第三次会议的记者会上宣布,我国 2014 年"境外消费已经超过 1 万亿人民币"[3],致使部分内需流失到境外。

五是经济社会体制弊端对激发经济社会活力的制约。之所以出现上述多方面问题,主要原因在于我国经济社会体制存在诸多弊端,包括诸项具体经济制度、社会制度不够公正、不够公平。比如政府有关部门对市场主体的过多干预,造成许多企业管理人员需要花费日常 60%~70% 的工作时间去"跑政府"办事,严重影响了企业的工作效率;资源配置制度存在许多漏洞,包括土地、矿产等资源被少数人低价占用,以致出现所谓"房叔"、"房姐"、煤矿大亨等暴富者;户籍制度歧视农民;城乡居民基本公共服务待遇存在明显不合理的差别;等等。这些弊端既不利于经济结构的调整和经济增速的维持及提升,又不利于市场主体,包括用人单位和劳动者,创业、创新主动性、积极性的发挥,进而阻碍我国经济持续健康发展和人民生活水平的改善提高。

---

① 引自新华社 2015 年 1 月 20 日刊载的国家统计局发布基尼系数数据。
② 引自国家统计局《2014 年国民经济和社会发展统计公报》相关数据。
③ 林其玲:《商务部长:境外消费热主因系价差悬殊》,《新京报》,2015 年 3 月 8 日。

以上这些问题集中起来，使我们面临能否跨越"中等收入陷阱"和翻越"高收入高墙"①并继续向上发展的新的重大挑战。

按照世界银行最新的国家或地区国民收入分组，"人均国民收入小于1005美元为低收入国家，介于1006～12275美元属于中等收入国家。中等收入又分为两个层次，介于1006～3975美元为中低收入国家，介于3976～12275美元为中高等收入国家"②。一个国家或地区的人均国民收入如果长期在1006～12275美元徘徊，即陷入了"中等收入陷阱"；如果长期在3976～12275美元徘徊，即陷入了"中等偏上收入陷阱"或"中等收入陷阱"的高级阶段③，如拉丁美洲的阿根廷等国；如果人均GDP长期超不过12275美元，即为未翻越"高收入高墙"。我国自2001年人均GDP达到1024美元，进入中等偏下收入国家行列后，用9年时间于2010年人均GDP达到4276美元（按当年人均GDP 29992人民币元折算）④，略高于世界银行发布的最新收入分组中等偏上收入国家的下限3976美元⑤，进入中等偏上收入国家行列。如何在不长的时间内通过继续保持经济健康地较快发展，使我国人均GDP达到12275美元以上，跨越"中等偏上收入陷阱"并翻越"高收入高墙"进入高收入国家行列且继续向上发展，将成为我们全面建成小康社会后向共同富裕社会迈进的重要奋斗目标。

根据国家统计局数据，2014年全国人均GDP为7575美元。⑥ 以此为基数，如果在国民经济和社会发展"十三五"规划期间我国人均GDP增长速度能够保持不低于年均6.5%，"十四五"期间能够保持不低于年均5%，

---

① 此两概念并用，引自郑秉文：《中等收入陷阱：来自拉丁美洲的案例研究》第八章"'陷阱'还是'高墙'：中国经济面临的真实挑战和战略选择"，当代世界出版社，2012年。
② 引自郑秉文：《中等收入陷阱：来自拉丁美洲的案例研究》第九章"增长路径和'中等收入陷阱'的理论诠释：论中国突破'陷阱'的路径和政策"，当代世界出版社，2012年。
③ 参考郑秉文：《中等收入陷阱：来自拉丁美洲的案例研究》第十章"中国的三次历史性跨越与未来10年应对'中等收入陷阱'10大诱因：拉美与国际经验教训的角度"，当代世界出版社，2012年。
④ 国家统计局公布2010年我国人均GDP为29992元人民币，按当年汇率折算约等于4276美元。
⑤ 引自郑秉文：《中等收入陷阱：来自拉丁美洲的案例研究》第十章"中国的三次历史性跨越与未来10年应对'中等收入陷阱'10大诱因：拉美与国际经验教训的角度"，当代世界出版社，2012年。
⑥ 引自《国家统计局数据显示中国人均GDP达到7575美元》，中国经济网，2015-02-26。

则到 2020 年我国人均 GDP 将达到 11053 美元(现价);到 2025 年,我国人均 GDP 可望达到 14106.7 美元(现价),可成功跨越"中等偏上收入陷阱",同时翻越"高收入高墙"。从 2010 年我国进入中等偏上收入国家行列算起,若按以上经济增速,到 2023 年我国人均 GDP 将达到 12795 美元,一共需花费 13 年时间跨越"中等偏上收入陷阱"并翻越"高收入高墙"。周边国家和地区从进入中等偏上收入国家或地区之年到翻越"高收入高墙"之年,日本(1966—1985)和新加坡(1971—1990)分别用了 19 年,韩国(1977—1995)和中国香港地区(1971—1989)分别用了 18 年[①],横向比,我国可望比日、新、韩三国和我国香港地区所用时间稍短。但这是在假设"十三五"和"十四五"时期人均 GDP 年均增速分别不低于 6.5% 和 5% 的情况下才能实现的。能否在"十三五"和"十四五"时期实现我国人均 GDP 不低于上述年均增速,还存在许多不确定性,跨越"中等偏上收入陷阱"并翻越"高收入高墙"还需要我们集思广益、千方百计想办法并采取有效措施应对。

　　面对如何跨越"中等收入陷阱"并翻越"高收入高墙"问题,目前政府主管部门和社会上议论很多,既有共识,也有分歧。共识是大家都赞成通过全面深化改革和继续扩大对外开放来推动我国经济社会发展,从而跨越"中等收入陷阱"。分歧主要是在经济新常态下对民生改善包括扩大中产阶层等的认知有差别。一种意见认为,近些年来居民收入、劳动者薪酬增长过快,社保待遇水平提高也偏快,今后要一边稳增长,一边控制居民收入、劳动者薪酬的增长,以此两手来应对经济发展新常态,实现跨越"中等收入陷阱"[②];另一种意见则认为,要保持经济中高速增长,除了直接采取包括创业、创新、产业升级换代、经济结构调整、投资等措施稳定并促进经

---

　　① 引自郑秉文:《中等收入陷阱:来自拉丁美洲的案例研究》第十章"中国的三次历史性跨越与未来 10 年应对'中等收入陷阱'10 大诱因:拉美与国际经验教训的角度",第二节"中国经济发展的三次历史性跨越:拉美和东亚的背景",当代世界出版社,2012 年。
　　② 严海蓉:《敢问楼继伟部长:谁要跨过中等收入陷阱? 谁需要粮食安全?》,新浪网,新浪博客,2015-04-28。

济增长外，还要更加重视继续改善民生，与经济发展同步提高居民收入和劳动者薪酬水平，改革收入分配制度，缩小不合理差距，发展、扩大中等收入群体，将此作为跨越"中等收入陷阱"的重要途径和手段。无疑，后一种认识与党中央、国务院一贯高度重视改善民生的大政方针更趋一致。可以说，我们面临的跨越"中等收入陷阱"、翻越"高收入高墙"的新挑战，向我们提出了我国中产阶层应否兴起的新课题，需要我们认真思考并回答。

（二）全面建成小康社会和大国转型新阶段提出了新要求

今天，我国已经进入全面建成小康社会的关键时期，同时也处于大国转型新阶段。就前者看，当前离完成全面建成小康社会目标只有五年多时间。按照中国共产党第十八次全国代表大会报告的部署，"全面建成小康社会"一共有五大项目标，包括"经济持续健康发展"、"人民民主不断扩大"、"文化软实力显著增强"、"人民生活水平全面提高"和"资源节约型、环境友好型社会建设取得重大进展"，涵盖了经济、政治、文化、社会和环境建设五方面。其中，第一项目标明确了到 2020 年，要"实现国内生产总值和城乡居民人均收入比二〇一〇年翻一番"，同时还要求"科技进步对经济增长的贡献率大幅上升，进入创新型国家行列"，"工业化基本实现，信息化水平大幅提升，城镇化质量明显提高，农业现代化和社会主义新农村建设成效显著"等。第四项目标明确了到 2020 年，"基本公共服务均等化总体实现"，"全民受教育程度和创新人才培养水平明显提高，进入人才强国和人力资源强国行列"，"就业更加充分。收入分配差距缩小，中等收入群体持续扩大，扶贫对象大幅减少。社会保障全民覆盖，人人享有基本医疗卫生服务，住房保障体系基本形成，社会和谐稳定"。在这两项目标中，都包含了改善人民生活、追求共同富裕、提升城乡居民基本公共服务水平等多项内容，特别是第四项目标中明确要求"持续扩大""中等收入群体"，这可以看作是扩大中产阶层的另一种表述。此外，第二项目标中要求"民主形式更加丰富"，"依法治国基本方略全面落实"，"人权得到切实尊重和保障"；第三项目标中要求"社会主义核心价值体系深入人心，公民文明素质和社会文明程度明显提高"；第五项目标中要求"生态系统稳定性增强，人居环境明显改善"①，这些都与中产阶层的一般内在追求或应有生活、社会环境条件相一致。因此，可以说，全面建成小康社会的五大项目标蕴含了中产阶层兴起的内容，这是今后五年我们所应努力完成的重要任务。

　　就大国转型看，我国作为一个有 13.6 亿人口、960 万平方千米面积、5000 年文明发展史的大国，转型难度极大，超过世界上其他所有已经转型、正在转型和将要转型的国家。同时，转型任务十分繁重。在经济转型方面，在收入水平上我国要由现在的中等偏上收入国家发展为高收入国家；在增长方式上要由粗放型经济增长方式转变为集约型经济增长方式；在经济发展动力上要由以投资、外贸为主的拉动模式转变为更多发挥内需拉动，外贸、投资共同发力的模式；在经济体制上要由计划经济体制转变为完善的市场经济体制；在经济运行机制上要由现在的市场机制和行政计划机制并存转变为由市场机制在资源配置上发挥决定性作用；等等。在社会转型方面，在城乡结构上我国要由现在农村人口占全国人口近一半转变为城镇人口占绝大多数；在人口结构上要由人口红利大国转变为人才强国；在就业结构上要由现在城乡就业人员大体各占一半转变为二、三产业就业人员占绝大多数；在收入结构上要由现在基尼系数高企的不合理分配格局转变为合理的分配格局；在消费结构上要由现在的以低端消费为主逐步转变为以中高端消费为主；在社会阶层结构上要由现在的金字塔形状转变为橄榄形状；在社会治理上要由传统控制型社会转变为现代开放型社会；等等。从以上大国转型面临的任务可以看到，其中也蕴含着中产阶层兴起的内容。特别是社

---

①　本段文中加引号的文字均引自胡锦涛在中国共产党第十八次全国代表大会上的报告：《坚定不移沿着中国特色社会主义道路前进　为全面建成小康社会而奋斗》"三、全面建成小康社会和全面深化改革开放的目标"，2012 年。

会转型任务中的城乡居民结构、就业结构、收入分配结构、消费结构、社会阶层结构等的调整,均与发展、扩大中产阶层紧密相连。因此,在进入大国转型的新阶段,中产阶层的兴起也已成为我们需要努力完成的重要任务。

二、当代中国"兴起"中产阶层的必要性、紧迫性

正是基于以上对全面建成小康社会关键时期和大国转型阶段面临新挑战和新要求的分析预测,我们可以得出当前我国总体形势的发展客观上要求中产阶层兴起的结论。那么,我国中产阶层兴起是否具有必要性、紧迫性,其理由有哪些,还需要我们思考并梳理一下先后顺序。这些理由大体涉及满足民心期盼、解决问题、扩大内需、维护稳定、贯彻政策等多方面的需要。我们只有先梳理并讲清楚中产阶层兴起的理由,才能为本书后续重点讨论当代中国中产阶层是什么样的以及如何实现其兴起奠定基础。

(一)亿万人民追求实现共同富裕的迫切需要

回顾改革开放的历程,可以说,中国共产党把党的路线由原来以阶级斗争为纲转变为以经济建设为中心并坚持不动摇,就是顺应期盼早日实现共同富裕的民心、民意的历程。30 多年来,随着经济快速发展,人民群众的收入水平有了大幅度提高,由改革开放之初 1978 年的城镇居民人均可支配收入 343 元,提高到 2014 年的 28844 元;同期,农村居民人均纯收入由 133.6 元提高到 9892 元[①],分别提高了 83.09 倍和 73.04 倍。剔除物价因素,年均分别实际增长 7.62% 和 7.41%。[②] 这是一个很了不起的成绩。但是,这个成绩与人民群众的期盼还有一定差距。一方面,目前城镇居民

---

① 引自国家统计局《2014 年国民经济和社会发展统计公报》数据。
② 根据《中国统计年鉴 1978》《中国统计年鉴 2014》和《中华人民共和国 2014 年国民经济和社会发展公报》有关数据测算。

和农村居民人均可支配收入①的绝对额水平仍不高。其中,城镇居民人均可支配收入仅相当于4695.6美元②,在世界上排名仍然是偏低的,还只是中国标准的接近全面小康水平,还算不上比较富裕;特别是其中6亿多农民的人均可支配收入水平也就相当于国际贫困标准的3.74倍③,如果按农村居民人均纯收入计算还更低一些,还处于更低的水平,离中国标准的全面小康更存在一定差距。现时我国城乡居民中能够过上衣、食、住、行玩基本不愁钱,且住房宽敞、有质量,出入有私家车,经常健身、观看中高档文艺演出,不时出国旅游等生活的还只是少数人,大多数人都在盼望也能过上这种生活。另一方面,长期以来我国不论是城镇居民,还是农村居民的人均收入水平均高于各自的中位数。2014年,城镇居民人均可支配收入的中位数也才相当于平均数的92.3%,农村居民人均可支配收入中位数则仅相当于平均数的90.5%。④ 也就是说半数以上的城镇、农村居民人均收入都分别低于城镇、农村居民的平均收入水平,低收入群体数量很大,还远未处于共同全面小康到比较富裕区间。在这离2020年全面建成小康社会只有不到6年之际,人民群众期盼继续提高生活水平,特别是低收入群体渴望实现共同全面小康并逐步富裕的心情更加迫切。可以说,亿万人民对共同全面小康到比较富裕生活的期盼,是当代中国发展扩大中层阶层的内生的根本动力。

中国共产党作为中国人民和中华民族的先锋队,一直把共同富裕列为党和国家孜孜追求的目标。特别是改革开放以来,党中央、国务院就此做了一系列决策。2012年11月,以习近平同志为总书记的新一届中央领导人就任以来,在发展经济的同时更加重视推进共同富裕,明确提出"人民对

---

① 国家统计局从2014年起在公布农村居民人均纯收入的同时,又公布了农村居民人均可支配收入为10489元,与城镇居民人均可支配收入统一起来。

② 按2014年人民币对美元平均汇率6.1428∶1计算。

③ 按10489元除以6.1428求得相当于美元数,再除以365天得出人均约4.68美元/天,再除以国际贫困标准1.25美元得出3.74倍。

④ 根据国家统计局《2014年国民经济和社会发展统计公报》有关数据计算。

美好生活的向往,就是我们的奋斗目标"。同年,党的十八大做出了这样的战略安排:到 2020 年,我国经济持续健康发展,转变经济发展方式取得重大进展,实现国内生产总值和城乡居民人均收入比 2010 年翻一番。党的十八届三中全会更进一步指出,要紧紧围绕更好保障和改善民生、促进社会公平正义,深化社会体制改革,改革收入分配制度,促进共同富裕。我们党的有关大政方针,正是亿万人民群众追求共同富裕心声的集中体现。

要追求共同富裕,就要加紧构建"橄榄形"分配格局,扩大中产阶层。共同富裕与构建"橄榄形"分配格局紧密相关。无论是"保障和改善民生、促进社会公平正义",还是"实现国内生产总值和城乡居民人均收入比二〇一〇年翻一番"等,都离不开在发展经济、提高人民群众收入水平的同时理顺分配关系,离不开构建中产阶层占大多数的"橄榄形"分配格局。国家统计局数据表明,2010 年城镇居民人均可支配收入和农村居民人均纯收入分别为 19109 元和 5919 元。[①] 到 2020 年翻一番,并不意味着就是对 2010 年人均收入数简单"乘以二",考虑到通胀因素,到那时人均收入数字会超过 38218 元和 11838 元。这是一组平均数字,其翻一番的内涵绝不是让最富裕的人和最贫穷的人收入通通增长一倍,而是要让中低收入群体增加更多的收入,让居民人均收入中位数等于或稍高于人均收入平均数,进一步扩大中产阶层的数量。只有让社会中的大多数人进入中产阶层,同时引领和带动低收入阶层向其看齐,通过辛勤劳动、合法经营提高收入,使其中多数人也进入中产阶层,大家共同过上全面小康和比较富裕的生活,才是我们所应追求的共同富裕。现在距离 2020 年只有不到 6 年的时间,加快构建"橄榄形"分配格局和社会结构时不我待,必须抓紧,才能确保按时实现 2020 年 GDP 和居民人均收入比 2010 年都翻一番的目标,更好更快地实现符合中国经济社会发展阶段的共同富裕。

---

① 引自国家统计局《2010 年国民经济和社会发展统计公报》。

（二）解决我国当前收入分配领域存在突出问题的迫切需要

我国收入分配不公问题突出且存在已久。国际上通常用基尼系数来衡量一个国家收入分配的公平程度，并以0.4的基尼系数作为衡量居民贫富差距的警戒线。2013年1月18日，国家统计局一次性公布了我国2002—2012年的基尼系数，时任国家统计局局长马建堂披露："中国全国居民收入的基尼系数先是从2003年到2008年逐渐上升，2003年是0.479，2004年是0.473，2005年是0.485，2006年是0.487，2007年是0.484，2008年是0.491。然后逐步回落，2009年是0.490，2010年是0.481，2011年是0.477，2012年是0.474。"由以上数字可以看出，我国的基尼系数在2003年就超过了0.4的国际警戒线，到2008年达到峰值0.491，虽然之后逐步回落，但至2012年仍旧维持在0.47以上的水平。而且，对国家统计局公布的上述数据，社会上还存在不少质疑之声，认为数据值偏低，我国居民贫富差距的实际情况更严重。有一些院校研究机构和人员自行调查计算的基尼系数远高于国家统计局的数据，如西南财经大学中国家庭金融调查与研究中心的调查报告宣布，2010年中国居民家庭收入的基尼系数高达0.61。[①]虽然此数据有许多专家学者不认同，但可以从一个侧面对国家统计局数据给予补充和校正。不论是国家统计局的数据还是有关研究机构的数据，都表明我国居民贫富差距较大，超过了国际上的平均水平，显示我国社会分配格局很不合理，社会阶层结构内部中产阶层人数太少、底层人群太大。

我国当前收入分配领域突出问题的外在表现是两个比重偏低，多方面收入差距扩大。两个比重分别是指我国居民收入占国内生产总值的比重和劳动报酬占初次分配的比重。其中，居民收入比重曾由1996年最高时的67.2%持续下降到2004年的最低点57.7%；劳动报酬比重曾由1992

---

① 引自高晨：《报告称中国家庭基尼系数达0.61　贫富悬殊世所少见》，《京华时报》，2012年12月10日。

年最高时的 54.6％持续下降到 2004 年的 47.2％[①]；到 2012 年，这两个比重也才分别达到 62％和 49.4％，均未恢复到历史上的最高比重。多方面收入差距是指城乡居民之间、地区之间、行业之间、群体之间的收入差距。从城乡居民之间看，城乡居民收入比从 1985 年最小差距时的 1.86：1，曾扩大到 2009 年的 3.3：1；近几年逐渐缩小，但也都在 3 倍以上；直到 2014 年共 13 年后才首次缩小到 3 倍以内，但仍有 2.75 倍，这个数字既远高于东亚近邻日本、韩国和我国台湾地区的城乡居民收入倍比，也远高于我国 1985 年时的城乡居民收入倍比。从区域之间看，2012 年城镇居民人均可支配收入最高的上海市（40188.3 元）和最低的甘肃省（17156.9 元），收入差额为 23031.4 元，两者之比为 2.34：1，其差距较以前有所扩大。从行业之间看，2013 年，职工平均工资最高的行业是金融业，为 99659 元，最低的行业是农林牧渔业，为 25820 元，最高为最低的 3.86 倍，比 1998 年行业最高平均工资水平与最低平均工资水平之比 2.35：1 扩大了 1.51 倍。[②]从群体之间看，城镇居民按五等份分组，2013 年最高收入组与最低收入组人均可支配收入之比为 4.93 倍，虽呈现差距逐渐缩小的趋势，但仍明显高于有此统计数据以来的 2000 年差距最小时的 3.61 倍；同年，农村居民按五等份分组的人均最高纯收入与最低纯收入之比为 8.24 倍[③]，仍然呈现差距扩大趋势，且远高于 2000 年差距最小时的 6.47 倍[④]。而从 2015 年 5 月 13 日国家卫生计划生育委员会发布的《中国家庭发展报告（2015 年）》来看，则居民内部收入差距更大。该报告组织调查的情况是，收入最多的

---

① 数据根据国家统计局国民经济核算司、中国人民银行调查统计司编的《中国资金流量表历史资料(1992—2004)》《中国统计出版社，2008 年》相关数据及 2007 年、2008 年、2009 年《中国统计年鉴》计算。

② 根据《中国统计年鉴 2014》第 108～110 页"表 4-15 按行业分城镇单位就业平均工资"整理，系指按行业大类划分的 19 个行业平均工资之比。

③ 根据《中国统计年鉴 2014》城乡居民五等份分组数据整理计算得出。

④ 国家统计局城镇居民和农村居民人均收入五等份划分从 2000 年才有相关数据，所以只能分析 2000 年以来数据对比。

20％的居民家庭和收入最少的20％的居民家庭相差19倍左右①，远高于国家统计局的相关数据。其他关于不同所有制职工之间、不同用工制度员工之间和企业高层经营管理人员与普通员工之间的薪酬差距，也普遍存在差距不合理偏大的问题。上述收入差距不符合我国初级发展阶段的国情，不符合我国社会主义国家性质要求。与我国近邻日本、韩国以及我国台湾地区等相比，我们现有多方面收入差距，比如城乡居民收入差距、行业收入差距、居民群体收入差距等更大，引起了人民群众的强烈不满，成为社会聚焦的热点问题，多年来在全国人大、全国政协两会召开期间位于热点问题排名前三位。两个比重偏低、多方面收入差距偏大的问题，挫伤了相当部分劳动者的积极性，阻碍了我国经济保持中高速增长，阻碍了我国跨越"中等收入陷阱"。对此，亟待通过深化收入分配制度改革，构建"橄榄形"分配格局，遏制收入差距扩大来缓解；同时也亟须通过深化经济社会体制改革、发展扩大中产阶层等从根本上解决。

（三）促进调整我国经济结构、扩大内需的迫切需要

20世纪90年代以来，我国消费增长和经济发展存在一定程度的偏离，产生了投资和消费结构不合理问题。导致这些问题的原因是多方面的，既有产业结构方面的原因，也有消费结构方面的原因。从产业结构方面看，传统产业数量多，从业人员多且素质不高，劳动效率低；产业类型中高能耗、高排放工业比重大，环境严重污染；而对现代社会经济发展具有重大推动作用的第三产业和高新技术产业起步较晚，发展较慢，从业人员少。根据国家统计局2013年发布的数据，2012年第一产业虽然增加值在国内生产总值中占比最低，只有9.2％，但其从业人员仍然高达2.57亿人，占当年全国三次产业从业人员总数的33.6％②。近两年第二、三产业有新的

---

① 《我国以2人或3人家庭为主体　家庭收入最高差19倍》，新浪新闻中心，2015-05-13。
② 根据百度文库所载《1952—2012年按三次产业分就业人数及比例》中2012年数据计算。

发展,第二产业增加值 2014 年占比为 42.6%,第三产业增加值占比占比超过第二产业,达到 48.2%,但低于同为发展中国家的印度等国,仍然明显偏低。以上多种情况显现出我国经济结构的不合理,这一状况直接影响我国经济发展速度和质量,成为不利于跨越"中等收入陷阱"的制约因素。从投资与消费结构看,多年来偏重投资拉动经济发展,忽视消费拉动,导致我国消费领域存在不少问题,主要体现在四个方面:一是消费率持续降低,消费需求对经济增长的贡献不断降低,消费增速则明显低于投资和 GDP 增速,表现为消费率的长期波动不前,2000 年以来更是呈下降态势,消费率从 2000 年的 62.3% 降到 2011 年的 49.1%,同期居民最终消费率从 46.4% 下降到 35.5%。[①] 二是居民人均消费水平和消费总量增长速度明显慢于经济增长速度。表现为 1978 年至 2013 年,我国居民消费水平的增长率在 5%～10% 来回波动,其平均增长率为 7.8%。而与此同时国内生产总值(GDP)的增长率则主要在 8%～14% 波动,其平均增长率为 9.9%。三是我国居民消费水平增长较慢,政府消费水平增长偏快。表现为居民消费水平每年以 7.8% 的增长率稳步增长,而政府财政支出自改革开放以来的平均增长率为 15.5%,1993 年以来的财政支出增长率更是围绕着 20% 上下波动,在 2008 年达到峰值 25.7%[②],政府支出增长率大幅度高于居民消费增长率。当然,政府支出中有部分为民生支出(社保、就业、教育和医疗四大项支出合计),但大约只占全部财政支出的 10% 左右,其余 90% 为政府的消费,这部分增长率与居民消费增长率比,仍然高很多。四是农村消费水平增长缓慢,城乡居民消费水平差距很大。这些问题直接导致我国内需不足,极不利于拉动经济增长,也是制约我国跨越"中等收入陷阱"的重要因素。

当前我国处于经济社会转型的重要时期和改革的攻坚期,主要依靠政

---

① 引自郭斐然:《怎样看我国消费率的高低? —— 与专家对话》,《求是》2013 年第 15 期。
② 数据引自国家统计局网站。

府投资促进经济增长的既有模式难以长久,拉动经济增长最主要的动力要依靠内需。党的十八大报告就此明确提出:"要牢牢把握扩大内需这一战略基点,加快建立扩大消费需求长效机制,释放居民消费潜力,保持投资合理增长,扩大国内市场规模。"经验表明,中产阶层既是转变经济生产方式、改善经济结构的主体,又是稳定的消费群体。中产阶层的扩大、生活水平从全面小康到比较富裕的中产者增多,有利于提振消费需求,直接推动购买力的增加,购买力增加又将促进扩大内需;而且,中产阶层的扩大有利于激发民间投资。据调查,我国中等收入家庭储蓄率明显高于低收入家庭,是民间投资的巨大资金储备;中等收入家庭投资倾向明显高于低收入家庭,是最值得关注的潜在民间投资者。据分析,中等以上收入家庭人均可支配收入每提高 1%,投资支出将增加 0.2%～1%,其中用于实业和艺术品投资的支出将提高 0.1%～0.15%;扩大中等收入群体,可以使更多居民在满足基本消费需求后,有更多的剩余收入用于投资,也更有可能获得银行的信贷支持,有助于激发中小投资者热情。① 而民间中小投资者的投资热情,是中小企业发展的根本源泉。在现代化进程中,中产阶层也是掌握现代化进程中关键的基本知识和技术的群体。他们一般受过较高的教育,掌握比较先进的知识和技术,从事着大量与知识相关的技术以及管理工作,往往成为先进知识和技术的运用者和传播者,是知识经济时代推动生产力迅速发展的生力军,也是推动我国第三产业和高新技术产业发展的生力军。中产阶层在生产力发展中承担着知识和技术的承接、传播以及更新的角色,推动着经济的积极发展。所以说,中产阶层的扩大、中高素质劳动者的增多,有利于助推产业升级。同时,中产阶层规模大的社会,社会资源的配置一般都比较合理,社会收入分配差距较小,中产阶层保障着社会的经济和谐。中产阶层由于职业稳定、收入正常增长预期较好,具有较雄

---

① 引自王宏:《扩大中等收入劳动者群体研究》,中国劳动保障科学研究院 2012 年度优秀课题。

厚的经济基础和强烈的消费倾向;同时中产阶层一般渴望多样化的产品和服务,对新工艺、新产品、新消费行为的接受程度较高,消费领域较为宽广,改善消费结构和提升消费层次的愿望明显,容易形成消费规模和市场需求热点。因而中产阶层容易带动国家整体消费需求的扩大,是消费市场的主体力量。因此,构建"橄榄形"分配格局、发展扩大中产阶层是促进调整经济结构、转变经济发展模式、保证国民经济的持续健康发展的迫切需要,也是我们应对经济新常态使经济发展保持中高速度,促进跨越"中等收入陷阱"并翻越"高收入高墙"的迫切需要。

(四)形成合理社会结构、维护社会长期稳定的迫切需要

我国现行社会结构是在改革开放以后逐渐发展形成的。随着经济体制改革和市场经济体系的建立和发展,各类市场主体日益增多,从根本上打破了原来计划经济条件下的社会结构,出现了多种社会群体。与此同时,随着经济快速发展和改革旧有收入分配制度,特别是实行"先富带后富"政策以来,打破了原来计划经济条件下的平均主义"大锅饭",各社会群体在普遍提高收入水平、改善生活的基础上,相互之间逐步拉开了收入差距。其后,随着经济持续快速发展和收入分配改革以及同时出现的收入分配不规范等状况,各社会群体之间的合法和不规范、不合法收入、财产的差距全面拉开,社会层级划分日益明显,出现了"两端夹中间"的社会阶层结构状况。"两端"中的高端,即已经富裕起来包括某些暴富的人群,主要由企业家以及企业高层管理者、知名的技术专家或发明家、文体明星、高中级经纪人、律师事务所合伙人乃至腐败官员等人员所组成。他们人数不多,但占有的社会财富数量很大,收入和财产水平很高。"两端"中的低端,即刚解决温饱或接近小康以及部分尚未脱贫的人群,主要包括绝大多数农民以及其中的农民工、城镇的广大普通工人、一般管理或技术人员、经营状况一般或较差的个体户以及城乡贫困居民等。这一群体人员数量巨大,他们占有的社会财富相对

不多,人均收入和财产水平普遍偏低甚至有些人极低。被夹在"中间"的,是企业中层管理人员、企业高中层技术人员、小微企业主、经营状况好的个体户、高中级公务员、事业单位高中级管理人员、专业技术人员、高中级记者或编辑等人员。这一群体人员数量在全国总人口中比重还不大,他们的收入和财产水平大体处于小康到比较富裕区间。以上社会阶层结构基本属于金字塔形状,在一定程度上也可以说属于倒 T 字母形状,很不合理。近些年来,随着深化收入分配体制改革、规范分配秩序和反腐倡廉等多方面措施的实施,社会阶层结构由金字塔形状(倒 T 字母形状)开始朝洋葱头形状逐渐演变,但尚未有明显进展,离国际上市场经济发达国家流行的橄榄形社会阶层结构还相距很远。目前,我国社会中较大范围内存在的"仇富"、"仇官"思想观念,一些地方不时出现的影响社会安定的群体性事件,均与现行不合理的社会阶层结构相关,或是在这种社会阶层结构基础上由某些突发因素所引发的。这种社会阶层结构,对我国经济发展保持中高速度和跨越"中等收入陷阱"已经形成很不利的影响,需要高度重视并研究采取措施逐步解决。

在一个合理的社会结构中,不同社会阶层的合理分布能够抵消贫富差距大所带来的负面效应。而中产阶层天然连接着社会当中的富裕阶层和贫穷阶层,是社会和谐稳定的天然润滑剂。一般而言,中产阶层不是一个单纯的经济性概念,中产阶层既是收入水平达到中等、生活质量较好的社会群体,同时也是个人素质较高、社会责任心较强的社会群体。古语说"衣食足则知荣辱",在生活水平提高后,特别是在靠提高自己的职业技能素质和通过辛勤劳动、合法经营提高收入财产水平而进入中产阶层的情况下,中产者的思想道德素质、科学文化素质必将相应较高。这个群体若能在总人口中达到较大比重,无疑有利于带动、促进其他人群素质的提高。而且,教育良好的中产阶层更富有民主精神,更富有理性思考,往往是政治民主化的主导社会的推动力量。那些经济收入比较殷实、思想文化素质比较高的中产阶层拥有着优质的人力资本和巨大的创造力,他们主要依靠知识和智力创造社会财富,成为经济发展的重要引擎和社会活力的主要源泉,正日益成为国家和社会建设的中坚力量。另外,由于中产阶层受现代化管理制度的约束与熏陶,内心具有渴求名望与成功的需要,因此处于中产阶层的人一般会抓住一切有利于提高职业素质的学习和培训机会,不断充实与提高自己,充分地展现和发挥自我的特长与潜能,以谋求长远的发展。他们深知自己与社会上层的差距,非常清楚在社会流动十分频繁的今天要确立自己现有地位的难度,所以总是力图通过主观上的努力发挥自己的潜能和专长,不断提升自己的经济地位,增强经济实力。因此,力求上进的心理状态和良好的敬业精神,造就了中产阶层的性格特征和思想主流。较高的素养、收入、地位和生活质量,使中产阶层大多具有自觉的现代公民意识。他们自身的价值取向、精神状态与社会行为等符合党和国家倡导的社会主义核心价值观及社会导向,因而对其他社会群体有示范引导作用。

综合以上对我国社会阶层结构现状和对中产阶层基本情况及其发挥作用两方面的分析,我们可以清楚地认识到,当前在我国发展扩大中产阶层,是应对经济新常态、保持经济中高速增长、形成橄榄形的合理社会阶层结构、维护社会稳定的迫切需要。

(五)贯彻落实党中央有关大政方针的迫切需要

邓小平同志早就说过:"社会主义的目的就是要全国人民共同富裕,不是两极分化。"符合这一指示的收入分配结构形状和社会结构形状都是"两头很小、中间很大"。改革开放以来,我们党的历次全国代表大会都就收入分配改革做出过一系列指示,提出过一系列要求。党的十六大、十七大、十八大,先后就深化收入分配改革制定了一系列大政方针。其中,党的十六大报告明确要求"理顺分配关系"、"以共同富裕为目标,扩大中等收入者比重"。党的十六届六中全会更明确要求,要加强收入分配宏观调节,在经济发展的基础上,更加注重社会公平,到 2020 年,合理有序的收入分配格局基本形成。党的十七大报告进一步明确指出,"初次分配和再分配都要处理好效率和公平的关系,再分配更加注重公平"。2012 年,党的十八大报告确立了全面建成小康社会的目标之一是:"要坚持社会主义基本经济制度和分配制度,调整国民收入分配格局,加大再分配调节力度,着力解决收入分配差距较大问题,使发展成果更多更公平惠及全体人民,朝着共同富裕方向稳步前进。"2013 年年末,党的十八届三中全会进一步提出了下一步社会体制改革努力的方向是"深化社会体制改革,改革收入分配制度,促进共同富裕,推进社会领域制度创新,推进基本公共服务均等化,加快形成科学有效的社会治理体制,确保社会既充满活力又和谐有序",并明确要求"到二○二○年,在重要领域和关键环节改革上取得决定性成果,完成本决定提出的改革任务,形成系统完备、科学规范、运行有效的制度体系,使各方面制度更加成熟更加定型"。由此可见,实现共同富裕,追求收入分配的公平正义,构建一个中产阶层占比较大的橄榄形社会格局,是我们党和政府早就确定的大政方针,是党和政府一贯追求的目标。而且,党中央对这两方面的大政方针的贯彻落实及其目标实现,都提出了时限要求。从现在起到党中央确定的到 2020 年应完成目标的时间已经不到 6 年,时不我待。因此,抓紧贯彻落实党中央、国务院确定的这一系列大政方针,已经成为我们当前必须为之努力奋斗和完成的重大政治任务。

综合本章以上的论述可知,当代中国中产阶层的兴起具有客观必然性。同时,基于应对我国经济新常态、保持经济中高速发展以及跨越"中等收入陷阱"和翻越"高收入高墙"的需要,特别是为了进一步凝聚民心、解决分配难题、调整经济结构、维护社会稳定和落实党中央大政方针,加快我国中产阶层兴起还具有必要性和紧迫性。

第二章　中产阶层的起源和发展

　　本章主要梳理概括中产阶层概念的由来和本书对中产阶层的内涵界定。西方国家近代中产阶层起源于 17、18 世纪工业革命前后,目前已成为西方国家社会结构的主体,并使整个社会形成"中间大、两头小"的橄榄形社会阶层格局。中国的中产阶层或称之为中产阶级是伴随着资本主义的发展而产生并发展起来的,而中产阶级在中国的萌芽可以追溯到 19 世纪初期。在新中国成立到改革开放之前的中国,没有真正意义上的中产阶层,只有一般意义的中间阶层。

在第一章论述当代中国亟须中产阶层兴起的经济社会大背景和五方面理由之后,本章将按照"'中产阶层兴起'是指中产阶层的产生、发展、扩大、成熟及其发挥应有作用的过程"这一定义的逻辑顺序,聚焦其中中产阶层的产生和发展以及本书对中产阶层概念的界定。"中产阶层"这个名词是舶来品,不是中国原产的。因此,我们谈中产阶层的起源和发展,首先要大体梳理一下国外关于中产阶层的概念及其发展变化,以及中国使用这一名词的由来,并明确界定此概念的视角;然后梳理国外的中产阶层产生和发展的历史沿革;最后整理分析中国近现代中产阶层产生和发展的基本脉络。

一、什么是中产阶层

(一)西方国家关于中产阶层的概念简介

西方国家关于中产阶层的概念,准确地讲,按英文原意应为"中间阶层",其具体内涵和外延是随不同社会发展阶段相应变化和调整的。从历史发展脉络看,这个概念大体可分为三类:一是古典观点,以亚里士多德的说法为代表,主要从财产角度划分中间阶层;二是近代观点,以詹姆斯·布拉德肖、马克思、史蒂文森等的说法为代表,主要从社会关系或政治角度划分中产阶级;三是现当代观点,以赖特·米尔斯、劳伦斯·詹姆斯、韦伯、戈德索普等人的说法为代表,主要从社会分层(社会等级)的角度和综合性因素划分中产阶层。

就古典观点看,早在公元前3世纪,古希腊著名学者亚里士多德就在其所著的《政治学》一书中,从财产角度把城邦中的人分为三个阶层,即"极富阶层"、"极穷阶层"和介乎二者之间的"中间阶层"。这应该算西方或全世界最早提出的中间阶层概念。亚里士多德虽然是从财富多寡角度划分社会阶层的,但多少财富才能算富人、穷人或者中间阶层,他并没有给出一个标准。他只是对中产阶层给予高度的褒扬:"适度或中庸是最优越的,显然拥有一笔中等的财富实在是再好不过的事情了。这种处境下人最容易听从理性,而处于极端境况的人都很难听从理性的安排。"可以看出,在亚里士多德所处时代,少数眼光长远的学者已经把中产阶层看作是一个社会中"好的、理性的"群体代表。

近代观点是指从18世纪到19世纪末之间出现的多种流派。英国人詹姆斯·布拉德肖(James Bradshaw)于1745年在他撰写的《防止爱尔兰羊毛进入法国》一书中明确使用了中产阶级(middle class)的概念。他所指的中产阶级是处于贵族与农民之间的社会阶级,即新出现的资产阶级(商人或工厂主等),以及在城镇中新出现的一些社会人群(平民或市民)。在当时的社会环境中,贵族是上层阶级,而农民是下层阶级,资产阶级则成为中产阶级。其后,随着社会发展,马克思及许多与他同时代的马克思主义者认为,在资本主义社会,资本家是统治阶级(上层阶级),工人阶级是受压迫阶级(下层阶级),其他社会人群构成了中间阶级——主要是小资产阶级(小业主和知识分子)和农民。后来的一些革命家(包括列宁等)也坚持类似的看法。由于主要从社会关系或政治角度来看待中产阶级,因此,同样是资产阶级,在封建社会向资本主义社会转型中,资产阶级是中产阶级;

在欧洲封建社会晚期,以资产阶级和市民为代表的中产阶级的兴起,推翻了由贵族阶级统治的封建社会,促成了资本主义的产生。但在资本主义社会,马克思等认为资本主义社会必将两极分化为两大阶级——资产阶级和无产阶级,中产阶级的主要部分(农民和小业主、手工业者等)必将无产阶级化而加入工人阶级队伍,而知识分子则可能分化,一部分成为统治阶级的支持者,另一部分加入无产阶级革命队伍中,最终中产阶级等其他社会成分都将逐步缩小而消亡。由于从社会关系或政治角度对中产阶级的研究分析结果与社会现实特别是第二次世界大战后的实际差距较大,因此,这一研究分析视角逐渐少为人们所使用。

现当代西方关于中产阶层的定义主要是从社会层级视角出发的。所谓社会层级视角是指在一个社会地位高低等级排列体系中确定中产阶级。中产阶级①就是处于上层阶级与下层阶级之间的中等地位人群,他们在各个系列的社会经济地位(如职业声望、收入、教育和消费等)排序中都处于中间等级。这一取向的中产阶级分析,着重于中产阶层划分指标的操作性和精确性。最早应用这种意义上的中产阶级概念的,是英国政府统计部门于 1913 年发表的、由统计学家史蒂文森(T. H. C. Stevenson)所做的阶级分类报告。史蒂文森把处于上层阶级和工人阶级之间的人群归类为中产阶级,主要包括专业人员、经理人员和高级公务员。这些人具有一个共同点,他们都是领取薪金的白领职业人员。虽然他们也像产业工人一样受雇于人、不占有生产资料、靠领工资谋生,但由于他们拥有较多的人力资本,掌握专业技能,他们的社会经济地位高于工人阶级。第二次世界大战结束之后,随着经济高速增长,欧美社会中的白领职业人群迅速膨胀,成为社会就业人口中的主要群体。他们在社会经济地位等级分层中居于中间位置,被认为是现代意义上的中产阶级。1951 年,美国著名社会学家莱特·米

---

① 本书不对中产阶级和中产阶层再作细分,而是将二者等同通用。

尔斯著述出版了《白领——美国的中产阶级》①，研究分析了美国中产阶级
的兴起和成长，即美国发生的所谓从"老中产阶级"到"新中产阶级"的历史
演变及其成因。赖特·米尔斯认为，美国的资本主义发展路径，使得 19 世
纪的老式中产阶级(包括小农场主、店主和小企业主)逐步没落，新中产阶
级(包括专业技术人员、经理阶层、学校教师、办公室的工作人员以及在商
店内部和外部从事推销工作的人)逐步增多。米尔斯所说的"新中产阶级"
和老式中产阶级最大的区别有两方面：其一，无论是自由农场主还是小企
业家，老式中产阶级中的大多数人都拥有自己的财产。从消极意义上说，
中产阶级的转变是从有产到无产的转变；而从积极意义上说，这是一种从
财产到以新的轴线——职业来分层的转变。其二，即使是在今天的美国，
老式中产阶级(如肯塔基州的农场主)还是会自己动手从事一些体力劳动；
但新中产阶级(除了大型百货超市中的售货员)从事的一般是脑力劳动，并
且其中相当多的职业是专业技术性的。《中产阶级历史》(Middle Class：A
History)一书的作者劳伦斯·詹姆斯(Lawrence James)认为，为中产阶级
下定义曾经很容易。从 1955 年开始，日本社会学界进行全国的"社会分层
与流动调查"(Social Stratification and Mobility Survey，简称 SSM 调查)，
到 1995 年已经进行了五次调查，形成 1 亿"总中流"即中产阶层的说法。
近十年来，有关中产阶级的研究都或多或少地采用这种意义上的中产阶级
概念。相关的统计分析结果显示，在当今大多数欧美发达国家，中产阶级
在社会人口中的比例超过半数，在一些北欧国家，中产阶级的比例甚至超
过人口的 80%。②

　　总的来说，国外关于中产阶层的定义一直随经济社会发展变化而相应
演变。但整体来看，当代关于中产阶层的主流看法主要是从社会分层(社

会等级)的角度和包含经济、社会、政治、文化发展等综合性因素来划分、看待中产阶层的,并对中产阶层的存在、作用给予积极评价,认为中产阶层为各国政治、社会稳定和经济发展做出巨大贡献,已经成为国家经济和社会发展的"中流砥柱"。

(二)中国使用中产阶层概念的由来和本书视角

近代中国无人专门研究、提出过中产阶层概念。到现代的 20 世纪初期,使用此概念时间早、影响大的大约应算伟大的无产阶级革命家毛泽东同志。毛泽东同志在其著名的《中国社会各阶级的分析》一文中,将当时处于半殖民地半封建社会的中国社会阶层划分为地主阶级和买办阶级、中产阶级、小资产阶级、半无产阶级、无产阶级,以及数量不小的游民无产者,并指出中产阶级"这个阶级代表中国城乡资本主义的生产关系。中产阶级主要是指民族资产阶级",这是从社会关系—政治分析视角下的定义。然而,结合当时的经济状况并从社会分层的视角来看,小资产阶级同样属于社会阶层当中的中间阶级。小资产阶级概念经历了三个阶段的变化。毛泽东同志在新民主主义革命初期认为小资产阶级包括:"自耕农、手工业主、小知识阶层——学生界、中小学教员、小员司、小事务员、小律师、小商人等。"[1]到了土地革命时期,这一概念又包含了城市小资产阶级。而到抗日战争时期,小资产阶级的概念不断发展成熟,被细分为"知识分子与青年学生、小商人、手工业者、自由职业者"四类。

1949 年前的现代中国,有少数学者开始研究中国古代到近现代社会阶层的划分。中国著名的社会学家费孝通曾在 1948 年间在报纸、杂志上发表文章《论绅士》(此文最早收录在 1953 年在美国出版的《中国绅士》一书中;后又收录在《皇权与绅权》一书中。《皇权与绅权》主要收录了费孝

---

① 引自毛泽东:《毛泽东选集》第一卷《中国社会各阶级的分析》,人民出版社,1991 年。

通、吴晗的文章,论述了中国社会的政治结构),文中特别提到了"绅士"这个社会阶级。费孝通在《论绅士》一文中写道:"绅士则是官僚离职、退休、居乡,以至未任官以前的称呼。……绅士阶级在野,但在官府里有背景。无政权,但有势力。""他们具备了相同的条件,就是曾经受过相当的教育,具备着相同的经济基础——田产和房屋。"费孝通认为中国传统社会结构始终是一种金字塔形社会结构,即极少数皇权官宦阶层处于社会上层,广大农民处于社会下层。中国社会是从传统的农业社会里发展起来的,是一个乡土中国。中国社会结构的基础首先是农民及其对立面——绅士。在农民辛苦劳动之上的有闲阶级——绅士是和封建帝国的政治权力联系在一起的,但又有某种距离。绅士和学者是密切联系而又有所区别的。生长在一个绅士家庭里并不一定保证他会成为一个中国传统的学者或官员。传统中国社会的乡村士绅阶层,就是居于上层官僚与普通农民之间的中间阶层。乡村士绅在上层官僚集团和下层农民之间起到一种缓冲作用,他们也起到组织协调民间社会的作用。由于有了乡村士绅,上层官僚集团不需要直接面对普通民众,而是由乡村士绅起到上通下达的作用。乡村士绅是封建社会所特有的一个中间阶层。

新中国成立后至20世纪70年代末,中国可以说基本上没有社会学,因此,也没人研究社会分层及中产阶层问题。直到20世纪80年代后期,才有研究机构和人员开始研究此方面的问题。自那时以来,特别是进入21世纪后的近些年来,研究此方面问题的机构、人员明显增加,发表的相关著作和撰写的论文大量增多。国内经济学家、社会学家也提出了各自的中产阶级或中产阶层的概念。各方面对中产阶级概念的界定莫衷一是,众说纷纭,归纳起来有以下四种分法:一是从经济角度出发,以收入、财富或财产作为划分标准;二是主要依据劳动分工和职业特征来界定划分;三是着眼于社会资源的占有情况,依据职业、收入、教育、生活方式、价值观和主观等综合标准来界定;四是依据世界通行的对中产阶级的划分方法,将其划分为老中产阶级与新中产阶级。

　　近些年来我国学界对中产阶层概念的划分角度尽管涉及经济收入、消费、职业、社会经济地位、主观认同、综合判断、贫困线和净财富判断等多方面，但大多是在社会层级的视角下定义的。如中国社会科学院社会学研究所原所长兼研究员陆学艺主要从职业划分的角度来区分中产阶层。他认为国家管理者、私营企业主、经理人员、专业技术人员（如教师、医生、护士、记者、编辑等）、办事人员、个体工商户以及农民中的高级技师群体等高技能人才属于中产阶层，并认为中产阶层在改变社会结构、实现社会健康发展方面起主要作用。[①] 清华大学社会科学学院院长、教授李强则根据国际职业表将国家机关、党群组织、企业、事业单位负责人，专业技术人员、办事人员和有关人员，商业、服务业人员的主体归入中间阶层。[②] 复旦大学教授刘欣根据人们所享有的公共权力、资产控制权、技术资产的相对量来划分中产上层和中产下层。中产上层包括党政事业单位的中层领导干部、中层国企经理、小业主、民营企业经理、高级专业技术人员等；中产下层则包括了低级职务的党政事业单位的干部、低级专业技术人员、有行政定级的职员或办事人员、国企基层管理者、私营企业中的低层管理者、私营小企业经理等。[③]

　　总体来看，国内近期的研究一般认为，中产阶层是指在一定社会条件下，按一定分层模式划分的处于中间等级状态的社会群体。

　　基于以上对西方国家和中国关于中产阶层概念历史发展脉络的梳理和对比，本书将主要从经济视角并兼顾社会层级的视角来对中产阶层下定义，也就是首先从收入、财产多少的视角，同时兼顾职业、受教育程度、价值取向等社会层级视角来定义。这样安排，一方面是顺应国内外关于中产阶

---

①　摘引自陆学艺（主编）：《当代中国社会阶层研究报告》，社会科学文献出版社，2002 年。
②　摘自李强：《关于中产阶级和中间阶层》，《中国人民大学学报》2001 年第 2 期。
③　摘自刘欣：《中国城市的阶层结构与中产阶层的定位》，《社会学研究》2007 年第 6 期。

层研究视角发展变化的脉络,另一方面是适应我国经济社会转型、兴起中产阶层的现实需要,避免把中产阶层研究及其界定和划分导入纯政治领域。据此,本书关于中产阶层的一般性定义是:在近现代以来的社会分层格局中,家庭人均收入和财产处于社会平均水平附近、能够保证享受当时的体面生活,所从事职业和所受教育程度主要居于社会中等层级及其附近、价值观和行为与所处时代平稳发展要求和希望趋向基本一致的社会群体。

与一般性定义相对应的是特定性定义,即根据某国(某地区)一定时期内的特定经济社会条件,来具体界定中产阶层的收入和财产水平或区间,并界定其据此享受当时体面生活的基本表现,以及其所从事职业、所受教育程度的状况和其价值观与行为的基本特征。也就是说,不同国家、地区、时期,不同的经济社会条件及其社会分层标准,其中产阶层的具体定义及其划分标准是不相同的,特别是享受体面生活的具体构成内容是不同的,需随国家、地区、时代的区别及其经济社会发展变化而相应界定并调整,特别是其界定的具体依据需要根据经济社会发展水平和社会主流价值判断等适时调整与充实。这更是本书关注并拟深入分析界定的概念和内容,将在后面谈当代中国中产阶层时专门分析论述。

二、西方国家中产阶层的起源和发展

(一)西方国家近代中产阶层的起源

西方国家近代中产阶层起源于17、18世纪工业革命前后。经历了14世纪到16世纪的资本主义萌芽阶段,王权在社会结构建构中的力量减弱,工商业迅速发展,繁荣的经济和商业活动孕育出近代中产阶级的雏形——存在于土地贵族和雇佣工人之间的一个人数不多的城市商人和企业主群体。这个群体的形成得益于工业革命带来的社会结构的变化以及生活方式的改变和思想价值观念上的创新。工业革命加快了城市化的进程,城市取代村镇成为人民生活的主要区域,社会群体及其构成出现重大调整,城市居民人口大量增加,其中商人和企业主群体人数相应大幅增多。同时,城市居民的生活方式发生了翻天覆地的变化,繁荣发展的国家经济和蒸蒸日上的商业活动使得中产阶级在社会上的经济地位不断提高。在18世纪初,随着中产阶级经济地位的上升,获得的社会认可越来越多,他们的自信心大大增强,自我意识也日益提高,中产阶级开始注重对自我形象的改善和提高,逐渐形成了中产阶级的政治意识,他们急于区别自身与下层人民的地位和身份,塑造自己的社会形象,于是资产阶级政治革命成为中产阶级走上历史舞台的正式仪式。

以英国为例,英国的中产阶级是英国反封建斗争的领导者,其中的绝大部分是商业和工业资本家,他们的财产主要来源于父辈的馈赠、遗产或放贷。这些资产为他们奠定了一个经济基础,使得他们有可能利用这些资本来谋取更多的财富。他们雇佣技术工人为其工作,这些工人没有钱,需要出卖自己的劳动力才得以维持生活。随着资本主义生产关系的不断发展,英国社会经济制度中的矛盾日益深刻,以1640年英国新议会召开为标志,中产阶级掀起了英国的资产阶级革命,宣告了英国资产阶级社会秩序的诞生,为百年后的工业革命开辟了道路,奠定了中产阶级发展壮大的物质基础。

同样的,法国中产阶级的产生也源于法国工商业的产生和发展,并在社会变革进程中随着新兴资产阶级政治意识的觉醒,进一步加快了新兴资产阶级雏形的形成。法国中产阶级,也就是当时的新兴资产阶级在法国大革命中发挥了中流砥柱的作用。18世纪中期,法国资产阶级已意识到自己的经济力量,不愿再屈从为封建等级制中的第三等级——平民。法国历史学家托克维尔曾对第三等级做了一个大致概括:"最有钱的商人、最富足的银行家、最干练的工业家、作家、学者同小农场主、城市小店主以及耕种土地的农民一样,均成为第三等级的一部分。"①法国大革命前夜,新兴资产阶级强烈要求废除等级特权制度,想要获得与他们日渐增长的经济力量相称的政治权力和社会声望。1789 年 5 月,法国三级会议召开,第三等级代表几乎全部是资产阶级人物,其中近半数是律师,其余有商人、银行家、工业家、作家等。这次三级会议由于每个等级只有一个表决权,使得第三等级的表决依然不能起到决定性作用。第三等级代表在巴黎市民支持下于 1789 年 7 月 14 日通过决议,宣布自己是代表全体人民的国民议会,并把制定宪法作为自己的权利和任务,从而揭开了大革命的序幕。随着法国大革命的进行,中产阶级获得了与自身经济地位相匹配的政治权利,开始在法国的历史舞台上活跃起来。

而且这一时期的资产阶级革命思想对中产阶级形成共同的思想价值观也产生了促进作用。这一时期的商人在追求利润、创造财富和缔造工业国家的过程中逐渐形成了共同的思想价值观念:节俭与节制、理性、努力工作、尊重财产、尊重权威、尊重他人、诚实信用、鄙视贵族社会的懒散与奢侈。这些观念对于达成相同或相近的中产阶层行为、稳定中产阶层等发挥了重要作用,也是成熟的中产阶层的内在因素。

然而,仅仅有物质基础和共同的价值观是不够的,要形成中产阶级,这一时期的商人们还需要有一个共同的文化观点,要形成一致的政治追求。思想启蒙运动恰恰满足了这种政治和文化上的诉求。中产阶级的形成与17 世纪到 18 世纪的思想启蒙运动是相辅相成的。英国史学家霍布斯鲍姆在《革命的年代:1789—1848》一书中写道:"从理论上说,启蒙主义的目标是让全人类获得自由,所具有的进步意义、理性主义以及人道主义的思想意识都隐含其中。……但实际上,号召启蒙运动的解放运动的领导者,往往是社会的中间阶层,他们不是凭借出身,而是德才兼备、具有理性的新

---

① 摘自托克维尔:《旧制度与大革命》,冯棠译,商务印书馆,1992 年,第 293 页。

人。通过他们的活动所产生的社会秩序,将是一个'资产阶级'和资本主义的社会。"①挪威哲学家 G. 希尔贝克等把中产阶级作为启蒙思想的代表。他们在谈到 18 世纪兴起的启蒙运动时,阐发了这场运动与中产阶级的关系。他们说:"18 世纪法国政治讨论的源头在于城市中产阶级的文学沙龙。在这种优雅精致的环境中,政治、哲学和文学很容易水乳交融。"②

近代西方国家中产阶级雏形身上至少有这样几种属性:一是他们是在资本主义的财产关系和市民社会中成长与发育起来的,他们不是无产者,他们是拥有中等收入和一定财产的人;二是他们受过教育,具有自由主义的精神气质。但此时的中产阶级仍处于发展的雏形阶段,仍具有商人典型的唯利是图的特征,并未形成一种统一的、较好的道德观念,这也是其与成熟的中产阶层的区别所在。

(二)西方国家中产阶层的发展

19、20 世纪西方国家工业化、城市化进程促进了近现代中产阶层的发展,这一发展主要体现在中产阶层由以城市商人和企业主为主体扩展到小资产阶级,并接着扩展成为各个领域的专业人员和管理人员,逐渐形成一个由综合指标共同决定其社会属性的社会群体。

以西欧国家中最具代表性的英国为例,19 世纪中期以前,以往习惯的称谓"中产阶级"一词实际上是伴随着工业革命产生的商人、富裕农场主、工厂主等新兴资产阶级的代名词,由于这些社会集团处在土地贵族的压迫之下,同时处于工人阶级之上,社会地位处于中间位置,故称其为中产阶级。而 19 世纪中期以后至第一次世界大战之前,英国的经济快速发展,社会安定,文化繁荣。正是在这个时期,英国明显地出现了庞大的处于中间

---

① 摘自艾瑞克·霍布斯鲍姆:《革命的年代:1789—1848》,王章辉等译,江苏人民出版社,1999年,第 25 页。

② 摘自 G. 希尔贝克、N. 伊耶:《西方哲学史》,童世骏等译,上海译文出版社,2004 年,第 319～320 页。

地位的中产阶级集团。19世纪中期以后,英国中产阶级首先表现为城市社会不可或缺的成员,大体由下列成员构成:首先是资产较雄厚的商人、金融家和高级专业人员,这部分中产阶级是原有的商人和企业主阶级的典型继承;其次是小实业家,如手工作坊主、小商人以及城市里新兴起来的各种小企业主,他们不剥削人,亦不受人剥削(存在少量或轻微的剥削与被剥削);再次,各类专业人士数量持续增加,但占比相对较少,这些专业人士有律师、医生、股票经纪人、建筑商、拍卖商、地产经纪人、机械师、艺术家、书商等,他们是现代城市社会的产物,出入写字楼或办公楼,凭借自己的知识和特殊技能谋生。

到19世纪末,中产阶级的构成又发生了新的变化,主要表现为"新中产阶级"的产生,这个新中产阶级拥有中等收入,但他们不是原来的小资产阶级,而是由各个领域的专业人员和管理人员所组成。随着英国专业分化的加强,各个领域专业人员的队伍日益增大,如律师就分出几大类,医生也细分出外科医生、内科医生、儿科医生、牙医等。文官队伍也逐渐扩大。英国城市社会管理职能的扩大、城市政府机构的改革和完善、中央到地方的文官制度的改革,创造出了全新的文官体系,因此政府机构内的文官队伍有了巨大的增长。企业和公司内部管理需求的增长,也从另一个方面促使职员阶层扩大。总之,19世纪下半叶,中产阶级在数量、财富和重要性方面持续增长。值得注意的是,在这个阶段增长的中产阶级当中,受过教育的中产阶级比例大大增加。

据统计,在19世纪中期时英国的人口中大约有15%～20%的人属于中产阶级[①],此后,总人口中的中产阶级稳定地增长着。据估计,1851—1871年,在不列颠和爱尔兰年收入超过200镑的人数增长了95.3%;1841—1881年,除了原有的专业人员外,其他如商店职员、会计师和银行

---

① 转引自李宏图:《英国工业资产阶级与社会政治现代化模式》,《世界历史》1992年第1期。

家增加了 50%，批发商和零售商几乎增加了一倍；同时增长的还有新一代的专业人员，如建筑师、机械师等。与此同时，商业机关和行政机关的白领人员占就业人员总数的比例从 6.3% 增长到 10.3%。[①] 公务员、技术雇员、管理者、办公室人员和销售人员等薪金雇员阶层的收入在社会上处于中间阶层，从而被视为"新中产阶级"。而新中产阶级的兴起弥补了老中产阶级的衰落所带来的缺陷，结束了资本主义社会原有的明显不稳定状况。新中产阶级在其本质特点上不同于老中产阶级。从经济角度来考虑，老中产阶级实际上也是资产阶级，只不过是中小资产阶级，新中产阶级则是无产阶级，尽管拥有更高的收入，但并不拥有举办各类企业的资本或生产资料从而无法成为企业主。老中产阶级依靠自己掌握的生产资料来维持生活，新中产阶级则通过出卖劳动力来维持生活。新中产阶级的经济特点是，他们是具有高素质的劳动力，所以他们获得高得多的工资收入；同时，他们主要从事脑力劳动。但这些不同于从事体力劳动的工人的特点，并不能改变他们是雇佣劳动者的基本事实。

19 世纪以后西方国家的中产阶级处于普遍迅速发展的时期。究其发展的动因主要有如下几点：首先是工业革命的蓬勃发展。工业革命给西方国家带来的发展不仅是社会财富的迅速大量增加，而且引起了社会结构和阶级结构的剧烈变革。工业革命打破了西方国家传统封建社会封闭的社会结构，使各个社会阶层的人群可以自由流动，从而为中产阶级的发展和壮大提供了条件。其次，18—19 世纪教育的普及促进了中产阶级数量的增长。近代社会的西欧国家纷纷开始重视教育的作用，并且进行教育改革。英国把受教育权从拥有特权的贵族阶级向全社会普及，从而大大提高了国民素质。随着工业革命成果的不断凸显，大多数高校开始采用自然科学的突出成就，使高等教育和社会生产的发展紧密地联系在一起，推动着

[①] 转引自李宏图：《英国工业资产阶级与社会政治现代化模式》，《世界历史》1992 年第 1 期。

社会的进步,这就为中产阶级的成长发展提供了强大的支持,中产阶级通过接受教育获得更多的专业化知识来巩固自身的社会地位。再次,西欧国家不断扩大和完善社会保障体系,对社会的稳定、保障广大群众的基本生活产生了积极的作用,并且较大地满足了中产阶级成员的社会需求,对中产阶级的成长与扩大起到了很大的作用。英国政府先后通过了《济贫法》、《济贫改革法》、《教育法》、《养老金法》等一系列的法律,逐步建立并且完善了社会保障制度,造就了一批中产阶级。

20世纪中期以来,西方中产阶层迅速扩大。其中,新中产阶层在中产阶层中所占的比例越来越大。在西方各国中,英国的中产阶级的扩大得益于工业革命。工业革命以后,英国森严的等级制度渐弱,资本家凭借经济资源的控制力而逐步跻身社会上层,而由于农民大量进入城市和工厂,白领与技术蓝领成为社会中产阶级的骨干。此时,我们可将以往习惯的称谓"中产阶级"改为"中产阶层"。20世纪80年代末,牛津大学高德索普教授曾将英国的从业者划分成七个阶层,以企业主、经理和技术人员为主导的中产阶级是最庞大的阶层。2009年欧洲的中产阶层人数达到6.64亿人,占全球中产阶层总人数的份额达到36%,而美国则拥有占全球12%的中产阶层。[①] 美国中产阶层的发展与第二次世界大战不无关系。第二次世界大战期间特别是二战以后,美国的经济经历了一个迅速发展的繁荣时期,从1945年到1950年,全美国民生产总值扩大了一倍。白领阶层的总数从20世纪40年代的1608万人上升到70年代的5105万人,白领阶层占就业者总数的百分比也由20世纪40年代初的31%上升到80年代的60%以上,白领阶层的扩大和生活水平的提高,使得中产阶层迅速扩大且中产水平明显提升。1964年的调查显示,美国认为自己属于中产阶级的人数达到44%。

---

① 摘自霍米・卡拉斯:《中国向高收入国家转型:避免陷入中等收入陷阱的因应之道》,《比较》2011年第5期。

而到 2000 年,认为自己属于中产阶层的人数更高达 70%[①]以上。

概括来说,城市化、现代化以及政治制度上的变革是西方国家中产阶层扩大的主要原因。目前中产阶层已成为西方国家社会结构的主体,并使整个社会形成"中间大、两头小"的橄榄形分配格局。首先,当中产阶层成为社会主体后,它能够缓冲社会的高层与底层之间的冲突,社会矛盾也就大大缓和,这为经济的健康稳定发展提供了良好的社会环境。其次,中产阶层的消费方式是前卫的,他们是引导社会消费的最主要的群体。当中产阶层成为社会最庞大的群体时,就保证了国内庞大而稳定的消费市场。典型的例子是美国的汽车工业。美国进入工业中产阶层社会的同时,也进入了汽车时代。在 20 世纪 20 年代,中产阶层不仅把汽车看作必需品,还把它作为其地位的标志。于是,庞大的汽车消费市场使美国汽车工业达到了空前的繁荣。第三,在中产阶层占主体的橄榄形的社会结构中,政府用于转移支付的财政支出将减少,而税收的税源将增加,从而改善了财政收支状况。较低的转移支付,可以把更多的资金投入基础设施建设和国民教育当中,促进经济稳定发展和科学技术进步。第四,中产阶层事业上的成功,对穷人会产生一种示范的作用。蓝领阶层希望自己能跻身白领阶层,过上体面的生活,就会奋发向上,积极投身于工作,接受良好的教育、培训,成为一名熟练的技术工人。因而中产阶层对国家经济的持续发展起着极为重要的作用。

庞大的中产阶层通过向社会各阶层辐射健康正面的价值观而起到了示范作用,缓和了阶级矛盾,并且通过消费带动了社会经济的发展,有效地缩小了社会各个阶层之间的差距,在各个领域发挥积极效应。除 17、18 世纪工业革命前后西方主要国家中产阶层为追求与自身经济地位相适应的社会地位和政治地位而积极推动革命外,其后一百多年各个国家的历史实践均广泛证实,中产阶层对维持社会稳定发挥了重大作用。

---

① 引自丹尼尔·贝尔:《后工业社会的来临》,高铭等译,商务印书馆,1984 年。

三、近现代中国中产阶层的起源及其发展变化

(一)近代中国中产阶层雏形

普遍的看法是,中国的中产阶层或称之为中产阶级是伴随着资本主义的发展而产生并发展起来的,虽然这个观点仍存在争议。但有一点是肯定的,中国社会的中间阶层发展到一定的规模并能称之为阶级或阶层,只能是随着近代民族工商业的发展而出现的。顺着历史的脉络探索,中产阶级在中国的萌芽可以追溯到19世纪初期,是伴随资本主义在晚清封建社会的萌芽、中国近现代教育和其他社会事业的发展以及外国势力与新文化思想的引入而浮现的。

19世纪初期,中国乡村中的一部分有文化和资本的士绅及他们的子弟,进入城市从事现代民族工商业,成为所谓的"新士绅",在中国的民族工商业中出现了第一批企业资产所有者和经营管理者。19世纪60—70年代,中国的部分地主或商人开始引入大机器生产方式,投资于近代企业,以契约工人作为劳动力开展工业生产。这样的企业具有基本的资本主义生产特征,分散于上海、广东、天津等沿海地区,有别于洋务派开办的民用企业,这便是最早的民族资产阶级。到19世纪末,由于民族危机的加深和清政府放宽对民间办厂的限制,民族资本主义经济初步发展。清政府在面临一系列内外压力下,因光绪皇帝的支持,由梁启超、谭嗣同等资产阶级维新派发起了资产阶级政治改良运动。这一运动主张对中国传统的政治、经济和思想文化进行资产阶级性质的改革,把中国引向资本主义发展道路,以挽救民族危机,使国家臻于富强。在此背景下,伴随着政府机构的日益扩展和科层化,出现了第一批政府官员。同时,随着现代教育和其他社会事业的发展,还出现了中国最早的一批大学教授,以及律师、作家和艺术家等自由职业者。这批人虽然数量不多,但对新思想和新文化在中国社会的传

播起了相当大的作用。以上这些"新士绅"、工商业主、政府官员、大学教授、律师、作家和艺术家等,都是近代中国中产阶层的雏形。

与此同时,外国势力进入与新文化思潮的发展也促进了近代中国中产阶层雏形的发展。1840年鸦片战争以后,中国被迫开放门户,西方经济、文化、宗教势力进入,中国社会开始出现外资雇员。1845年,外国人在华的第一家修造船舶的工厂——广州柯拜船坞成立,同年第一家外资银行——丽如银行在广州设立分行。[①] 到20世纪30年代,外国资本控制的企业的规模占有中国生铁产量的95％以及机械采煤、发电、棉布、卷烟产量的50％以上。而在金融业,外国银行的总资本,包括总行设在国外与设在中国境内的,相当于中国银行总资本的3.3倍。[②] 在外国经济势力入侵的同时,文化、宗教的渗入也在进行。一部分外国哲学、文化、科学技术作品陆续被翻译成中文引进到中国,并慢慢地从学术圈向社会扩散,这对于中国现代文化和新文化思潮的形成有很大的启蒙作用,并催生了20世纪初的五四运动与新文化运动。同时,伴随着农产品商品化和商业性农业的扩大以及封建经济与商品经济联系的加强,农民的两极分化明显加剧,富农经济也有了较大幅度的增长。富农既自己参加劳动,又剥削他人。富农的剥削方式有出租土地、放高利贷、雇人种地或兼营工商业。有人曾经概括道,富农是接近于地主的半封建剥削阶级。从经济地位和社会分层角度看,富农也可算其时中产阶层的一员。

由以上分析可以看出,早期中国中产阶层的基本构成包括民族资产阶级、小资产阶级(知识分子、富农阶级也算作小资产阶级)以及政府官员等。其中民族资产阶级是具有代表性的中产阶级,但此时民族资产阶级尚处于萌芽阶段。所谓中产阶层从政治及经济的角度上划分只是中间阶层,其主要由封建社会中的商人阶层发展而来。中产阶层本身的阶级文化和共同

---

① 百度百科:《中国半殖民地半封建经济》。
② 引自郁方:《19世纪末以来中国中产阶层的消费文化变迁与特征》,《学术研究》2005年第7期。

意识尚未形成。

（二）现代中国中产阶层的发展变化

本书这里所称"现代"，是指 20 世纪除其中我国改革开放至 2000 年以外的年份期间。其中，可划分为两个阶段。第一阶段是新中国成立前；第二阶段是新中国成立后到改革开放。

在第一阶段，即 1911 年辛亥革命到 1949 年新中国成立之间的新民主主义革命时期，旧中国的中产阶层逐步发展扩大，大体也可以细分为两个阶级或阶层：民族资产阶级和小资产阶级。民族资产阶级主要由旧有的官僚、地主和富商转化而成，产生于鸦片战争以后，是随我国民族工商业发展并在外国资本的侵入和刺激下产生的。在半殖民地半封建社会中成长的民族资产阶级，在自身经济实力的发展上依赖于外国资本主义，也被资本主义列强的商品输出所遏制，而本国的自然经济与统治者同样限制着民族资产阶级的成长。这些条件使民族资产阶级无法获得与外国资产阶级一样强大的经济实力。直到第一次世界大战结束，中国的民族工商业才迅速发展起来。以张謇、周学熙、荣氏兄弟为首的一批民族资本家，在 20 世纪初办纱厂、煤厂、面粉厂等新式企业，带领着中国的民族资产阶级迅速成长。与此同时，上海、天津、武汉、广州等新兴城市快速崛起，商务总会如同雨后春笋一般冒出来，参会人数达 7000 多人。在 20 世纪初叶，商务总会的会费为每年 300 元[①]，因而能够有资格参加商务总会的，至少是中等的工商企业，也就是当时的民族资产阶级。民族资产阶级同小资产阶级相比，是当时社会中产阶层中较为富裕的一个阶级，但同时也是中产阶级当中较为矛盾的一个阶级。一方面，他们受帝国主义、封建主义压迫，同帝国主义、封建主义有矛盾，谋求民族自强，希冀民族资本的发展，所以他们积

---

① 摘自徐鼎新：《旧中国商会溯源》，《中国社会经济史研究》1983 年第 1 期。

极努力地向大资产阶级发展转变;另一方面,有不少民族资本家本就由官僚、地主转化而来或出身于官僚、地主、买办家庭,与这些阶级有千丝万缕的联系,大部分民族资本家往往兼有双重身份,并未将全部资产投入到民族资本建设中。

旧中国中产阶层的另一个组成部分是小资产阶级。小资产阶级的概念起源于马克思的《资本论》,指的是位于资产阶级和无产阶级中间的一个阶级,他们拥有一定的生产资料,凭借劳动和技术取得收入。在中国,小资产阶级的概念由毛泽东在 20 世纪 20 年代首先提出,并在随后的几十年间经历了一个不断发展充实的过程。小资产阶级的共同特点是:一般拥有少量的生产资料或拥有专业技术知识,自己劳动,不剥削或基本不剥削他人。小资产阶级的经济地位很不稳固,经常处于分化之中。大部分由于大资产阶级的压迫趋于贫困乃至破产,转变为半无产阶级或无产阶级;小部分通过发财致富上升为资产阶级。城市与农村中的小资产阶级大多位于中产阶层中比民族资产阶级更靠下的一个群体,从经济的角度来看,他们通过劳动获得收入,满足自己的生活需求;从政治的角度考虑,这个阶级人数众多,同时受到帝国主义、封建主义和大资产阶级的压迫,一般都能拥护革命和参加革命,是很好的革命同盟军。新民主主义革命时期的小资产阶级努力劳作,创造价值,从这个角度来说,小资产阶级的作用类似于现代社会我们所阐述的中产阶层的作用。

总的看,旧中国的中产阶层——民族资产阶级、小资产阶级,较之于近代中国时有了较大发展,但由于受帝国主义、封建主义的压迫和其时国内战争、抗日战争等的冲击和影响,其大部分成员的事业、生活等均处于不稳定的状态之中,经常出现分化,自身经济社会地位难以得到维持,更遑论形成本阶层的统一价值观和行为规范了。

第二阶段是指新中国成立到改革开放之前。1949 年新中国成立之后,我国对如何建设社会主义国家的理解基本上是空白,加之当时世界划分为社会主义和资本主义两大阵营,在两大阵营的对立中,由于多种因素使我国"一边倒",全面投入其时以苏联为首的社会主义阵营,所以建国模式基本上是全盘照搬苏联模式。在国民经济初步恢复后,毛泽东主席提出了"一化三改"的过渡时期总路线,即"社会主义工业化"、"改造农业"、"改造手工业"、"改造资本主义工商业"。到 1957 年发展国民经济的第一个五年计划完成的时候,社会主义改造基本完成,基本建立起了公有制占绝对统治地位的计划经济体制。社会体制和经济结构的变革直接作用于当时的社会阶层结构,使旧中国形成的中产阶层发生了巨大变化。

我们先从经济制度、身份制度和收入结构的方面考察这一时期的"中产阶层"。这一时期社会经济制度实行的是计划经济,意味着生活必需品必须通过政府发放票证实行定量配给,整个社会基本上处于一种商品供给不足的短缺经济状态,私有经济基本不复存在。从社会身份制度结构看,中国实行以户籍制度为基础的身份制度,这一制度通过职业与单位、农村与城市的不同分野来界定社会成员的身份。从财产与收入结构看,中国当时的收入差异甚小,私有财产被排斥,除薪水外,基本没有其他收入来源,大多数人处于"平均人"的收入和消费状态,经济分层差异不大。许多学者将此时期称之为"去阶层化"阶段。

对于旧中国中产阶层中具有代表性的民族资产阶级来说,没收官僚资本直接宣告这部分民族资产阶级经过旧中国短暂的萌芽和发展而不复存在,退出了历史的舞台。1949 年 4 月 25 日,中国革命军事委员会主席毛泽东、中国人民解放军总司令朱德发布《中国人民解放军布告》,宣布:"凡属国民党反动政府和大官僚分子所经营的工厂、商店、银行、仓库、船舶、码头、铁路、邮政、电报、电灯、电话、自来水和农场、牧场等,均由人民政府接管。"据此,人民解放军所到之处,立即将上述官僚资本收归人民政府所有。到 1949 年年底,人民政府共没收官僚资本的工业企业 2858 个,没收了中央银行、中国银行、交通银行、中国农民银行和地方银行 2400 多家,没收了国民党政府交通部系统的运输企业、铁路车辆和船舶修造厂 30 多家,没收了中国石油、中国盐业、中国茶叶、中美实业等数十家垄断性贸易公司。①对原有的民族资产阶级,经过社会主义改造、调整,其资产归全民所有,其企业转变成为国营企业。在 1956 年 9 月召开的中国共产党第八次全国代表大会的政治报告中有这样一段阐述:"官僚买办阶级已经在中国大陆消失,地主阶级也已经消灭,富农阶级正在消灭中,这些剥削阶级的成员正在被改造为自食其力的新人;民族资产阶级的分子正处在由剥削者变为劳动者的转变过程中;广大农民和其他个体劳动者,已经变为社会主义的集体劳动者;工人阶级成为领导阶级,知识分子已经改变了原来的面貌,组成了一支为社会主义服务的队伍。"这标志着旧中国原有的中产阶层的全面消亡。

据此,可以说新中国成立以后,在照搬苏联模式进行社会主义改造的进程中,在计划经济体制条件下,中国中产阶层失去了滋生的土壤,符合本书前述规范定义的中产阶级只能随着计划经济的全面实施而迅速消亡。尽管这个阶层没有遭受地主和官僚资产阶级那样的急风暴雨式的革命对待,但其中大多数人置身于民族资产阶级和小资产阶级队伍中,在经历经济改造如工商业改造和各种政治运动,从"三反五反"、反"右"斗争直至"文化大革命"之后,实际上不复存在。这样,在 1949 年新中国成立到 1978 年我国实行改革开放之前的长达 30 年的时间里,由于我国处于短缺经济状况,绝大多数劳动者及其赡养人口平均收入水平明显偏低,基本没有或只有很少金融等其他资产,其中城镇劳动者及其赡养人口还没有具有个人产权的房产,因此,我们无法按照国际上通行的关于中产阶层的具体定义和旧中国时代关于中产阶层的具体定义来分析判断此时期的中产阶层,实际上也没有与此相同或相近的中产阶层。只能按照本书前述关于中产阶层

---

①　摘自陆学艺:《中国社会阶级阶层结构变迁 60 年》,《北京工业大学学报:社会科学版》2010 年第 3 期,第 1~12 页。

的不完整的一般性定义,从工资收入、占有社会资源以及维持社会稳定等方面,从一个相对粗放的社会分层角度对当时的社会阶层进行划分。

这一时期的中国,可以说没有真正意义上的中产阶层,只有一般意义的中间阶层。关于当时的中间阶层的界定和判断,大体上有两种观点。一种观点是,中间阶层由类似白领的普通干部和知识分子所组成,其中普通干部包括机关事业单位和各类国营企业中的一般管理人员,知识分子是指各类专业技术人员和教师以及文化、文艺工作者;上层阶层是指高中级干部,下层阶层是指农民及城镇中国营单位之外的其他人员。另一种观点认为,当时的中间阶层由普通职工所组成。这里,普通职工是指各类国营单位——机关事业单位和各种国营企业中的科股级及以下干部和工人、各类专业技术人员,而上层阶层和下层阶层的划分则与第一种观点相同。之所以把各类国营单位的普通职工界定为当时中国社会的典型中间阶层,是因为这一群体相较于当时的高中级干部,其收入、福利、住房条件等物质享受、消费水平普遍低于后者,且不像后者那样能够占有更多、更好的社会资源;但相较于当时的集体企业职工和农民,国营单位职工的就业很稳定,收入水平也普遍高于集体企业职工,并明显高于农民;从占有社会资源的角度看,与当时占人口80%以上的农民和城市中其他非国营单位的劳动群体相比,无论就收益而言还是就福利而言,国营单位职工都是当时城市社会中分享较多资源的阶层,他们享有更多的劳动保护福利,基本可得到免费医疗,有稳定的退休金,有的职工还可以从单位分得住房或享受低价格房租,有的职工子女还可享受入托、上学等照顾。他们是20世纪50年代至70年代中国社会的稳定力量,即使像"文化大革命"那样的社会动荡也没有对他们的生活形成重大威胁。

当然,那时的国营单位职工与一般意义上的中间阶层有明显区别。中间阶层通常是由白领阶层组成的,是管理者、技术人员、办公室人员等脑力劳动者,而我国国营单位职工大多数是体力劳动者。因而只能是在特定的时期从相对的意义上称之为中间阶层。就严格意义上而言,这一"中间阶层"不是中产阶层,因为在那个生活资料短缺、平均主义"大锅饭"的时代,这个群体只能过上温饱的生活,离当时的体面生活尚相距较远。

这一时期,中国的工业化尽管也取得了举世公认的成就,它的年平均经济增长率除去灾难性的"大跃进"年代也有 7％左右。但与西方中产阶层产生的社会背景是工业化及向后工业社会的转变不同,在计划经济条件下的中国,工业化本身并没有对包括中产阶层在内的中国社会阶层的变动发生必然的影响。这是因为从 1949 年到 1978 年的 30 年间,从政治、收入和财产分配以及社会经济政策三个方面,遏制了中产阶层的滋生。一是在工人和农民的对立面维持了一个"符号性"的剥削阶级达 30 年之久。二是在所谓"人民"的范围内实现平均主义的"去分层化"政策。三是在经济发展政策领域实施优先发展重工业的战略,因此,与国民消费生活有关的轻工业和服务业一直严重滞后于人们改善和提高生活质量的需求;由于在农业中贯彻"以粮为纲"的原则以及人民公社本身的半军事化的管理原则,农民的社会流动受到限制,而包括粮食在内的农副业消费品也一直处于严重的短缺状态;由于先后与美国、印度和苏联的军事对峙,国防开支一直占到国民收入的相当比重。这一切都使得中国普通百姓的收入在 1952—1978年间没有什么实质性地增长,从而使中国中产阶层的产生即使在经济上也只是一个梦想。

第三章　谁是当代中国中产阶层

本章在回顾我国改革开放以来的历史基础上,证明当代中产阶层的产生成长与整个经济、社会发展密切相关,是历史进步的必然结果。通过借鉴国内外的代表性研究成果,从中国的现实国情出发,从收入、财产、生活水平、职业、受教育程度、价值观和行为规范、社会作用七个维度界定了当代的中产阶层;在此基础上,依据国家统计局最新统计数据,进一步明确了当代中产阶层的标志和特点。根据本书测算,当前我国大致有 2.0 亿～2.5 亿人口可以进入我们所界定的"中产阶层"范围,占 2013 年全国 13.6 亿人口的14.7%～18.4%。其中,城镇中产阶层大致 2.0 亿～2.2 亿人,农村中产阶层大致有 2000 万～3000 万人。这一测算与国内的主要研究成果比较接近。

在第二章系统介绍近现代国内外中产阶层的产生、发展并对中产阶层一般概念做出界定后,本章将聚焦当代中国中产阶层,论述其产生、发展历史及其概念界定。可以肯定地说,改革开放改变了中国的命运,也改变了中国社会的分层结构。当代中国中产阶层快速崛起,并在经济、社会、文化、政治尤其是消费领域越来越令人瞩目。在这一章里我们要集中回答"谁是当代中国的中产阶层"的问题,回顾当代中国中产阶层的产生、发展历史,明确界定当代中国中产阶层的依据和标准,计算当代中国中产阶层的规模。

一、当代中国中产阶层的产生和发展

从今天的眼光来看,改革开放 30 多年,是我国经济高速发展的 30 多年,是社会文明和民主法制不断进步的 30 多年,同时也是我国社会结构分化、当代中国中产阶层产生和发展的 30 多年。

(一)改革开放伊始催生了第一批中产阶层雏形

改革开放初期,党和政府出台实施的一系列政策措施推动了我国经济社会的发展,提高了人民生活水平,也在方方面面突破了大一统僵化管理的局面,确立了允许一部分人通过辛勤劳动、合法经营先富起来的原则,开始打破计划经济体制下的平均主义"大锅饭"和社会结构单一的格局,使社会成员在劳动价值贡献、收入、消费、住房、教育、社会地位等方面逐渐拉开了差距,为当代中产阶层的产生和发展奠定了经济社会基础。

在宏观层面,党和国家决定把工作重心从"以阶级斗争为纲"转变到"以经济建设为中心"上来,对财政、计划、金融、价格等宏观管理体制进行了一系列重大调整。经济的宏观调控方式从主要依靠行政手段的直接管理开始逐步向运用经济、法律手段的间接管理转变,对微观经济活动逐渐松绑。在此背景下,无论是农村还是城镇,无论是生产还是流通环节都出现了气象一新的局面。

微观领域的改革率先在农村和农业领域起步。随着家庭联产承包责任制的推行,农村经济有了较快发展,农民生活有了明显改善。生产经营方式的转变加上人民公社解体,使农村出现了以家庭为单位从事某项农业生产的专业户,并随之出现了多形式的经济联合组织。这些承包户和专业户靠个人或全家的埋头苦干,加上懂技术、善经营,迅速成为农村致富的"尖子",涌现出一些远近闻名的"专业户"、"万元户",成为当时农村富裕户的代名词。根据《中国统计年鉴》的数据,1985 年,农村居民人均年纯收入达到 2000 元以上即家庭全年收入达到万元以上的家庭占到被调查家庭的0.16%,到 1990 年这一比重已经达到了 2.11%。①

在城市,国家通过扩大企业自主权、推行经济责任制和两次"利改税"等一系列改革措施,逐步调整国家、企业与职工之间的分配关系。在工资分配制度方面,1985 年全国机关事业单位废除了执行了 20 多年的等级工资制,改为实行以职务工资为主要内容的结构工资制,提高了机关事业单

---

① 根据《中国统计年鉴 1991》数据计算。

位工作人员的工资水平。同时,国家把企业职工工资收入与企业的经济效益挂起钩来,发布了国营大中型企业参考工资标准,允许企业适当搞活内部分配。到 1987 年,全国范围内的企业基本都实行了企业工资总额与经济效益挂钩浮动的办法,打破企业吃国家的"大锅饭",激发了国营企业的活力,拉开了企业与企业之间的分配差距。与此同时,企业内部工资分配自主权也逐步扩大,打破职工吃企业的"大锅饭",企业内部出现了承包工资、分解工资、计件工资、浮动工资等多种形式和办法,职工工资水平也有较大提高并开始拉开差距。在劳动用工制度方面,国务院于 1986 年出台了《国营企业单位实行劳动合同制暂行规定》等四个规定,要求企业对新增用工推行劳动合同制,在城镇就业的增量部分打破了原来"统包统分"的就业模式。在工资改革和劳动用工人事制度改革进程中,许多企业掀起了"破三铁"高潮,即破铁交椅、破铁饭碗、破铁工资,探索建立人员能进能出、岗位能上能下、收入能增能减的机制,职工之间在多方面拉开了差距。1988 年,国家决定在试点经验的基础上加快住房制度改革,用三年或更长的时间在全国分批推行,城市住房制度从实物分配向职工购买或租房的商品化方式转换,这为职工拥有个人住房产权提供了制度支撑。其后,随着基本确立社会主义市场经济体制的改革目标,国务院于 1992 年颁布了《全民所有制工业企业转换经营机制条例》,进一步扩大了企业在供产销、人财物等 14 个方面的自主权,要求在全民所有制企业全面实行"全员劳动合同制",赋予企业人事管理权,彻底改革原来计划经济条件下的劳动人事制度;同时赋予企业工资奖金分配权,进一步搞活、搞好内部分配。在此改革进程中,企业与企业之间以及企业内部职工之间的工资分配差距逐渐拉开。国有企业内部少数有能力、有贡献的职工,如市场销售人员、技术人员、管理人员在奖金和实际收入上已经明显高于其他职工,成为当代中产阶层雏形的潜在组成成分。当时在城镇,绝大多数职工的工资水平是高于平均值的。根据《中国统计年鉴》的数据,1988 年我国城镇单位职工年人均

工资为 1747 元。按当时的划分,国民经济 12 个大行业中除农林牧渔业
(1311 元/人年)、商业公共饮食业物资供销和仓储业(1564 元/人年)、房地产
管理公用事业居民服务和咨询服务业(1726 元/人年)、国家机关党政机关和
社会团体(1707 元/人年)这四大行业外,其余八个行业的平均工资均高于全
部城镇单位职工工资的平均值,占当年职工总人数的 72.2%。[①] 1985 年机
关事业单位工资改革后,工资水平有一定幅度的提高。当时国务院各部门
的直属单位中,除国防科工委、物资储备局和农业部外,其余 26 个部委直
属单位职工的年平均工资均高于当年城镇单位职工年工资的平均值 1747
元。[②] 这一状况也为从中培育出少量收入达到中高水平的人员提供了有
利条件。

在国有企业改革探索推进的同时,个体经济和私营经济迅速发展起
来,并焕发出勃勃生机。1982 年、1988 年国家两次修订《中华人民共和国
宪法》,承认了城乡劳动者个体经济以及私营经济的合法地位,将其作为社
会主义公有制经济的补充,承认并鼓励其存在和发展,旨在发挥其在提供
消费品和服务以及就业等方面的积极作用。1978 年全国城市个体经济及
其从业人员只有 15 万人,1990 年达到 648.2 万人,个体和私营经济从业
人员合计 671 万人。1991 年全国个体工商户产值占工业总产值的比重已
经提高到 4.8%。[③] 这些私营经济一部分是由个体工商户积累资本、扩张
规模发展而来的,另一部分则是由原来的小规模国有企业或集体企业由个
人租赁转化而来的。据估算,到 1988 年中国私营业主大概有 50 万人左
右。除了生产领域的变化外,国家也逐步在商品流通领域取消统购统销和
计划调拨,鼓励竞争,开放市场。到 1982 年,已经逐步形成了以国营商业
为主,多种经济成分、多种流通渠道、多种经营方式并存的流通体制。1984

---

① 数据来源:《中国统计年鉴 1989》。
② 数据来源:《中国劳动统计年鉴 1989》。
③ 根据《中国统计年鉴 1997》数据计算。

年年底全国物资系统开办的各种贸易中心就达到 110 多个。在流通领域搞活的同时,流通领域的个体商业比重从 1978 年的 0.1% 提高到了 1982 年的 2.9%。① 出租车司机、部分个体工商户和私营业主的收入已经达到一般职工平均工资的数倍甚至 10 多倍,这在当时非常引人注目。这些人成为当代中国中产阶层雏形的重要组成部分。

这一时期,国家贯彻对外开放方针,改革外贸体制,改变统进统出格局,先后颁布了《中华人民共和国中外合资经营企业法》、《中华人民共和国外国企业所得税法》等一系列重大法律法规,并创办了深圳、珠海等经济特区,采取多项重大措施为利用外资创造条件。利用外资的规模和比重不断扩大。1985 年全国基建投资中利用外商投资 23.52 亿元,占全国全部基建投资的 6.84%;到 1989 年已经提高到 221.45 亿元,占 14.27%。② 中外合资、中外合作和外商投资企业逐渐在中国发展起来,出现了第一批说着洋文、衣着考究、举止西化、收入不菲的外企白领。

今天看来,改革开放初期出台实施的一系列政策措施,从不同角度对计划经济体制下的大一统“去分层化”的社会状态形成了冲击,为社会分层埋下了伏笔。虽然在改革开放的最初几年,中国并没有形成真正意义上的中产阶层,但当时涌现出的“致富能手”、“专业户”、“万元户”和城市个体工商户、私营业主以及数量不多的外企白领、少数企业高中层管理人员等,都成为当代中国中产阶层雏形的第一批成员。

(二)改革开放深化推动了中产阶层的发展

1. 20 世纪 90 年代中产阶层雏形的发展

1992 年邓小平同志南方讲话揭开了继续深化改革扩大开放的新篇

---

① 摘自龚关(主编):《中华人民共和国经济史》,经济管理出版社,2010 年,第 198 页。
② 根据《中国统计年鉴 1997》数据计算。

章。同年,中国共产党第十四次全国代表大会正式确立了发展社会主义市场经济的目标。1993年11月,中共中央发布了《关于建立社会主义市场经济体制若干问题的决定》(以下简称《决定》),把党的十四大确定的经济体制改革目标和基本原则加以系统化、具体化。在《决定》精神的指引下,经济体制的多方面改革掀起了新高潮。国家建立起以分税制为核心的财税体制,对国有企业实行税利分流,专业银行也开始按照商业银行的机制运行,国家对固定资产投资的调控从单纯依靠全社会计划指标转变为从资金源头调节投资总量和结构。财税、金融和投资领域的改革深化,继续放开企业经营自主权,也在一定程度上扩大了企业之间在经济效益乃至职工工资、奖金上的差距。这一时期商品市场的多数产品价格已经由市场决定,同时在国家政策的引导和扶持下,金融、劳动力、房地产等要素市场和产权市场逐步形成。1993年,国家又一次改革了机关事业单位的工资制度,提高了职工的工资;同时在企业推行岗位技能工资制,进一步扩大了企业内部分配自主权,拉开了企业内部分配差距。20世纪90年代宏观经济管理体制、财税金融体制、企业经营管理体制、工资管理体制等方方面面都加大了改革力度,要素市场开始形成,社会主义市场经济体制框架初步建立起来。职工工资差距进一步拉大,居民家庭收入来源日益多元化,这些都给中产阶层的发展壮大创造了更宽松的环境。

国有企业经营管理体制的改革是20世纪90年代的改革中最重要的课题。中共中央《关于建立社会主义市场经济体制若干问题的决定》明确要求国有企业要"建立适应市场经济要求,产权清晰、权责明确、政企分开、管理科学的现代企业制度",并肯定了公司制的有益探索。国有企业改革着眼于搞活整个国民经济,将国有企业制度改革和国有资产改组、技术改造相结合,在健全企业领导班子的同时加强企业管理。在对国有经济"抓大放小"进行战略性改革、清理过剩产能的过程中,一部分国有企业的高中层管理人员以及高中级技术人员通过自身的努力在搞活企业、提高企业经济效益方面做出了较多贡献,加之 1997 年开始实行"减员增效、下岗分流",分离了相当部分国有企业职工,使国有企业薪酬总量的分配对象有所减少,这使部分国有企业高中层管理人员和高中级技术人员可分配的薪酬额度明显提高,由此较多提高了他们的个人收入,其与普通职工的工资差距已经明显拉开,成为当代中国中产阶层的一个重要组成部分。

这一时期国家对事业单位也进行了改革。部分事业单位开始与行政级别和待遇脱钩,部分事业单位改制为企业实体,国家只对少数公益性事业单位进行全额拨款,多数为差额拨款,部分为自收自支。在此背景下,很多事业单位进一步走入市场,面向市场创收;许多员工也开始通过市场分配方式获取资源,其中部分人通过个人技术成果和辛勤劳动获得了较高水平的收入,也成为当代中国中产阶层的成员。

1992 年邓小平同志南方讲话发表后,国务院陆续修改和废止了 400多份约束经商的文件,大批官员和知识分子投身商海,后来他们管自己叫"92 派"。据当时人事部统计,仅 1992 年一年,全国辞官"下海"者即达 2万人①,其中很大一部分人不久就成了收入较高、身价不菲的成功商人。

与此同时,在国家政策鼓励下,私营经济和个体经济得以更快发展,地位不断提升。1999 年全国个体工商户达到 3160.1 万户,从业人员 6240.9万人;私营企业达到 150.9 万家,从业人员 2021.5 万人。1999 年个体经济创造工业总产值 22928 亿元,已经占到当年工业总产值的 18.2%。② 这其中一部分个体工商业者和私营业主经营较好,收入较高,成为当代中产阶层雏形的重要组成部分。1992 年以后,我国大幅度扩大开放的地区和领域,并逐步向中西部和内陆延伸,国家允许外商逐步进入服务业,合资开发零售业和批发商业,开办中外合资银行、保险公司等。这一时期世界著名的跨国公司纷纷开始进入我国。到 1995 年年底,世界 500 强公司中有 200

---

① 引自《流动中国之下海经商——中华人民共和国建国 60 周年》,腾讯网,2008-10-10。
② 引自《社会中间阶层生存状态透视 有车有房还说不快乐》,人民网,2014-08-06。

家已经在我国投资,部分国际大公司制定了中长期规划,开始向中国实施战略性转移。外资企业的快速扩张,也衍生了大量的外企员工。其中,中方的管理人员、技术人员和部分能力、素质高的普通员工收入水平明显高于内资企业同类人员,他们的生活方式和消费结构乃至行为举止都明显带有"西化"特征。

在民生领域,1993年我国社会保障制度改革在企业全面启动,主要是建立职工基本养老保险、基本医疗保险和失业保险制度。1994年国务院颁布《关于深化城镇住房制度改革的决定》,1998年以后停止住房实物福利分配,逐步实行住房商品化、分配货币化,并建立了住房流通市场。1994年,医疗体系改革的序幕拉开。1998年,国务院颁布《关于建立城镇职工基本医疗保险制度的决定》,要求在全国范围内建立覆盖全体城镇职工、社会统筹和个人账户相结合的基本医疗保险制度,并陆续出台医药分家、药品招标采购、医疗机构分类管理等一系列政策。住房体系、社会保障体系的改革,减轻了企业的社会负担,进一步破除了计划经济条件下城镇居民在家庭支出和生活水平上的均等化,成为促进社会分层、中产阶层发展的重要社会条件。

20世纪90年代的一系列深化改革措施,从社会生活的方方面面完全打破了计划经济时期的原有体制,不同社会群体在就业、收入、消费、住房、医疗、教育等方面的差异已经越来越明显。在社会转型和快速工业化的进程中,奉行国家"允许一部分人先富起来、先富带动后富"的分配原则,部分国有企业经营管理者及中层管理人员、中高级技术人员、"下海"经商的成功者、外资企业中的中方高中级白领以及经营较好的城镇个体户、私营业主等成为改革开放大潮中的弄潮儿,他们抓住机遇,依靠政策,通过个人努力取得了较好回报。这些"先富者"成为今天乃至今后当代中国中产阶层的主要组成部分。虽然当时基于传统观念和为了保持意识形态领域的统一性,官方对学术界有关"中国中产阶层"的讨论进行了压制或回避,然而在现实的社会经济生活中,中产阶层的雏形已然形成并逐渐发展。当然,与改革开放初期相比,此阶段中产阶层的构成也发生了一些有趣的变化。其中,在改革开放重心转入城镇后,农村相对富裕者中有些人因经营不善从这个群体中消失了;西方称为"雇主"阶层的个体工商户和私营业主在此时的中产阶层群体中比重有所下降,而所谓"雇佣者"中的中高级管理人员、技术人员、专业人员则比重上升。这与西方发达国家在工业化过程中"老中产"比重下降、"新中产"比重迅速上升的过程非常相似。当然,这个阶段的发展历史也从另一个层面印证了当代中国中产阶层在发展过程中的一个特征,即不够稳定。

这里需要补充说一句,本书不对改革开放进程中社会分层实际存在的弊端展开分析。由于在我国经济社会转型阶段,经济社会制度尚不健全,政策尚不完善,加之"一切向钱看"思潮曾经泛滥,在社会分层过程中确实存在不少问题。一方面是的确有少数人通过不法或违规手段暴富;另一方面是的确有部分工人、农民在某些时段收入水平相对下降,横向比没有共享经济社会发展进步的成果。对此应该高度重视并采取相应措施切实加以解决。因本书专讲中产阶层,此阶层中不包括暴富者,虽然当前中产阶层内也有少量通过违规手段获得较多收入者,而这需要今后通过健全制度、完善政策、加强个人所得税征管等来解决。可以肯定地说,当前我国中产阶层内的绝大多数人员是通过自己辛勤劳动、合法经营获得中等及以上收入、财产的,对这些人员及其收入和财产应该依法予以保护。

2. 21 世纪以来中产阶层的新发展

我国经济持续增长和人民生活水平不断提高,为中产阶层的发展壮大奠定了经济基础。改革开放以来,我国经济经历了长达 30 多年的快速增长,人均 GDP 从 1978 年的 381 元提高到 2013 年的 41908 元,按不变价计算,年均增幅达到 8.7％。① 到 2008 年,我国人均 GDP 已经达到 3000 美元以上,进入了中等收入国家行列;到 2013 年,我国人均 GDP 进一步提高到 6700 美元左右,进入中等偏上收入国家行列。② 与此同时,城乡居民收入也有了大幅增长。1985—2013 年,城镇居民人均可支配收入从 739.1元提高到 26955 元,提高了 35.47 倍;农村居民人均纯收入从 397.6 元提高到 8896 元,提高了 21.37 倍。其中,2000—2013 年,城镇居民人均可支配收入从 6280 元提高到 26955 元,提高了 3.29 倍,剔除物价因素,年均增长 9.35％;农村居民人均纯收入从 2253 元提高到 8896 元,提高了 2.95倍,剔除物价因素,年均增长 7.82％。③ 经济持续高速增长、综合国力不断增强,为医疗体系、教育体系和社会保障体系的发展、健全提供了根本支持,全体社会成员在不同程度上分享了社会经济发展的成果,为我国中产阶层的扩大奠定了坚实的经济基础。

我国快速工业化和城镇化的推进为职业结构变动、中产阶层扩大提供了必要条件。在经济增长和人民生活水平提高的同时,我国产业结构升级调整,工业化和城镇化进程也在加速,教育改革不断深入探索,促进了职业中产阶层的扩大。1992 年,我国第一产业、第二产业、第三产业占国民生产总值的比重分别为 21.79％、43.45％和 34.76％,到 2012 年已经调整为10.1％、45.3％和 44.6％。④ 进入 21 世纪以来,我国在深化经济体制改革的进程中更加强调主动转变经济发展方式和调整经济结构,把经济结构调整和经济结构升级作为国民经济发展的"主线"。2000 年国务院在制定我国国民经济和社会发展第十个五年计划纲要时就提出要"优化工业结构,增强国际竞争力",加快工业改组改造,发展高技术产业,以信息化带动工业化,"发展服务业,提高供给能力和水平"。2006 年国务院发布我国《国

---

① 根据历年《中国统计年鉴》有关数据测算。
② 根据国家统计局公布的数据测算。
③ 根据相关年份《中国统计年鉴》有关数据测算。
④ 引自《中国统计年鉴 1995》和国家统计局《2012 年国民经济和社会发展统计公报》有关数据。

民经济和社会发展第十一个五年规划纲要》时,进一步更明确部署发展现代农业,加快发展高技术产业,振兴装备制造业,优化发展能源工业,积极推进信息化,同时部署加快发展服务业。进入 21 世纪以来,我国的第二产业有了进一步大发展,技术水平大幅度提高,工业结构明显优化。与此同时,第三产业有了长足发展,其中,在商业、饮食、居民服务、交通运输、邮电等传统领域不断改进升级的同时,旅游、信息、咨询、科技服务、金融保险、教育、文化等新兴服务业快速发展。与产业结构快速非农化伴生的,是我国城镇化进程的加快。1978 年改革开放初期,我国城镇人口仅占全国人口的 17.92%,1990 年提高到 26.41%,2000 年提高到 30.22%。2013 年我国城镇人口已经达到 7.31 亿,占全国人口的 53.73%[①],城镇人口无论是绝对量还是所占比重都已经超过了农村。从就业人口的结构来看,1978 年我国第一产业从业人员比重高达 70.5%,到 1990 年下降到 60.1%,2000 年进一步下降到 50%。到 2013 年,第二、三产业就业人员总量达到 5.3 亿,占到全部就业总量的 68.6%,第一产业就业人员比重仅为 31.4%。[②] 在第二、三产业中,白领岗位人数继续增加,到 2013 年,机关事业单位工作人员即达 4000 万;如果加上各类企业管理、技术人员,则白领人员数量更大;而且,第二、三产业中的技能工人也即灰领人员数量也有明显增加。快速工业化和城镇化,不仅为改善人民生活提供了基础条件,更从根本上推动了产业结构调整和职业结构变迁,为发展扩大中产阶层提供了职业结构的支持。

与此同时,高等教育的普及和各类专科院校、技工学校的蓬勃发展也为中产阶层的发展壮大提供了有力支持。普通本专科学校招生规模从 1990 年的 92.6 万人增加到 2000 年的 200.61 万人,到 2012 年快速扩大到 688.8 万人。普通本专科学校的当年毕业生人数从 1990 年的 61.4 万人

---

① 根据相关年份《中国统计年鉴》数据整理,其中包含未真正融入城镇的农村户籍居民。
② 根据相关年份国家统计局统计年报和《中国统计年鉴》数据整理计算。

增加到 2000 年的 94.98 万人,到 2012 年快速扩大到 624.7 万人。研究生招生人数则从 1990 年的 2.96 万人增加到 2000 年的 12.85 万人,到 2012 年扩大到 58.97 万人。2012 年我国 16 岁以上人口中受过大专及以上教育的人群占 10.59%。[①]

　　基于新时期转变经济发展方式的现实需要,同时为了进一步扩大内需,逐步走向共同富裕,国家还相应提出了"扩大中等收入群体"、"构建橄榄形分配格局"的政策导向,这大大加快了中产阶层发展的进程。到 20 世纪末,我国宏观经济运行态势出现了从短缺向过剩的根本转变,内需不足成为制约经济发展的重要瓶颈。在此阶段,国内对于中产阶层的讨论重新热烈起来,社会学家在研究中普遍强调中产阶层对于提振消费和维护社会政治稳定的重要作用。大量的国内商家和企业以及跨国机构也纷纷从收入水平、生活方式和消费特征角度为社会公众描绘(或者说是灌输)了一个收入稳定、有车有房、衣着时尚、生活丰富多彩、关注个人发展和生活品质的"中产"群体形象。人们收入和生活水平的提高,以及商家、媒体的推介宣传,使通过个人努力成为中产阶层的一员成了很多社会成员的奋斗目标。

　　2002 年 11 月,中国共产党第十六次全国代表大会报告首次明确提出"扩大中等收入者比重",此后政府将培育壮大"中等收入群体"作为政策目标之一。进入 21 世纪以来,实施了按劳分配与按生产要素贡献分配相结合的分配原则,在分配中向管理、技术、技能、资本等要素倾斜;继续深化企业薪酬制度改革,许多企业经营者实行了年薪制,部分企业高管试行了股权激励办法;许多企事业单位建立健全科技人员收入分配激励机制,实行按岗位、按任务、按业绩定酬的办法;部分企业开展了企业内部职工持股、技术要素入股等试点;2006 年进一步改革机关事业单位工资制度,公务员

---

① 根据相关年份国家统计局统计年报、教育部公布数据和《中国统计年鉴》数据整理计算。

实行了职务级别工资制；事业单位则全部实行岗位绩效工资制，同时提高了机关事业单位工作人员的工资水平；社会保障制度建设取得重大进展，推进城镇职工基本养老保险、基本医疗保险等制度改革的扩面工作，提高统筹层次，同时开展机关事业单位养老保险制度改革试点；在农村开始全面推行农村养老保险制度（新农保）、医疗保险制度（新农合），并于2000年开始了农村"费改税"试点改革，到2006年全面取消了农业税；股市交易、房产交易等大幅度增加；城乡劳动者和居民在劳动报酬增加的同时，财产性收入、转移性收入也有明显提高。自2010年以来，党和国家又相继提出"提高劳动报酬占初次分配的比重，提高居民收入占国民收入的比重"、"收入翻番"和"构建橄榄形分配格局"等一系列振奋人心的分配原则和目标，并制定实施了许多新政策。进入21世纪以来实施的这些收入分配政策措施，直接扩大了中等收入群体。

可以说，进入21世纪，在国家经济快速发展的基础上，在国家多方面经济政策的引导与支持下，伴随着国家工业化、城镇化进程和人们生活水平大幅度提高，我国中产阶层有了进一步的较快发展，私营业主，经营成功的个体工商户，外企职员，国企和上市公司经营管理者，高中级医生，大学和高级中学的教授、讲师，各种中介机构的会计、律师等专业人士，行政管理、科研开发等白领职业人群，部分收入较高的技术工人以及少数农村规模经营大户人员等，构成了当代中国的中产阶层，其规模还在继续扩大。

二、当代中国中产阶层的界定

以上我们对改革开放以来我国中产阶层的产生、发展的历史做了一个简要的回顾，对其人员构成做了一个粗略的梳理。接下来，需要对当代中国中产阶层的定义和界定的依据进行分析，从而使据此确定的中产阶层不是"被中产"、"伪中产"，同时也别"超中产"，是大家能够认可的中产阶层。

一句话,是要回答谁是当代中国的中产阶层。

(一)当代中国中产阶层的定义

根据前述对改革开放以来我国当代中产阶层产生、发展的历史及其人员构成状况的分析,我们对当代中国中产阶层可以下这样一个定义:随改革开放产生并发展起来的家庭人均收入和财产处于社会平均水平与较高水平之间、生活水平达到全面小康与比较富裕①之间的程度、从事职业和所受教育程度多数居于社会中等层级及其附近、价值观和行为与时代要求大体一致、能够对社会主流价值判断发挥正面引导作用的社会群体。这个定义用更简单的话来说就是,当代中国中产阶层是收入、财产和生活水平中等偏上,多数人职业较体面且教育程度中等及偏上,遵纪守法、努力工作并希望社会稳定的群体。

以上对当代中国中产阶层所下定义涉及收入、财产、生活水平、职业、受教育程度、价值观和行为规范、社会作用七个维度。这是我们在综合借鉴西方对社会阶层划分的依据和中国其他学者研究成果的基础上,基于当代中国的现实国情筛选出来的,同时去掉了有些研究中使用的"主观认同"等不好量化、存在争议的因素。选这七个维度,一则涵盖经济、社会、文化和意识形态等领域,基本可以较全面地反映当代中国中产阶层的特征和状况;二则便于定量描述和识别中产阶层,易于为广大社会成员所接受。其中:收入要素,是直接划分中产阶层最重要、最具辨识度和包容性的依据,用"家庭人均收入水平处于社会平均水平与较高水平之间"来界定和划分。财产要素,在一定程度上反映过去收入积累的结果,同时也是未来收入的可能性来源,从另一个角度反映家庭的实际收入水平和差异,用"家庭人均

---

① 这里所说的比较富裕,不是国家统计局城乡住户调查按收入七等份或五等份分组的"较高收入"(《中国统计年鉴》中有的年份,如 2012 年、2013 年,公布的是五等份分组数据,有的年份,如 2014年,公布的是七等份分组数据),而是指在现实社会中实际收入和生活水平比较富裕的状态。如果一定要量化的话,应高于国家统计局的"较高收入"。

财产水平处于社会平均水平与较高水平之间"来界定和划分。生活水平要素（或称之为消费要素），通过家庭全部收入的支出水平、支出结构以及消费性支出的特点来反映中产阶层的日常生活水平以及其享受、发展程度"达到全面小康与比较富裕之间的程度"。职业要素，是西方新马克思主义和新韦伯主义学派共同采用的主要依据之一，既是划分不同社会阶层的最显性标志之一，也是实现社会阶层流动的一个途径。教育要素，包括其本人受教育的程度，以及其子女受中等程度以上教育的可能性，中产阶层的受教育程度普遍较高，也比较重视子女的教育，乐于加大教育投资，教育因素既是中产阶层区别于较低阶层的特征之一，也是较低阶层向上发展进入中产阶层的重要途径。价值观和行为规范要素，则是一个社会阶层在社会、政治和文化层面表现出的相对统一的、稳定的、可传承的特征，是支配该社会阶层消费、投资、社会、政治行为的内在准则，也是与其他阶层相区别的重要标志之一。当代中国中产阶层规模较小，分布分散，远没有真正形成稳定的、统一的价值观和行为规范，但通过观察其日常行为可以看出，当代中国中产阶层中相当部分成员在社会道德、法制、人文等方面有着相同或相似的观念和想法。社会作用要素是中产阶层对社会的客观影响状况，虽然现在中国的中产阶层影响不大，但随着这个阶层人数的增多、比重的提高，将逐渐发挥越来越大的作用。

　　当然，这七个要素从必要性、重要性角度分析是有其先后顺序的。一般而言，"家庭人均收入水平"、"家庭人均财产水平"和"家庭生活水平"都是非常重要的划分中产阶层的依据。鉴于当前我国关于家庭人均财产水平和家庭生活水平数据收集整理的难度较大，因此，目前只能将"家庭人均收入水平"定为最重要的划分依据，将"家庭人均财产水平"和"家庭生活水平"均作为重要依据，紧接着排在"家庭人均收入水平"之后。接着，"家庭成员所从事的职业"和"家庭成员及其子女受教育程度"也是重要依据，但其重要程度是否与"家庭人均财产水平"和"家庭生活水平"一样，则需要进一步研究,就当前国情而言,恐怕比"家庭人均财产水平"、"家庭生活水平"的重要性稍低一点。"相同或相近价值观和行为规范"是成熟的中产阶层在意识形态领域的重要标志,"社会作用"是对成熟的中产阶层在社会领域将发挥何种作用的评价,在市场经济发达的国家这两者也是界定中产阶层的重要依据,但鉴于当前中国中产阶层在这两个方面都很不成熟,因此,暂将这两者作为参考依据。今后,在当代中国中产阶层成熟后,可将这两个因素再调整为重要依据。

在对当代中国中产阶层做出定性的定义和大体排列七个因素的先后顺序后,要真实地描绘当代中国中产阶层群体的生活状态,要准确地估算该群体的规模及其发展趋势,还需要明确划分中产阶层的量化标准。但要提出既符合国外通行做法又符合中国国情、既科学合理又能为广大人民群众所接受的中产阶层标准,不让大部分社会成员感觉"被中产"、"伪中产",同时又不"超中产",还是一项比较困难的工作。事实上,即使是在中产阶层已占社会大多数的欧美发达国家,对于中产阶层的定义和标准依然是模糊与变化的。原因很复杂。首先,中等、中产的概念和标准本来就是相对的,在不同的国家、不同的发展阶段可能会有不同的标准。出于不同角度、不同目的可以选择不同的划分依据和标准,从而会直接影响对群体规模、群体状态的考察结果。国内商家和跨国机构出于营销、市场细分等考虑,主要从收入水平、生活方式和消费特征角度提出标准,一般对群体规模的预测比较乐观。而社会学家和经济学家则主要参考国外做法,在收入、消费之外还从职业、教育程度、主观认同等宽阔的角度来描绘和界定当代中国中产阶层。划分依据和标准可以说是千差万别,对于中产阶层群体规模的估算结果也就大相径庭。其次,我国当代中产阶层刚刚兴起,在很多方面的特征还是模糊而变化的,很难准确提炼与描述。最后,中国的现实国情,即中国当代中产阶层产生、发展的现实环境和历史沿革与西方有很大不同,这就决定了中国的"中产"道路会与西方有所差异,划分和界定中国当代中产阶层的具体标准也不能完全照搬西方,不能脱离中国国情。

(二)界定标准的国情分析

中国是由计划经济体制转向市场经济体制的国家,是发展中国家,尚处于社会主义初级阶段和工业化中期,农业人口比例很大。虽然近些年来中国城镇人口比重迅速提高,但就城镇化的实际结果来看与发达国家还存在着较大差距。与此同时,受对外开放和全球化、信息化的影响,人们通过媒体、网络、旅游等途径对国外中产阶层的生活水平和消费模式等情况了解很多,加上国内商家对中国中产阶层生活状态绘声绘色的描述,这些因素导致国人对成为当代中国中产阶层后生活水平的期望值较高。这也是在一些研究机构和专家学者发布关于中国中产阶层达到多大规模和比重时,很多中国人对其摇头,认为自己是"被中产"或"伪中产"的原因之一。

反观西方国家,基本上都是自然成长的市场经济国家,工业化和城镇化开始时间很早。18世纪末期英国工业革命的爆发开启了英国的工业化进程,其后法国、德国、美国等西方大国先后进入工业化阶段,迄今已有近三百年的历史。经过第一次、第二次和第三次工业革命,大部分西方国家的产业结构已经实现了高度非农化,第三产业比重上升,其教育、政治和文化也都随之有足够的时间取得正常且均衡的发展。在这个过程中,西方社会结构和职业结构发生较大变化,农业人口随着产业结构的调整和城镇化的正常进程而逐渐减少,城乡差距和地区差距明显缩小,城市内体力工人的比重下降,白领人数迅速增加,中产阶层队伍不断壮大并成为社会的主流。而我国当代中产阶层是从改革开放后才重新出现在历史舞台上的,迄今仅仅30多年时间,与西方国家成熟的中产阶层数百年发展历史相比还有很长的路要走。无论从中产阶层群体内涵、群体构成、群体规模、群体地位、群体作用等方面都存在较大差距。因此,只有充分考虑我国经济发展、收入分配等方面的现实国情,考虑中华民族的社会历史传统,考虑社会群众对于中产阶层的真实感受和合理期待,才能够提出一个既科学合理,又能够被广泛接受的当代中产阶层的划分标准。

分析影响当代中国中产阶层界定标准的因素,主要有以下四方面:一是受经济发展状况和收入分配的影响。我国地域辽阔,东中西部地区自然地理条件和经济基本状况差别大,城乡之间、地区之间及地区内部经济发展和物价消费水平都很不平衡,加之我国现阶段收入分配体系以及社会管理体制存在许多问题,同时,我国居民家庭收入、财产和生活水平参差不齐,分配格局很不合理。我国居民人均收入水平分布的中位数低于收入平均数,能够收集到的居民财产数据也存在类似问题。比如,2012 年我国城镇居民家庭平均年收入为 26959 元,按收入水平七等份分组的 20% 中等收入户家庭平均年收入却只有 24531.4 元。[①] 这种中位数低于平均数的状态在统计学中称为"偏态分布",且是左偏,即收入低于平均数的家庭占了较大比重。另外还有一个情况也不能不考虑。国内学者如岳希明、李实、甘黎等人都认为国家统计局进行的城乡住户调查数据存在一定的失真,主要是最高收入家庭的选择以及数据失真问题。事实上,住户调查中最高收入家庭瞒报、低报情况普遍存在,这一点即使在调查系统相对完善的美国也无法避免。国际上普遍认为,住户调查中会对最高收入家庭的收入低估30% 左右。基于以上情况,我们在计算和量化界定当代中产阶层的收入、财产标准以及生活水平标准时,必须既考虑这种左偏的分布状态,又考虑统计的平均数据有所失真的状态,还要考虑城乡之间、地区之间以及地区内部的多方面不平衡情况,把界定中产阶层人均收入、财产标准以及生活水平标准设计得科学合理,使之能够既防止"伪中产",又防止"超中产",还要适应各地区经济发展、收入水平和物价等不平衡的需要。据此,首先要将当代中产阶层的"家庭人均收入水平"划分标准定为"处于社会平均水平

---

① 摘自《中国统计年鉴 2013》有关数据。

与较高水平之间";其次,"家庭人均财产水平"划分标准也要定为"处于社会平均水平与较高水平之间";再次,"家庭生活水平"划分标准要定位于"达到全面小康与比较富裕之间的程度"。这里明确各个量化区间分别为"社会平均水平与较高水平之间"和"全面小康与比较富裕之间的程度",就是为了防止"被中产"、"伪中产",让当代中国中产阶层的收入、财产和生活水平能够为广大老百姓所认可、向往和追求,但又不会高到超出我国发展阶段国情和承受能力的程度。同时,这些划分标准以设定合理区间为佳,不宜设定绝对标准,以适应我国城乡之间、地区之间以及地区内部经济发展不平衡的实际。

二是受我国转型时期产业、职业结构变化的不确定性影响。当前,我国正处于经济转型时期,产业结构变动较快,职业种类多样化,新的行业和新的职业不断产生,老的行业和职业逐渐衰退甚至消亡。比如快递服务行业是劳动密集型产业,随着行业的迅猛发展,会吸纳大量社会劳动力就业,能提供从分拣、递送到行政、销售、工程技术和管理等多个职位。1987 年我国快递服务行业才刚刚出现,到 2006 年,快递服务业从业人员即达22.7 万人,业务量达到 10.6 亿件,实现业务收入约 300 亿元。到 2010 年快递行业从业人员进一步增至 54.2 万人,比上年增长 35%,远远高于全国就业总人数 1.5% 的增长率[1],在第三产业中属于高速增长行业。根据中国《快递服务"十二五"规划》,未来五年快递从业人员仍将保持快速增长势头。快递员的收入主要实行送货费和收件提成挂钩。据估算,在北京、上海这样的特大城市业务量饱满的快递员,通过自己的辛勤劳动月薪过万也并非难事,是有可能进入中等收入标准区间内的。快递服务行业发展的例子说明,随着社会经济发展水平的提高,行业结构会随之变动调整,传统行业衰退甚至消亡,新兴行业不断产生且蓬勃发展,职业、工种也会不断调

---

① 引自《快递从业人员年增长 35%》,《深圳特区报》,2011-06-29。

整变迁。而且,现阶段一个突出的现象是,一个人的收入、财产以及生活水平的高低与其职业在社会上位置的高低往往不一致。也即收入、财产以及生活水平高的劳动者,其职业的社会地位却不一定高,反之亦然。在此背景下,我们在设定判断当代中产阶层的职业类型时,就不能过多强调社会地位处于中等及以上的职业,而只能将其作为重要的补充依据,否则,会把一部分收入、财产和生活水平达到中等偏上者排除在中产阶层之外,反而不利于中产阶层的扩大。

三是受我国仍是发展中国家、教育水平整体上不高且参差不齐的影响。根据《中国劳动统计年鉴 2012》的数据,现阶段,我国 7 亿多劳动者中,受教育程度达到中等(含初中、高中和大学专科)文化水平者大约占 73.4%,而本科及以上文化程度的劳动者的比例还不到 6%。[①] 其中,收入、财产已达到中等水平及以上者的受教育程度参差不齐。在此背景下,我们就不能像西方市场经济发达国家一样,把受教育程度作为划分中产阶层的重要依据,只宜将其作为界定当代中国中产阶层的充分条件,不作为充要条件,即将其作为重要的补充依据,以中等程度及以上教育水平为主,同时,不排斥其他教育水平。比如个体工商户、农村规模经营者和部分私营企业主受教育水平虽然低,但其收入、财产等已达到前述要求,就可算为中产阶层人员。

四是受多年来广大群众质疑收入统计数据的真实性、期盼过真正的中产阶层生活等心理和社会舆论的影响。近些年来,每当统计部门发布关于工薪劳动者平均工资或居民人均可支配收入等数据时,往往引发普通工薪劳动者或低收入居民的反感或怀疑,或表示自己拖了全国或某地区平均工资或居民人均收入的后腿,或怀疑统计数据的真实性;同时人们又对按平均数定中产阶层的收入、财产不满,认为那是"被中产"、"伪中产"。这既与

---

① 根据《中国劳动统计年鉴 2012》有关数据计算。

我国现阶段收入分配格局不合理、工资和收入的中位数低于平均数的实际情况紧密相关，又与人们期盼过真正的中产阶层生活、对市场经济发达国家中产阶层生活水平的了解日益加深相关。为了适应这一现实情况，同时满足我国已经进入中等偏上收入国家行列，即将全面建成小康社会这个阶段的需要，我们在界定中产阶层的收入、财产和生活水平的标准时，就不能定得太低，应按照定义所描述的"家庭人均收入、财产处于社会平均水平与较高水平之间"、"家庭生活水平"要"达到全面小康与比较富裕之间的程度"来安排具体的量化区间。比如，家庭人均收入、财产起码应处于全国或当地平均水平以上，或以平均水平为下限，以高于平均水平的一定幅度为上限；或以住户调查的中等收入组、中等偏上收入组、少量高收入组中偏下收入户为核定中产阶层的范围。通过这样的界定，让人们觉得这种中产阶层是大家所追求和期盼的，是"真中产"，同时，又没有超出国家发展阶段，不是"超中产"。

概括以上四点分析可知，基于我国现实国情，借鉴中西方社会学家的现有成果，在界定当代中国中产阶层的具体标准、考察群体规模和特征的时候，必须同时满足"四性"，即包容性、阶段性、激励性和变动性。"包容性"是指要将收入、财产和生活水平作为进入中产阶层的充分必要条件，而把职业和教育水平只作为充分条件，不作为必要条件，以便把尽可能多的收入、财产达到中等以上程度的人员纳入进来，允许更多的社会成员通过自身努力成为中产阶层的一员。"阶段性"是指要从我国现阶段由中等收入国家向高收入国家转型的基本国情出发，并考虑提出的标准在当前能够被广泛接受，又不超出现阶段国家及地方的经济承受能力。"激励性"是指设定的中产阶层内涵及划分标准应让人们信服，有吸引力，激励大家努力工作、辛勤劳动和创造，不能让人们感觉"被中产"、"伪中产"。"变动性"是指中产阶层的划分标准和定义具有一定的弹性，立足现实，同时又着眼未来，提出的标准在当前能够被广泛接受，在一定时期内也适用，今后还必须随经济社会的发展逐步调整完善。

(三)谁是当代中产者

按照以上对国情的分析,我们对中国当代中产阶层的界定标准做了进一步细化,以便于能够直观并量化判断我们周围哪些人是中产者。

——首先,中产阶层成员的收入应当介于各地城镇居民家庭人均收入的平均值与平均值的 2.5 倍之间。从全国层面看,2013 年劳动者个人年收入在 6 万～15 万元或家庭年收入在 8.5 万～22.5 万元[①],就可以认为进入了中产阶层。但在北、上、广、深这样的大城市,收入要达到全国平均值的 2 倍,即 2013 年个人年收入 12 万～30 万元或家庭年收入 17 万～45 万元,才能在当地称为中产阶层。这里需要特别强调的是,以上关于中产阶层收入区间的标准是指 2013 年的标准,它是以当年经济社会发展水平,主要是当年劳动者及其家庭平均收入水平为基础测算核定的,今后应随着各年度经济社会的发展水平,主要是劳动者及其家庭平均收入水平的变化而相应变化,绝不是一套不变的标准。根据 2013 年有关数据提出这样的标准,是经过了精细计算才确定的,这套标准数据能够与其他研究成果相互印证。

下面对与此有关的三个问题做些解释。

第一个问题,为什么要用城镇居民收入进行计算而没有使用城、乡居民的平均收入? 这是基于当前我国农村居民收入远低于城镇居民收入这一现实情况。如 2013 年我国城镇居民家庭人均可支配收入为 26955 元/

---

① 这里提出的中等收入下限标准以及按其 2.5 倍确定的上限标准,都是基于当前我国"平均数高于中位数"的收入分配格局确定的,今后随着分配数据的变化还应当进行相应的调整。

测算步骤:第一步,由于国家统计局公布的 2013 年城镇住户调查数据中,城镇家庭人均收入的平均值为 29547 元/人年,高于 20% 中等收入家庭的(中位数)水平。中等标准的下限用平均值确定,上限用下限的 2.5 倍确定,算出城镇家庭人均年收入的上、下限标准区间。

第二步,用第一步计算出来的家庭人均年收入上、下限分别按照每个家庭 2.86 人、有 1.49 人就业的家庭结构算出每个中产家庭的年收入和每个中产者的年收入。该家庭结构为国家统计局公布的 2012 年中国城镇家计调查数据。

第三步,按照地区系数为 0.8～2.0,其中北、上、广等大城市的系数为 2.0。根据第一步和第二步的计算结果,乘以 2 倍,可以得到北、上、广等大城市的中产家庭、中产者的收入标准。

人年,是农村居民人均纯收入8896元/人年的3倍。考虑人民群众对中产阶层收入期望较高的现实,采用城乡居民收入加权计算的城乡居民收入平均值将拉低平均收入标准,会造成相当数量的城镇居民"被中产"。在界定标准和考察群体特征时,我们都以城镇居民及其家庭为切入点,同时也兼顾农村家庭的情况,可以引导农村居民和劳动者通过个人努力增加收入,争取进入中产阶层,这样更符合激励性原则。

第二个问题,全国标准是怎么来的? 根据国家统计局公布的数据,2013年城镇家庭人均收入的平均值为29547元/人年,按照每个家庭2.86人计算,可以得到家庭年收入约为8.5万元;再按照每个家庭有1.49人[1]就业计算,每个劳动者个人年收入为8.5万元÷1.49人=5.7万元/人。这样我们使用劳动者个人年收入6万元、家庭年总收入8.5万元作为中产阶层家庭收入的绝对数下限标准,上限用下限的2.5倍确定。这是因为以往国内外许多相关研究成果大多使用下限的一定倍数来确定中产阶层收入标准的上限。而这个倍数,理论界多数人认为是2.3~3倍。中国社会科学院、国家统计局有关机构或部门提出的倍数大概是2~3倍,世界银行提出的倍数为2.3倍[2],国家发改委课题组是2.88倍[3]。我们对天津、河南、浙江、内蒙古四地发放了500多份调查问卷,答卷中也是选择2.5~3倍较多。[4] 换一个角度看,根据我国城镇住户调查数据,20%城镇最高收入户平均家庭收入大概在18万元左右,相当于20%城镇中等收入户平均家庭收入7.85万元的2.3倍左右(详见本书第82页表3-2),相当于城镇居民平均家庭收入8.5万元的2.12倍左右。农村内部居民家庭收入的差距略

---

① 按照2012年国家统计局公布的城乡住户调查数据,被调查家庭的户均人口为2.86人,户均就业人口为1.49人。2003年该数据未公布。据《华夏时报》2004年1月19日报道:国家统计局(2005)提出"我国城市中等收入家庭平均收入上限为18万元,相当于下限6.5万元的2.77倍"。

② 世界银行公布的全球中等收入阶层的人均GDP起点为(3470美元)和下限(8000美元)。

③ 2003年,国家发改委宏观经济研究院课题组提出,城乡居民人均收入为3.47万~10万元为中等收入者,据此计算的倍数为2.88倍。

④ 王宏:中国劳动保障科学研究院《扩大中等收入劳动者群体研究》课题,对天津、河南、浙江、内蒙古自治区四地发放500多份调查问卷。

大于城镇。我们将上限用下限的 2.5 倍确定,基本符合当前我国居民家庭收入差距的现实情况,由此形成的容纳中产阶层的空间比较合理,不会因为标准的弹性过大而高估中产阶层的规模和实际生活水平,也不会因为弹性过小而造成低估。而 2020 年的绝对数,则是按照党的十八大提出的"居民收入比二〇一〇年翻一番"的目标估算的。2010 年城镇居民家庭人均收入的平均值为 21033 元/人年,2020 年翻一番应该达到 4.2 万/人年。同样按照每个家庭有 2.86 人、其中 1.49 人就业估算,到 2020 年,居民家庭年收入应为 12.14 万元、劳动者个人年收入应为 8.15 万元。由此可以明确,到 2020 年全面建成小康社会时中产阶层的收入标准为个人年收入 8 万～20 万元、家庭年收入 12 万～30 万元。当然,我们所提出的这个 2020 年的绝对数标准还是比较保守的,因为从 2011 年到 2013 年前三年的实际数据看,城镇居民家庭人均收入的同比增长均超过了翻番所需要的最低增幅 7.2%。

第三个问题,如何确定大城市的标准或者说如何容纳地区收入差异?这里我们使用了一个公因子综合评价和聚类分析方法。具体做法是,从"收入水平"、"经济发展程度"、"生活成本压力"、"就业结构"和"人力资本结构"五个维度选取十个指标构建综合的指标体系,来反映影响劳动者工资收入差别的地区因素(见表 3-1)。基于这五大维度、十个变量的 2010 年 31 个省(自治区、直辖市)的截面数据,采用因子综合评价与聚类分析方法来确定地区差异系数。由于过程非常专业,这里不对实证过程做过多叙述,只讲分析结果。聚类分析结果将 31 个省(自治区、直辖市)分为五类(见图 3-1),以第一类地区中综合评价值较低的北京为中心,以其他省份与北京的经济距离作为基础,可以计算 31 个省(自治区、直辖市)的差异系数。其中北京、上海的地区差异系数略高于 2.5,其余 29 个省(自治区、直辖市)集中在 0.8～1.5。为了避免收入差距过大,我们在聚类分析结果的基础上,将北京、上海的地区差异系数适当缩小为 2 倍。在全国标准的基

表 3-1 体现地区差异的指标体系

收入水平类指标		生活成本压力类指标			经济发展程度指标		就业结构类指标		就业人员人力资本类指标
城镇家庭人均工资收入	城镇单位就业人员平均工资	城市居民消费价格指数	食品价格指数	居住价格指数	人均GDP	第二、三产业GDP占比	城镇单位中非农产业就业人数占比	高工资行业就业比重	就业人员中大专本科及以上学历者比重

础上,根据 31 个省(自治区、直辖市)的地区差异系数,可以界定不同地区的中等阶层收入标准。我们提出的北、上、广、深等大城市标准就是这样计算得出的。

——其次,中产阶层应当拥有住房或具有在可预见的未来时间内购买住房的经济能力,农村中产阶层还应当拥有一定数量的宅基地。财产是界定中产阶层最难量化也最难达成共识的标准。一个主要原因是我国住房登记体系与征信体系都没有建立起来,缺乏不动产财产数据信息,而住房、有价证券、投资品等有形或无形资产的估值又非常困难;另一个原因是居民金融财产情况也不方便收集整理,因而很难对中产阶层明确提出全部财产的定量标准。但可以肯定的是,中产阶层应当有一些必需的生活条件才能保证其能够体面、有序、从容地生活。这些条件首先就是居住条件。中产家庭要么拥有一套或一套以上三套以下(含三套)的住房可供居住或支配,要么具有稳定的收入或一定数量的存款、有价证券、股权等资产,使其具有在可预见的未来购买住房的支付能力。这里我们没有过分强调中产阶层必须拥有自有住房,主要是考虑到我国目前房屋产权情况比较复杂,有些人虽然没有取得房屋产权但却实际拥有居住权、使用权、支配权以及收益权。如果没有住房或存款,特别是在北、上、广、深这样的大城市,即使有较高的收入,但没有住房或购买住房的能力,需要长期贷款购房,实际上成为"房奴",那么其居住支出可能会大幅度拉低其实际可支配收入,使其消费水

聚类重新标定距离

| 0 | 5 | 10 | 15 | 20 | 25 |

黑龙江	8
海南	21
甘肃	28
山西	4
吉林	7
山东	15
重庆	22
内蒙古	5
宁夏	30
辽宁	6
福建	13
广西	20
西藏	26
湖南	18
贵州	24
江西	14
四川	23
云南	25
安徽	12
湖北	17
河南	16
河北	3
新疆	31
广东	19
陕西	27
江苏	10
青海	29
天津	2
浙江	11
北京	1
上海	9

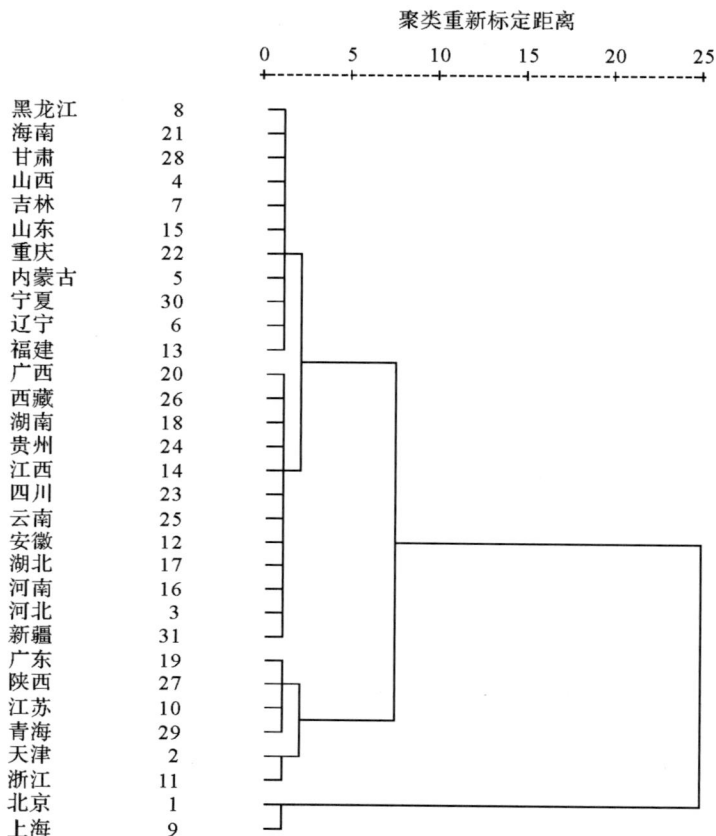

图 3-1　31 个省(自治区、直辖市)的聚类分析树状图

平和生活质量大打折扣,这些人恐怕无法稳定地停留在中产阶层队伍中。至于农村居民,一定面积的宅基地是其基本生产、生活资料,在农村土地流转条件下还可以转化为数额不菲的收入,因而是其成为中产阶层的必要条件。

　　——其三,中产阶层成员的生活较富裕,家庭支出的恩格尔系数在 25%~35%。所谓恩格尔系数是指居民家庭消费性支出中用于食物的支出所占的比重。家庭收入越少,用来购买食物的支出所占的比例就越大;随着家庭收入的增加,家庭收入中用来购买食物的支出比例则会下降。联合国根据恩格尔系数的大小,对世界各国的生活水平有一个划分标准,即一个国家平均家庭恩格尔系数大于 60% 为贫穷;50%~60% 为温饱;40%~50% 为小康;30%~40% 属于相对富裕;20%~30% 为富足;20% 以下为极其富裕。虽然恩格尔系数理论并不绝对严谨,但也可以从一个侧面衡量一个家庭或一个国家的富裕程度。国内关于中产阶层恩格尔系数的讨论也很多,如江苏省南京市统计局 2004 年提出中等收入家庭人均月收入暂定在 3000~10000 元为宜,恩格尔系数不应超过 30%;而广东省统计局城调队曾严格按照联合国粮食和农业组织规定的 30%~39% 的标准来描述中等收入家庭的恩格尔系数[①];中国社会科学院发布的 2011 年版《城市蓝皮书》则认为中等收入居民家庭的恩格尔系数应当在 0.3~0.375;人力资源和社会保障部劳动工资研究所的狄煌研究员则认为中国的中等收入家庭恩格尔系数不应当低于 25%;等等。从我国目前的实际情况看,2012 年我国城镇居民家庭恩格尔系数的平均值为 36.25%,介于"20% 中等收入户"(38.56%)和"20% 中等偏上收入户"(35.82%)之间,高于"10% 较高收入户"(33.19%)和"10% 最高收入户"(27.41%);同期农村居民家庭恩格尔系数的平均值为 39.3%。2013 年城镇居民家庭恩格尔系数平均值为 35.0%,农村居民家庭恩格尔系数平均值为 37.7%。[②] 2013 年城乡居民家庭恩格尔系数比 2012 年分别下降了 1.25 和 1.6 个百分点。这两年城乡居民家庭恩格尔系数变动固然有食品价格波动因素的作用,同时也有居民收入增长的因素。可见,城乡居民家庭恩格尔系数呈现逐渐下降的趋势。基于这一趋势,结合参考联合国粮农组织的划分标准,按照中产阶层消费应高于平均水平的思路和我们一直强调的激励性原则,同时考虑到居民家计调查普遍存在收入低报、瞒报的现象,我们将当代中国中产阶层

---

① 参见《广东省城镇居民中等收入群体的生活状况分析研究》提出"广东人均年可支配收入在 12000~30000 元的城镇居民群体,其恩格尔系数正好落在 30%~39%,把介于小康之上和较富裕之下的收入水平定义为中等收入群体是目前一种比较可行的方法",新浪网,2004-11-18。

② 本段未署名的有关数据引自《中国统计年鉴 2014》。

家庭的恩格尔系数界定在 $25\% \sim 35\%$。

——其四，中产阶层的职业位置和受教育程度多数处于社会中等或偏上。中等阶层家庭的养家人本人大多数应当受过中等及以上文化程度的教育，有能力让其子女接受高等教育；其职业多数是白领、灰领，或企业主、个体工商户等。但受教育程度和职业不是充分必要条件，只是重要参考依据。这一方面是当前我国中产阶层成员受教育程度和职业构成的现实情况的客观反映；另一方面这种界定有利于让更多收入与财产达到上述标准的各种职业劳动者及其家庭成员进入中产阶层范畴，以更好地体现我们界定的中产阶层具有包容性，把更多的人纳入共同全面小康再到共同富裕的范畴。这样做，既有利于扩大中产阶层的规模，又有利于调动各种教育程度和各种职业劳动者努力成为中产者的积极性。

——最后，中产阶层正在开始形成相同或相近的价值观，崇尚个性，渴望实现自我价值，行为举止比较规范，关注民主、公正，同时也希望社会稳定。是否具有相对统一的主观意识是区分"社会群体"与"阶层"这两个概念的重要差别，是中产阶层是否成熟的体现。这也是国际上区分中产阶层的重要因素。我国当代中产阶层虽然还没有形成普遍统一的价值观和行为规范，但现有中产阶层中的优秀者，已具备这些主观意识和行为特征。在扩大中产阶层规模的同时，更应该鼓励和引导所有收入和财产已经达到中产阶层标准的人员提高个人文化素质及道德修养，促进整个阶层朝此方向发展。

三、当前中国有多少中产者

在定义当代中产阶层并界定其划分标准后，接下来要回答广大群众关心的另一个重要问题，即中国现在有多少中产者？

(一)我们的测算

我们反复强调,在当代中产阶层刚刚兴起、特征还不清晰、不稳定的前提下,要考察现阶段中产阶层的规模和状态,应该将收入、财产和生活水平等经济要素,特别是收入要素作为进入中产阶层的充分必要条件,职业和教育水平只是充分条件,不作为必要条件。有些社会成员的职业或受教育水平或许还有差距,在价值观和行为规范方面的特征可能还比较模糊,但只要满足收入或财产条件,就可以认定为当代中产阶层或其后备军的一员。按照这个思路,我们使用国家统计局的家计调查数据进行估算。

《中国统计年鉴2014》关于2013年全国城镇居民住户调查五等份分组数据显示,最低20%收入户家庭人均可支配收入为11433.7元/人年,20%中等偏下收入户家庭人均可支配收入为18482.7元/人年,20%中等收入户家庭人均可支配收入为24518.3元/人年,20%中等偏上收入户家庭人均可支配收入为32415.1元/人年,20%高收入户家庭人均可支配收入为56389.5元/人年。根据国家统计局历年数据,可支配收入一般相当于家庭收入的90%左右,如2013年全国城镇家庭人均收入为29547元/人年,人均可支配收入为26955.1元,后者大概相当于人均收入的91.2%。因此,我们在上述可支配收入五等份分组数据的基础上,估算出不同收入分组家庭的人均收入和家庭总收入(见表3-2)。可以看到,用我们提出的"家庭年收入在8.5万~22.5万元"的标准,在城镇,中产阶层家庭应当涵盖了大部分城镇"中等收入户"、"中等偏上收入户",甚至可能涵盖少量高收入户,大概占到城镇家庭的25%~30%。

表 3-2　按收入五等份分组的城镇家庭收入状况（2013 年数据）①

（单位：元）

组　分	20%低收入户	20%中等偏下户	20%中等收入户	20%中等偏上户	20%高收入户
城镇居民年人均可支配收入	11433.7	18482.7	24518.3	32415.1	56389.5
城镇居民年人均收入（按可支配收入相当于人均总收入的 90% 估算）	12704.1	20536.4	27242.5	36016.7	62655.0
城镇家庭年总收入（按每个家庭 2.86 人估算）	36587.9	59144.7	78458.5	103728.2	180446.3
城镇家庭中每个劳动就业者年收入（按每个家庭 1.49 人就业估算）	24555.6	39694.5	52656.7	69616.2	121104.9

　　从农村居民家庭情况看，2013 年调查样本中 20% 高收入户家庭的人均纯收入为 2.13 万元。假设按照纯收入相当于年全部收入的 72%、每户农村家庭人口 3.88 人估算②，2013 年，农村 20% 高收入组家庭的年平均收入可以达到 8.51 万元，已经进入了"家庭年收入在 8.5 万～22.5 万元"的全国中产阶层家庭收入标准区间（见表 3-3）。再从恩格尔系数角度考察，2013 年农村居民家庭恩格尔系数的平均值为 37.7%，可以估计 20% 高收入户的恩格尔系数应当低于这个平均值，落入了恩格尔系数 25%～35% 的中产家庭标准范围。综合考虑我国收入分配格局呈底部偏大的金字塔形（尤其是在最高收入组内更甚）、且住户调查中对 20% 高收入分组的收入数据普遍低估等情况，可以大致估算出农村高收入组家庭中可能有部分家庭年收入达到 8.51 万元及以上。据此推算，在农村大致有 3%～5% 的家庭可以进入中产阶层家庭行列。

---

① 根据《中国统计年鉴 2014》有关数据整理。
② 农村家庭收入结构和人口情况均根据《中国统计年鉴 2014》有关数据整理。

表 3-3　按收入五等份分组的农村居民人均纯收入（2013 年数据）①

（单位：元/年）

组　分	20% 低收入户	20%中等 偏下户	20%中等 收入户	20%中等 偏上户	20% 高收入户
农村居民人均纯收入	2583.2	5516.4	7942.1	11373.0	21272.7
农村居民人均年收入（按纯收入相当于年收入的 72%估算）	3587.8	7661.7	11030.8	15795.9	29545.4
农村家庭年收入（按每个农村家庭 3.88 人估算）	10332.9	22065.6	31768.6	45492.1	85090.8

注：按《中国统计年鉴 2014》公布的农村住户调查数据，2013 年农村家庭平均人口 3.88 人，平均整半劳力 2.76 人，农村家庭人均纯收入相当于人均年收入的 72%。

按照《中国统计年鉴 2014》有关数据，2013 年城镇人口 7.3 亿人，按中产阶层家庭占全部城镇家庭的 25%～30%估算，城镇内中产阶层家庭人口大致有 1.8 亿～2.2 亿人。农村人口 6.3 亿人，按中产阶层家庭占 3%～5%的比例估算，农村的中产阶层家庭人口大致有 2000 万～3000 万人左右。加总计算，全国大致有 2.0 亿～2.5 亿人口可以进入我们所提出的"中产阶层"范围，占 2013 年全国 13.6 亿人口的 14.7%～18.4%。

（二）与其他测算的比较和校正

迄今为止，国内外有关机构和专家学者关于中国中产阶层规模的测算已有很多，结论各不相同。这里我们将其中比较有影响的测算结果做一横向比较，将其大致归纳为以下三类。

第一类是国际金融和研究机构受商家委托所做的预测，普遍比较乐观。比如 2004 年法国巴黎银行预测，中国的中产阶层将从 2004 年的 5000 万个家庭增长到 2010 年的 1 亿个家庭，大约 3 亿人以上；又如 2005 年盖

---

① 根据《中国统计年鉴 2014》有关数据整理。

洛普中国调查显示，当时年收入 5.1 万元以上的中高收入家庭已占到城镇家庭的 27%；2006 年麦肯锡全球研究所预测到 2009 年中国将有 1 亿个中产家庭。再如亚洲开发银行在 2010 年曾发布了一份名为《亚洲和太平洋地区 2010 年关键指标》的报告，其中提出中产阶层的标准是每天消费 2～20 美元（12～122 元人民币），并据此推算中国的中产阶层人数达到了 8.17 亿。亚洲开发银行还将这一中产阶层群体划分为"底层"、"中层"、"高层"三部分。可以看到，由于标准下限较低，明显高估了我国中产阶层的规模。按此标准测算的中产阶层，有相当部分就是我国老百姓所称的"伪中产"和"被中产"。这些机构的研究主要是出于扩大市场、刺激消费等目的，其划分标准和研究方法并不公开甚至并不严谨。

第二类是国家及地方统计部门的相关统计分析报告，依托强大的数据调查系统，一般会公布较为详细的估算方法、依据和结果，但是数据都比较陈旧，主要集中在 21 世纪初叶。比如 2005 年，国家统计局城调总队参考世界银行对全球中等收入阶层人均 GDP 3470～8000 美元的标准，经三重换算确定我国城市中等收入家庭收入标准为 6 万～50 万元（三口之家），当时占城市家庭的 5.04%。又如 2004 年，广东省统计局城调队用"恩格尔系数为 30%～39%"作为标准，提出广东省中等收入家庭的人均可支配收入在 1.2 万～3 万元，占广东城镇居民的 35%。[1] 再如 2003 年，四川省统计局城调队将中等收入家庭的条件界定为"家庭年均收入 5 万～20 万元；家庭金融资产和财产 20 万～50 万元；家庭拥有私家车和家庭月收入 1 万元以上"[2]这三者居其一，即称为中等收入群体。根据这个条件，符合条件的城镇家庭占 9%。这些当年测算的结果总的看也偏高。

第三类是不同研究机构和学者的研究成果，估算的依据、标准和方法

---

① 《广东省城镇居民中等收入群体的生活状况分析研究》，新浪网，2004-11-18。
② 引自顾纪瑞：《界定中等收入群体的概念、方法和标准之比较》，《现代经济探讨》2005 年第 10 期，第 14 页。

差别明显,预测的结果也就相差较大,但从中可以看到中产阶层规模呈现扩大的趋势。如李春玲根据全国抽样调查数据的统计估计,从职业、收入、消费和主观认同角度考察,估算 2001 年大城市中产阶级占 12%,而全国则为 4.1%。[①] 周晓虹基于对北京、上海、广州、南京和武汉这五大城市的 3038 户家庭的电话调查问卷,从经济条件、职业分类和文化水平三个维度综合考察,得出 2001 年中国五大城市的中产阶级或中产阶层的有效百分比为 11.19%。[②] 2007 年,李强主要从职业角度分析考察,认为全国中产阶层不会超过全国就业人口的 13%。[③] 2008 年,李培林基于中国社会科学院社会学研究所 2006 年 3—5 月进行的中国社会状况调查数据,从职业、收入和文化水平三个维度,把中产阶级进一步划分为核心中产阶级、半核心中产阶级和边缘中产阶级,估算 2005 年三类人群分别占到全国人口的 3.1%、8.9% 和 20.9%。[④] 2010 年 6 月 10 日的《人民日报》评论认为,中等收入群体的收入下限为全社会成员的平均收入,上限为高出平均收入 2 倍(以 2009 年为例,城乡居民的人均年可支配收入是中等收入群体的收入下限,其上限为 3.2 万元)。该评论还推算,中等收入群体的比重大约为 30%。中国社会科学院社会学研究所原所长陆学艺根据全国范围的大规模调查结果,在 2010 年出版的《当代中国社会结构》一书中指出,2001 年中产阶层占 5%,到 2009 年已经占中国人口的 23%。2011 年 8 月,中国社会科学院发布的 2011 年版《城市蓝皮书》,将"居民家庭的恩格尔系数在 0.3~0.373"界定为中等收入阶层,对应的城镇居民家庭人均可支配收入是 1.63 万~3.73 万元,按三口之家计算,家庭年收入达到 4.89 万~11.19 万元。该书认为,到 2009 年我国城市中等收入阶层规模已达 2.3 亿人,其中北京、上海的中等收入阶层分别达到了 46% 和 38%。

---

① 摘自李春玲:《断裂与碎片:当代中国社会阶层分化实证分析》,社会科学文献出版社,2005 年。
② 摘自周晓虹:《中国中产阶级:现实抑或幻象》,《天津社会科学》2006 年第 2 期,第 60~67 页。
③ 引自李强:《怎样看待我国的中产阶级》,《领导文萃》2007 年第 9 期,第 14~17 页。
④ 引自李培林:《中国中产阶级的规模、认同和社会态度》,《社会》2008 年第 2 期,第 1~20 页。

事实上,划分依据、划分标准甚至是数据基础的差别,都会导致对我国"有多少中产者"这一问题得出不同的答案。当然,研究预测的时间越接近当前,预测中产阶层的比重越高,这也符合中产阶层随经济社会发展不断壮大的现实情况。横向比较可以看到,我们测算的当前我国中产阶层规模明显小于第一类国际有关机构测算的结果,也基本小于第二类国家统计系统机构测算的结果,但与第三类有关研究机构和专家学者的测算结果既有不同也有接近之处。其中,我们关于 2013 年"全国大致有 2.0 亿~2.5 亿中产阶层,占全部人口的 14.7%~18.4%"的预测,与中国社会科学院几位权威专家近期的预测结果都比较接近,可以相互印证。我们测算的中产阶层规模横向比较总的偏小,这是由我们对当代中国中产阶层的定位要防止"被中产"、"伪中产"所决定的。我们认为宁肯算少一点,也要算实在一些。就如同贫困标准如何选择确定一样,2010 年前我国贫困标准为每人每天低于 3.49 元人民币①,远低于当时国际上 1 美元的标准。我国政府为了切实保障贫困居民的生活,于 2011 年一步将贫困标准提高到 2300 元/人年,相当于每人每天 6.30 元,提高了 80%。虽然贫困人口因此一下子大幅度增加,但受益的是老百姓。我们对中产阶层定稍高一点的收入标准,也是这个目的。

通过以上测算和比较可以看到,当前我国中产阶层的规模正处于逐步扩大的过程中,其绝对数量不小,但占我国全部人口总数比例还不高,离橄榄形社会结构还相差较远。因而,今后在我国发展扩大中产阶层的任务还很重,要走的路还很长远。

---

① 当时我国贫困标准为 1274 元/人年,除以 365 天折合每天 3.49 元。

第四章　当代中国中产阶层现状、问题及原因分析

　　本章主要回答"当代中国中产阶层什么样"的问题，全面考察这一群体的收入状态、地区分布、职业构成、受教育水平、生活方式、消费模式乃至于社会政治文化观点等特点。目前我国中产阶层主要包括各类企业的决策层和高层管理人员，金融业从业人员，机关企事业单位中层干部，与信息化、城市化、现代化关系密切的工程技术人员和医生、律师、教师等专业人员，外企职员以及少数中高级技术工人。这一群体的成员主要生活在大中城市，工作强度和压力较大，衣食住行、游乐等日常消费比较看重品牌和设计，用于新兴科技产品、奢侈品的开支比重迅速上升，普遍看重社交、教育、自我发展和实现自我价值。

在上一章阐述了当代中国中产阶层的产生、发展和划分标准及测算规模后,本章主要回答"当代中产阶层什么样"的问题,这应该既是政府主管部门和研究机构及其人员所感兴趣的内容,也是老百姓所关心的问题。回答此问题就是对改革开放后兴起的当代中产阶层进行白描,全面考察这一群体的收入状态、地区分布、职业构成、受教育水平、生活方式、消费模式乃至社会政治文化观点等,同时对这一群体存在的缺陷和问题以及造成这些问题的原因进行深入分析,以勾画出一个立体而丰满的当代中产阶层形象。

一、当代中国中产阶层现状

对当前我国 2.0 亿～2.5 亿人为中产阶层的现状,我们可从其多方面构成状况和社会行为特征等来描述。

(一)当前我国中产阶层的组成和分布

总体来看,经过了 30 多年的成长、发展和不断地调整,我国当代中产阶层的构成已经比较清晰和稳定。中国社会科学院社会学研究所陆学艺教授曾经将中国社会划分为十大社会阶层,其他专家学者也有自己的构成划分。我们根据本书所提出的划分标准进一步分析,认为当前中国中产阶层主要由下列人群构成:一是大多数大中型企业(含国有、股份、民营和"三资"企业)中非业主身份的高中层管理人员;二是大多数私营业主;三是各类专业技术人员(在国家机关、党群组织、国有企事业单位、集体企事业单位和各类非公有制经济企业等各类机构中专门从事各种专业性工作和科学技术工作的专业人员);四是各类用人单位中的部分管理人员(包括党政机关中的部分中低层公务员、各种所有制企事业单位中的部分基层管理人员和非专业性办事人员);五是部分生产经营状况良好的个体工商户;六是少数商业服务业员工(指在商业和服务行业中从事非专业性的、非体力劳动的人员以及少数从事体力劳动的人员);七是少数产业工人(指在第二产业中从事技能劳动或较复杂熟练劳动的人员)。这其中,专业技术人员、经营管理人员等白领以及灰领劳动者构成了当代中产阶层的主体,占到75%以上;大多数私营业主、部分个体工商户也是当代中产阶层的组成部分;产业工人、服务业人员、农民阶层是中产阶层的庞大后备军,是重要的"扩中"对象。

下面,我们对当前我国中产阶层的行业分布、职业分布、城乡和地域分布、受教育程度等做进一步细致分析。

1. 当前我国中产阶层的行业分布

根据《中国劳动统计年鉴 2013》公布的 94 个国民经济行业大类及若干中类数据[①],我国中产阶层按收入水平分布情况可以划分为五个梯队(见表 4-1)。2012 年,按行业大类划分的行业工资的平均值为 46769 元。其中,一些行业及许多行业中的部分人员的收入水平已经进入了或很快进

---

① 《中国劳动统计年鉴 2013》公布了除"基层群众组织"和"国际组织"之外的 94 个行业大类和"初等教育"、"中等教育"、"高等教育"等 16 个行业中类的城镇单位就业人员平均工资数据。

入中产阶层收入水平标准区间。

表 4-1　2012 年我国行业大类城镇单位职工平均工资

行　业	年末人数 （千人）	占城镇单位就业 人员比重（%）	平均工资 （元/人年）
第一梯队			
其他金融业	70	0.05	157975
资本市场服务业	210	0.14	140809
第二梯队			
软件和信息技术服务业	769	0.51	107413
航空运输业	376	0.25	104864
烟草制品业	210	0.14	104825
货币金融服务	3245	2.15	104424
互联网和相关服务	137	0.09	95577
研究和试验发展	790	0.52	78824
水上运输业	447	0.30	71094
专业技术服务业	2064	1.37	68080
石油和天然气开采业	763	0.51	68061
铁路运输业	1793	1.19	67501
开采辅助活动	298	0.20	66565
新闻和出版业	330	0.22	66287
高等教育（行业中类）	2109	1.40	64145
电信、广播电视和卫星传输服务	1323	0.88	63544
管道运输业	40	0.03	63336
电力、热力生产和供应业	2651	1.76	62378
金属制品、机械和设备修理业	105	0.07	60056
批发业	3369	2.23	59679
广播、电视、电影和影视录音	414	0.27	58821
科技推广和应用服务业	453	0.30	58002

续表

行　　业	年末人数（千人）	占城镇单位就业人员比重（%）	平均工资（元/人年）
第二梯队			
煤炭开采和洗选业	4399	2.92	57533
房地产开发经营	1380	0.92	56704
石油加工、炼焦和核燃料加工业	652	0.43	56523
第三梯队			
装卸搬运和运输代理业	288	0.19	53538
保险业	1753	1.16	53463
商务服务业	2858	1.90	53274
人民政协、民主党派	102	0.07	53192
卫生	6940	4.60	53067
燃气生产和供应业	217	0.14	52756
铁路、船舶、航空航天和其他运输设备制造业	1273	0.84	51999
汽车制造业	2702	1.79	49247
中国共产党机关	557	0.37	48667
租赁业	65	0.04	48230
邮政业	679	0.45	48059
专用设备制造业	1791	1.19	48010
中等教育（行业中类）	7328	4.86	46943
群众团体、社会团体和其他	405	0.27	46788
仪器仪表制造业	612	0.41	46112
黑色金属冶炼和压延加工业	2393	1.59	46086
国家机构	14117	9.36	46082
计算机、通信和其他电子设备制造业	5128	3.40	45467
房地产中介服务	116	0.08	45353
黑色金属矿采选业	280	0.19	45122

行　业	年末人数 （千人）	占城镇单位就业 人员比重（%）	平均工资 （元/人年）
第三梯队			
医药制造业	1290	0.86	44806
通用设备制造业	2276	1.51	44430
体育	127	0.08	43629
文化艺术业	439	0.29	43585
初等教育（行业种类）	5781	3.83	43320
化学原料和化学制品制造业	2547	1.69	43258
娱乐业	67	0.04	43127
第四梯队			
电气机械和器材制造业	2734	1.81	41966
社会保障	158	0.10	41895
废弃资源综合利用业	65	0.04	41596
建筑安装业	1263	0.84	41418
水的生产和供应业	578	0.38	41030
有色金属冶炼和压延加工业	1179	0.78	40958
仓储业	274	0.18	40904
土木工程建筑业	3865	2.56	40875
有色金属矿采选业	332	0.22	40746
生态保护和环境治理业	108	0.07	40728
印刷和记录媒介复制业	419	0.28	40030
食品制造业	1064	0.71	40004
金属制品业	1491	0.99	39101
居民服务业	260	0.17	39075
社会工作	253	0.17	39005
其他制造业	229	0.15	38967
酒、饮料和精制茶制造业	994	0.66	38878
其他采矿业	2	0.00	38286

续表

行　　业	年末人数 （千人）	占城镇单位就业 人员比重（%）	平均工资 （元/人年）
第四梯队			
化学纤维制造业	254	0.17	37754
橡胶和塑料制品业	1340	0.89	37662
建筑装饰和其他建筑业	1048	0.70	37053
道路运输业	2778	1.84	36999
水利管理业	510	0.34	36803
家具制造业	400	0.27	36137
机动车、电子产品和日用产品修理业	91	0.06	36105
造纸及纸制品业	706	0.47	35550
非金属矿物制品业	2276	1.51	34826
房屋建筑业	13927	9.24	34773
零售业	3749	2.49	34221
物业管理	1035	0.69	33989
纺织服装、服饰业	2319	1.54	33826
非金属矿采选业	235	0.16	33454
住宿业	1499	0.99	33039
农副食品加工业	1607	1.07	32369
文教、工美、体育和娱乐用品制造业	902	0.60	32321
农、林、牧、渔服务业	372	0.25	31913
皮革、毛皮、羽毛及其制品和制鞋业	1293	0.86	31391
纺织业	2026	1.34	31387
其他服务业	270	0.18	31000
木材加工和木、竹、藤、棕、草制品业	345	0.23	30592
公共设施管理业	1819	1.21	30588
餐饮业	1152	0.76	28940

行　业	年末人数 （千人）	占城镇单位就业 人员比重(%)	平均工资 （元/人年）
	第五梯队		
渔业	38	0.03	26668
林业	827	0.55	22244
农业	1888	1.25	21301
畜牧业	263	0.17	20327

五个梯队按平均工资水平的高低依次排列，具体划分情况如下。

第一梯队，包括其他金融业（不含银行业）和资本市场服务业两个行业大类，从业人数 28 万人，占城镇单位职工总数的 0.19％。2013 年这两个行业的年平均工资水平分别已经达到约 15.8 万元和 14.1 万元。按前述中产阶层收入水平划分标准估算，目前两行业绝大部分人员已经进入"中产阶层"。预计到 2020 年该行业的从业人员应当都进入了"中产"收入区间的偏上部位，其中部分人还将超越"中产"进入更高的社会阶层。

第二梯队，包括货币金融服务业、软件业和信息技术服务业、烟草制品业、航空运输业、水上运输业、铁路运输业、科研推广和应用技术服务业、新闻和出版业、电信广播、高等教育、供电供热、石油石化和煤炭开采等 23 个行业。这些行业从业人员大概有 2811.7 万人，约占城镇单位职工总数的 18.65％。上述行业多属于垄断行业、技术密集型行业或新兴的高科技行业。2012 年这些行业的职工年平均工资在将近 6 万～10 万元，是当代中国中产阶层的重要组成部分。按正常情况推断，这些行业从业人员的半数左右应当可以进入我们设定的人均收入划分标准的"中产阶层"行列。按照今后年均 7％～9％的正常工资增长速度估算，到 2020 年第二梯队行业的从业人员中的绝大多数应当都可以进入"中产阶层"行列，其中有少数人还可以进入更高的社会阶层。

第三梯队，主要包括装卸搬运和运输代理业、保险业、商务服务业、以及铁路、船舶、航空航天和其他运输设备制造业等 27 个行业。这些行业从业人员有 6213.1 万人,占城镇单位职工总数的 41.21%。2012 年这些行业的年平均工资在 4.5 万～6 万元,处于中等偏上水平,也是当代中产阶层的重要构成部分。按正常情况推测,这些行业中有一部分职位较高、能力素质较好或业绩优秀的员工已经进入了"中产"行列。按照今后年均 7%～9% 的正常工资增长速度估算,到 2020 年第三梯队行业的从业人员中的大多数肯定能够成为中产阶层成员。

第四梯队,为劳动密集型的电气机械和器材制造业、社会保障业、建筑安装业、仓储业、零售业、餐饮业等 42 个行业。2012 年这些行业的年平均工资在将近 3 万～4 万元,从业人员 5722.1 万人,占城镇单位从业人员总数的 37.95%。按正常情况估算,此类行业中只有少数职位较高、业绩突出的劳动者能够进入"中产"行列。按照今后 7%～9% 的年均正常工资增长速度估算,到 2020 年,这些行业中有一部分人通过提高劳动技能和综合素质,也能够进入"中等收入者"行列。当然,由于受到劳动者自身技能/经验高低、企业经济效益好坏或者细分行业景气度高低等因素的影响,届时此梯队中仍然会有相当部分劳动者可能仍达不到中等收入的水平线。

第五梯队,包括渔业、林业、农业和畜牧业,从业人员 301.6 万人,约占城镇单位就业人员总数的 2%。2012 年这些行业年平均工资在 2 万～2.7 万元之间,低于我们划分的"中产"收入水平下限,处于明显偏低水平。随着国家农业产品价格调整和农村、农业改革政策的落实,按照今后 7%～9% 的年均正常工资增长速度估算,到 2020 年,农林牧渔行业的职工年平均工资在 3 万～6 万元之间,其中除极少数技能水平较高或单位效益较好的劳动者外,此梯队中大部分劳动者依然很难进入"中等收入"行列。

综合以上,目前已经进入年收入 6 万～15 万元(北、上、广、深为 12 万～30 万元)的"中产阶层"群体主要集中在三类行业。第一类,银行、其他金融业和资本服务业、航空/水上/管道/铁路运输业、通信、石油石化、电力或热力供应业等关系国家经济命脉的行业,多为行政或资源垄断性行业;第二类,IT、科学研发与技术服务行业、医疗护理、船舶航天航空、汽车仪表以及专用设备制造等资本密集型或技术密集型行业,或为知识含量较高、劳动者素质较高或为新兴的朝阳行业;第三类,国家党政机关、科研事业单位、高/中/初等教育、群团组织的相当一部分人。这些行业共同构成了当今中产阶层成员主体所分布的行业。

另外,按正常工资增长估算,到 2020 年全面建成小康社会,我国大部分处于成熟阶段的非劳动密集型行业,特别是第三产业中的现代生产服务业、现代生活服务业中生产经营正常、依法发放工资的企业,预计其员工中相当部分的劳动者会相继进入中产阶层行列。

2. 当前我国中产阶层的职业分布

无论是新马克思主义还是新韦伯主义流派,职业维度是任何社会学家在考察"中产阶层"时都不会忽略的维度。世界各国的当代中产阶层在职业分布上都表现出了明显的"白领"特征。这也符合我国的现实情况。这里用 2013 年北京市劳动力市场工资指导价位数据来分析一下当代中国中产阶层的主要职业分布(见图 4-1)。

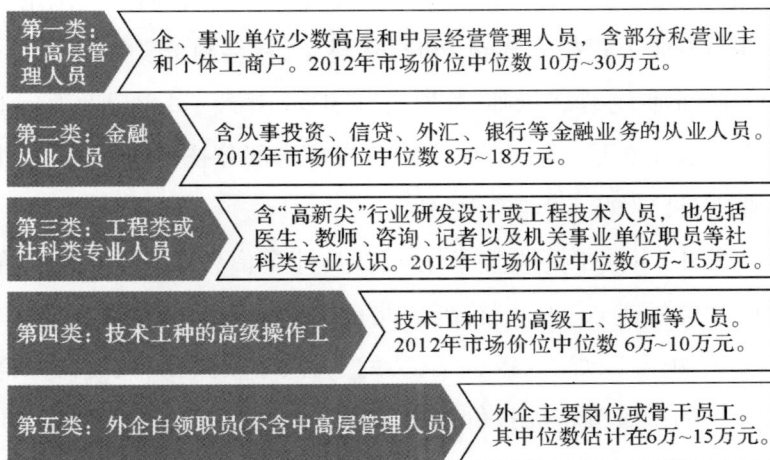

第一类:中高层管理人员	企、事业单位少数高层和中层经营管理人员,含部分私营业主和个体工商户。2012年市场价位中位数 10万~30万元。
第二类:金融从业人员	含从事投资、信贷、外汇、银行等金融业务的从业人员。2012年市场价位中位数 8万~18万元。
第三类:工程类或社科类专业人员	含"高新尖"行业研发设计或工程技术人员,也包括医生、教师、咨询、记者以及机关事业单位职员等社科类专业认识。2012年市场价位中位数 6万~15万元。
第四类:技术工种的高级操作工	技术工种中的高级工、技师等人员。2012年市场价位中位数 6万~10万元。
第五类:外企白领职员(不含中高层管理人员)	外企主要岗位或骨干员工。其中位数估计在6万~15万元。

图 4-1　当前中产阶层的职业构成

——各类企业的决策层和高层管理人员。其中,总经理、董事长的年收入中位数在 20 万～40 万元,副总经理、工会主席、总监(含市场总监、财务总监、销售总监等)、总师(含总工程师、总会计师、总工艺师、总经济师)、董事、报社总编等高级经营管理层人员的市场工资价位中位数均在 10 万～20 万元,估计其中部分人群已经超过了"中产"的范畴,还有一部分人进入我们界定的"中产阶层"的上层。这其中,外商投资企业和国有及国有控股企业的中高层经营管理人员收入又高于其他经济类型企业的同类人员。

——金融业从业人员(含银行、资产、信贷、证券、信用分析、外汇等),市场工资价位的中位数普遍在 8 万～18 万元,有些业绩突出者可能达到 20 万～25 万元。这个群体的绝大多数已经进入了"中产"行列。

——企事业单位中层干部(如办公室主任、财务、营销、人事、战略等各部门经理、车间主任、生产主管、营销主管以及建筑工程项目经理、外贸经理等)以及银行理财信贷人员的工资指导价位中位数普遍在 8 万～18 万元,其中的大部分人员也率先跨入了"中产"行列。

——与信息化、城市化、现代化关系密切的工程技术人员(如城镇规划设计、通信、航空、医药、冶金、电力电器、供热、铁路、石油化工、网络及计算机软硬件等专业工程技术人员)和自然科学、社会科学类专业人员(如医生、律师、培训师、心理咨询师、策划、管理编辑、编审、摄影记者等),工资指导价位中位数在 6 万～15 万元。其中,有相当部分技术能力突出、业绩优良的专业人员已经步入"中产"行列。

——另外,少数中高级技术工人以及外企白领(不含中高层管理人员,下同)也能够进入"中产"行列。北京的市场工资价位数据显示,如镗工、铸造工、冲压工、焊工、钣金工、装配工、汽车喷漆工、数控机床操作工等技术工种的中级工市场报价普遍已经达到 6 万～10 万元,此类工种的高级工、技师等年收入超过 10 万元甚至 15 万元也并非难事。外企白领暂没有市场工资价位数据,但典型调查显示其年收入水平大都在 6 万～

15 万。因此，这些工种、岗位的部分高级工、技师以及外企白领能够进入中产阶层。

综上，目前已经进入"中产阶层"行列的劳动者主要集中在五类人员。第一类是企业、机关事业单位的高层和绝大多数中层经营管理人员或高中级公务员；第二类是投资、信贷、外汇、银行等金融从业人员；第三类是专业技术人员，包括"高新尖"行业的研发设计或工程技术人员，也包括医生、教师、专业咨询人员、记者以及机关事业单位职员等社科类专业人士；第四类是部分需求量大、专业性较强的技术工种的高级技师、技师以及少数技能水平高的高级工等生产操作工人，其年收入也达到了中等水平及以上；第五类是外资企业白领、职员。目前"中等收入群体"分布的职业有两大特征：一是受教育程度较高；二是属于新兴工作岗位或市场稀缺程度较高的职业，这与发达国家早期中产阶层职业分布的特征也比较相似。总体看来，我国中产阶层的职业分布情况基本上已经和西方大体趋同，即随着工业化、城镇化和信息化的发展，所谓"新中产"（指拥有一定技能且收入稳定的"被雇用者"）占绝大多数，而农民、个体工商业户、私营业主等"雇主"虽然绝对数量也不少，但在中产阶层内所占比例相对较小。对中产阶层的职业分布与行业分布情况、企业规模等进行相互交叉分析，可以发现，中产阶层人员从事同样职位的收入，新兴行业、朝阳行业要高于传统行业，大企业要高于小企业，外资企业和国有及国有控股企业要高于其他类型企业。或者说在这些两两对比中，前者的中产阶层人数均多于后者。

3. 当前我国中产阶层的城乡和地域分布

先分析我国中产阶层在城乡的分布情况。目前我国仍然处于工业化、城镇化、现代化进程中，城乡居民收入财产差距依然较为明显，因此，中产阶层成员仍主要分布在城市。我们按照 2013 年城镇和农村住户调查数据估算的情况是，我国"家庭年收入在 8.5 万～22.5 万元"的中产家庭人数占全部 13.6 亿人口的 14.7%～18.4%，合计大概有 2.0 亿～2.5 亿人口。

其中,在城镇,中产家庭应当涵盖了大部分城镇"中等收入户"、"中等偏上收入户"甚至涵盖少量高收入户①,大概占到城镇家庭的 25%～30%,城镇中产阶层人数大致在 1.8 亿～2.2 亿。在农村,则大致有不到 10% 的家庭可以进入中等收入家庭行列,大致估计有 2000 万～3000 万人。

再分析中产阶层在地区之间的分布情况。总的看,我国由于地区之间经济社会发展历史水平落差较大,多年来区域经济发展又不平衡,受此影响和制约,不同地区之间居民收入水平差距就较大。这可以从对不同地区城镇职工工资和居民工资性收入的量化分析得出结论。我们对 2013 年全国城镇职工工资和城镇家庭人均工资收入数据②进行排序,发现了三个规律。

一是从 2013 年城镇单位职工工资水平看,30 个省(自治区、直辖市)可以划分为三个梯队(见图 4-2)。北京、上海两个大城市城镇单位(不含个体和非私营)职工年平均工资已经达到 9 万元以上,远高于其他地区,为第一梯队;处于第二梯队的是天津、西藏、江苏、浙江、广东和青海六省(自治区、直辖市),职工年平均工资超过全国平均值(51483 元/人年),在5.2 万～6.8 万元;其余地区差距不太明显,可划分为第三梯队,职工工资集中在 4 万～5 万元。

二是从 2013 年城镇居民工资收入数据看,沿海发达地区城镇居民工资收入要高于中部、西部地区居民(见图 4-3)。城镇居民工资收入与城镇单位职工工资不同,前者是家庭入户调查数据,后者是劳动统计报表汇总数据。如北京城镇单位职工工资虽然高于上海,但是上海居民年平均工资收入(33235.39 元)明显高于北京(30273.01 元);而第二梯队中,广东(25286.45 元/人年)、浙江(24453 元/人年)的居民工资收入又反超了天津、西藏。这反映了中西部地区的私营和个体经济发展相对落后,其职工

① 因考虑到通过住户调查的家庭人均收入存在一定程度低报数据的失真,高收入户中实际有部分人应划入中等收入户。
② 根据 2013、2014 年《中国统计年鉴》整理出图 4-2、图 4-3、图 4-4。

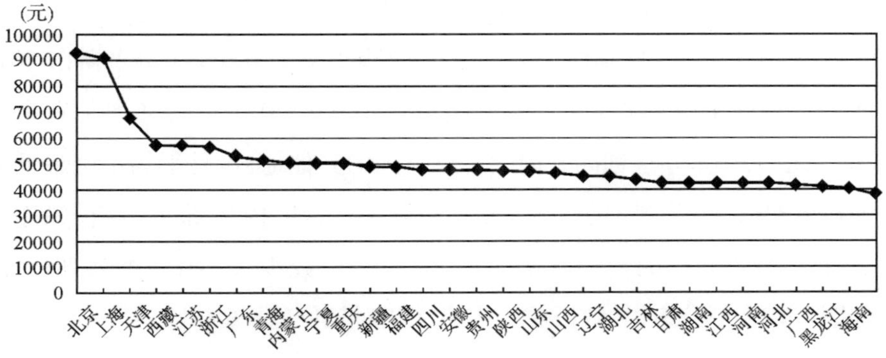

图 4-2　2013 年我国 30 个省(自治区、直辖市)城镇单位职工平均工资(不含私营和个体)

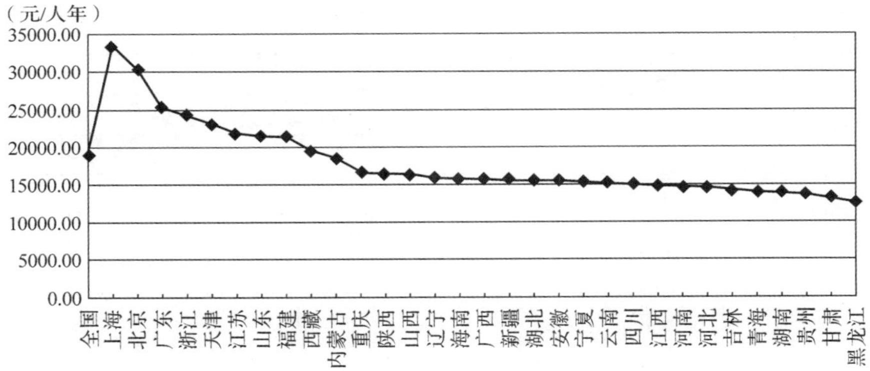

图 4-3　2013 年全国及 31 个省(自治区、直辖市)城镇家庭人均工资性收入

工资与非私营单位的差距较明显。

三是一些二线城市的中等收入群体也在壮大。以浙江省和内蒙古自治区为例。根据 2013 年两个省份所辖市(盟)城镇(非私营)单位职工平均工资数据看,浙江省 2013 年城镇(非私营)单位职工年平均工资为 56571 元,所辖各市职工年平均工资在 49003~63664 元,最高(杭州)与最低(绍兴)之间的倍比关系为 1.3 倍,相对比较平均,差距不大。除省会城市杭州外,丽水、衢州、舟山、宁波等市职工平均工资非常接近,都接近 6 万元/人年。可以预测,这些城市相当一部分劳动者工资收入可能已经超过了 10 万元,进入了"中产"行列。而内蒙古自治区虽然在地域上属于中西部地区,但得益于得天独厚的自然资源优势,近年来经济发展程度和收入水平

出现较快增长,2012年全区城镇(非私营)单位职工年平均工资48277元,但区内各盟(市)经济发展和居民收入水平差距很大。其中,鄂尔多斯市2012年职工年平均工资67057元,甚至超过了杭州市2013年的平均工资水平(63664元/人年),并且远高于内蒙古自治区的其他地区,是平均工资最低的根河市(18464元/人年)的3.66倍。内蒙古自治区内部鄂尔多斯、二连浩特、乌海等发展较快的盟(市)应当有一部分人已经步入"中产"行列,但区内其他盟(市)大部分市民、牧民收入水平还相对较低(见图4-4)。

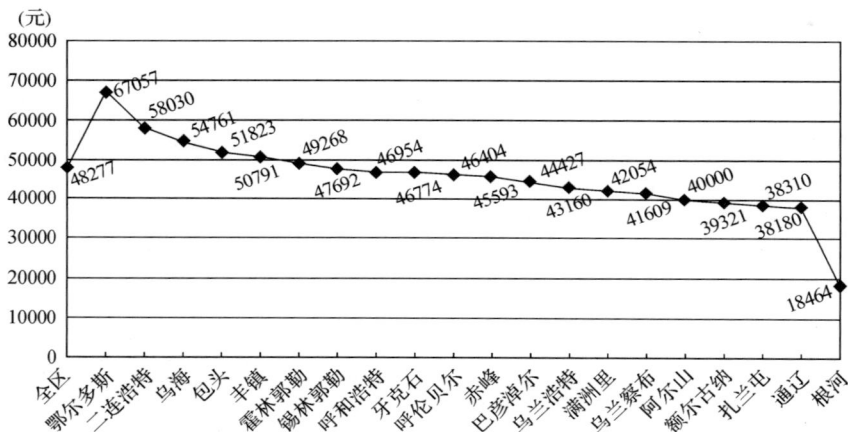

图4-4 内蒙古自治区2012年各盟(市)城镇(非私营)单位职工平均工资

概言之,当代中国"中产阶层"成员主要集中在北、上、广、深等大城市以及浙江、广东等沿海发达地区。另外,重庆市及部分省会城市,如杭州、济南、沈阳以及发展较快的二线城市如宁波、厦门、鄂尔多斯、无锡、苏州等城市的中等收入群体成员也越来越多,而其他地区的中产阶层人数相对较少或很少。这表明,我国中产阶层在地域之间分布很不均衡。

4. 当前我国中产阶层的受教育程度

2011年国家统计局公布的第六次全国人口普查数据显示,我国具有大学(指大专及以上)文化程度的人口为1.196亿人,占全国人口总数的8.72%;具有高中(含中专)文化程度的人口为1.88亿人,占13.71%;具有初中文化程度的人口为 5. 197 亿人,占 37.92%;其中,高中及以上文化程度的人口合计也只占全国人口总数的 22.43%。在此背景下,我国劳动者,包括其中的中产阶层人员受教育程度总体上不高。

根据《中国劳动统计年鉴 2013》的数据,2012 年我国各类用人单位负责人中大学本科学历者占 14.5%、研究生学历者占 1.3%,两者合计 15.8%;而专业技术人员中大学本科学历者占 25.1%、研究生学历者占 3.1%,两者合计 28.2%;办事人员及相关人员中大学本科学历者占 21.1%、研究生学历者占 1.6%,两者合计 22.7%。按照前面的职业分析,单位负责人、专业技术人员、专业人士是构成当代中国"中产阶层"的重要组成部分,与全国人口受教育程度相比,这一部分人员的受教育程度明显高于全国水平,相应的他们的收入也明显高于其他人员。但即使如此,这部分人员中仍有四分之三或以上的人员受教育程度在大学专科及以下。结合全国劳动者受教育程度情况推算,考虑到进入中产阶层的劳动者的受教育程度普遍应高于全国劳动者的平均受教育程度,且中产阶层内包含其劳动者的子女。据此,当前我国中产阶层成员(劳动者本人及子女)的受教育程度在大专及以上者大约应占中产阶层总人数的 30%左右。

分行业看,金融业,卫生、社会保障和社会福利业,教育业,科学性研究、技术服务和地质勘探业,公共管理和社会组织这五大行业中"中产"人员比较集中,这五大行业中大学本科或研究生学历者占比基本在 25%～40%,分别为 25.7%、27.2%、38.7%、34.2% 和 29.2%,远高于所有行业人员中大学本科或研究生学历者占比 5.7%的平均水平(见图 4-5)。相应地,这些行业的工资水平也普遍高于所有行业的平均工资水平。但即使这样,这些行业中大多数人员的受教育程度还是在大学专科及以下。

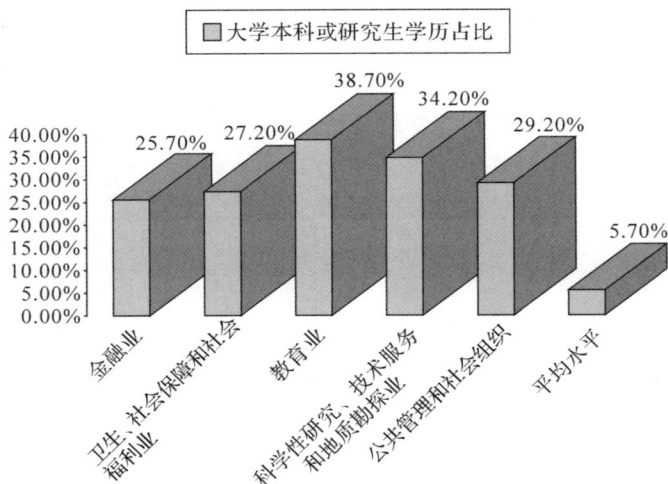

图 4-5 "中产者"集中行业的受教育状况

通过以上分析,一方面可以看到中产阶层主要成员的平均受教育程度较高,反映了人力资本要素在决定收入中的重要作用。较高的教育程度和紧缺的专业知识训练需要的费用也较高,他们的较高收入体现为一种教育收益。另一方面也可以看到,当前我国中产阶层的收入高低与受教育程度还不是完全匹配,仍存在不少受教育程度高但收入不高和受教育程度较低却收入高的现象。

(二)当前我国中产阶层的社会行为特征

那么,当代中产阶层或者中产家庭成员有哪些行为特点呢?我们首先看一下表 4-2 所示的数据。根据《中国统计年鉴 2013》的数据,2012 年我国城镇居民家庭平均人口 2.86 人,平均就业人口为 1.49 人,用 6 万~15 万元的中等收入区间按这种家庭格局倒算,城镇居民家庭人均年收入应当为 3.1 万~7.8 万元。如表 4-2 所示,这个区间主要分布于"中等偏上户"、"较高收入户"和"最高收入户"之间。

表 4-2　2012 年按收入等级分不同城镇家庭的消费支出构成

项　目	总平均	最低收入户	低收入户	中等偏下收入户	中等收入户	中等偏上收入户	较高收入户	最高收入户
平均每人年收入（元）	26959.0	9209.5	13724.7	18374.8	24531.4	32758.8	43471.0	69877.3
平均每人现金支出（元）	16674.3	7301.4	9610.4	12280.8	15719.9	19830.2	25796.9	37661.7
一、食品支出占比（%）	36.2	45.3	43.2	40.9	38.6	35.8	33.2	27.4
二、衣着支出占比（%）	10.9	9.7	10.9	11.5	11.2	11.2	10.7	10.4
三、居住支出占比（%）	8.9	11.4	9.6	9.4	8.8	8.6	8.4	8.3
四、家庭设备用品及服务支出占比（%）	6.7	5.6	5.9	6.2	6.6	6.8	7.1	7.5
其中耐用消费品支出占比（%）	2.6	2.4	1.8	2.3	2.5	2.7	2.9	3.2
五、医疗保健支出占比（%）	6.4	7.5	7.0	6.8	7.0	6.3	6.1	5.2
六、交通和通信支出占比（%）	14.7	8.3	9.9	11.3	13.1	14.9	16.7	21.2
七、教育文化娱乐服务支出占比（%）	12.2	9.9	10.8	10.8	11.4	12.4	13.3	14.4
八、其他商品和服务支出占比（%）	4.0	2.3	2.7	3.1	3.3	4.0	4.5	5.6

可以看到,随着家庭收入的增长,在消费性支出中,食品、衣着、与居住相关的物业和水电煤气费用、基本医疗、基本教育等支出所占比重是下降的,而用于家庭耐用品和家政服务、保健器具与滋补品、家用汽车及其燃油等服务性支出、旅游出行、健身与文化娱乐消费等支出比重上升。据此可以看出当前我国中等收入群体的消费行为变化的趋势。结合中产阶层人群日常消费行为分析,其特征可以归纳为如下几点。

1. 努力工作也渴望休闲但难以休闲

中高层经营管理者、律师、医生、高等院校教授、机关公务人员、科研工作者、外企白领以及 IT 精英等群体,作为当代中国中产阶层中的主体,往往能够获得比父辈多出数倍的收入,过上丰富的物质生活,但同时也要付出加倍的努力,承受着巨大的工作压力,有的还要直接面对残酷的市场竞争。这一群体虽然已经拥有了可观的收入,甚至积累了相当数量的财产,有愿望也有经济实力享受更加优质的闲暇生活,但苦于工作繁重(有的甚至每日工作时间达到十几个小时,周末也没有休息时间)而无暇顾及个人休闲甚至家庭。"加班多"、"压力大"、"没时间"是中产阶层经常挂在嘴边的口头禅,无法取得工作和生活之间的平衡,是很多中产者都在苦恼的问题。

2. 衣食住行、游乐等消费看重品牌和设计

对于大多数当代中产者而言,日常的衣食住行、游乐等消费不仅仅是满足日常生活需要,更是提高生活品质、彰显个性的途径,因此中产者对于产品品质、性能甚至是品牌和设计的要求很高。食品讲求卫生、安全、天然、有机,选择进口食品,特别是对婴幼儿食品的要求越来越高;衣饰除满足蔽体保暖的基本功能外,还要讲求材质、款式、设计甚至是品牌。截至2014年12月30日,著名海淘网站——天猫国际上线10个月,成交额增长超过10倍,其中30家店铺单店成交超过千万元,2013年11月11日"光棍节"当天销售超过百万元的卖家就有104家。① 而该网站主要提供母婴用品、食品保健、美容护肤和服饰鞋包四个主要品类的海外原装进口商品,标榜"所销售的商品为100%海外原装正品,卖家100%为海外商家,并提供100%直邮服务"。天猫国际的快速发展,从一个侧面折射出中国中产家庭对于衣食住行、游乐等日常消费品的要求已经超出了基本生存需要,更加追求品质、性能甚至是品牌和设计。在城市,多数中产家庭拥有一辆甚至更多的家庭轿车,有的已经实现了升级;旅游度假方式也从国内传统旅游逐渐向纵深游、主题游、文化游发展延伸,一线城市家庭的视野则更多转向了出境旅游。据中国旅游研究院发布的《中国出境旅游发展年度报告

---

① 引自《天猫国际大波数据来袭:无线成交占比49%》,亿邦动力网,2014-12-29。

2014》,2013 年中国有 9819 万人次出国旅游,创造出 1286 亿美元的市场消费额度。在短短十多年里中国就快速成长为第一大旅游客源国,中国出境旅游成为世界旅游经济发展的新引擎,其中新兴的中产阶层是我国出国旅游大军的主要组成部分。

3. 使用耐用品、新兴科技产品、奢侈品的比重上升

当前,拥有家庭私人轿车并驾车出行可以作为中产家庭的重要特征。当代中国中产阶层的主体还是 25～55 岁的中青年人。随着收入的增长,中产阶层有兴趣、有勇气也有能力尝试新的科技产品。拥有并使用家庭用电脑、组合音响、摄像机、中高档照相机等高科技设备以提高生活质量,也成为中产家庭的日常生活行为之一。部分中产家庭甚至已经开始购置钢琴和其他中高档乐器。中国传统家庭中较少使用的消毒碗柜、洗碗机、健身器材等家用电器在中产家庭中也屡见不鲜。据报道,2014 年 10 月苹果品牌的最新手机 iPhone 6 在中国开始发售不到两周,订货量已超过美国本土。随着全球市场一体化的加快,中高档品牌服装、奢侈品、化妆品、日用品等越来越多的国际品牌进入中国普通家庭。人民币的持续升值,也为国人出境旅游或者海外购物创造了良好机会。在此背景下,中国香港已成为人尽皆知的"购物天堂"。中国中产家庭对于世界品牌的消费能力也让欧美哑舌、让日韩侧目。有调查显示,在每年春节期间,中国消费者的消费支出约占美国奢侈品市场销售总额的 25% 以上,占欧洲的 60% 多。

中产阶层构成了中国庞大消费市场的主力,因而发展扩大这一阶层成为提振内需的重要阀门。我们曾经以城镇居民家庭平均消费率为被解释变量(Y),以城镇居民家庭中等及中等偏上收入户的收入份额(X_1)和城镇居民人均可支配收入[①](X_2)为解释变量,通过回归、协整等方法验证扩大"中等收入群体"对提高消费支出总水平的积极影响(数据来源为《中国统

---

① 这里取城镇居民人均可支配收入相对水平的自然对数,以 1995 年为 100。

计年鉴》,时间序列为 1995—2011 年)。建立 Y(平均消费率)对 X_1(中等及偏上收入户收入份额)和 X_2(城镇居民可支配收入相对水平)的回归模型。模型为 $Y=1.271059X_1-0.526431X_2$。模型拟合程度非常好,确定系数 R^2 达到 0.952202。综合回归模型和误差修正模型的结论是,中等及偏上收入户收入份额每增加 1 个百分点,当期城镇居民平均消费率将提高 1.27 个百分点;而城镇居民可支配收入每增加 1%,当期城镇居民消费率将下降 0.53 个百分点。当有外力在短期内使消费率、收入水平和中等及偏上收入家庭收入占比之间的关系偏离长期均衡时,将非均衡状态拉回均衡状态的调整力度是 1.057。实证分析充分证明了,中产阶层的人数增加和收入提高,对于扩大整个消费市场、提振内需具有非常重要的作用。

4. 看重社交、教育、自我发展和实现自我价值

当代中产阶层的一个突出的心理特征,就是更加注重"自我",重视社交、个人发展和自我价值的实现。当代中国中产者比父辈更加自信,内心更加丰富,也更乐于展示自我。有人自费举办画展、演奏会,有人自费出版传记,有人积极参加各种媒体举办的真人秀节目。微博、微信、QQ 空间更成为展示自我最便捷的个人舞台。据统计,到 2012 年年末,我国微博用户数量就已超过 3 亿。根据腾讯财报,2014 年第二季度,微信加上 WeChat 的月活跃用户数量已经达到 4.38 亿,QQ 空间月活跃账户数达到 6.45 亿。在工作和家庭之外,大部分中产阶层还乐于花费时间、精力与金钱来培育和发展个人兴趣。有人自组乐队,有人热爱旅游、户外探险,尝试极限运动,有人喜欢摄影、书画或者舞蹈,有人喜欢收集古玩。中产阶层的生活越来越丰富多彩,同时其社会交往的半径不再仅仅局限于家人、同学、同事这种传统的圈子,而是伴随着其个人兴趣而大大扩展,比如说"驴友群"、"棋友群"、"武友群"等。一些中产者不仅参与,更热衷于无偿地组织和策划各种公益类、社交类的社会活动。

　　除了对"自我价值"的高度重视外,当代中国中产阶层的另一个突出特点是重视教育。这起源于当代中产阶层中有相当一部分是通过接受教育、就业和自身努力实现了收入与社会地位的提高,也就是社会学常说的实现了"向上"的社会流动。中产阶层自身的成长经历证实人力资本要素在决定收入中的重要作用,这对其子女的教育甚至对低收入家庭都有一种示范效应。在现实生活中,不仅学区房价格一涨再涨,而且从婴幼儿早教到出国英语培训,各类公办或民办的培训机构无不赚得盆满钵满。从我国城镇家庭教育支出的数据情况看,相关数据也显示,收入水平越高的家庭在教育文化娱乐和子女教育上的支出越高。2011年,城镇最低收入家庭教育文化娱乐服务支出和在外就学子女教育费支出合计占家庭总支出的9.3%,而中等收入户、中等偏上收入户、高收入户和最高收入户的教育支出占比分别达到了10.2%、10.7%、11%和11.4%。中等偏上收入家庭的教育支出额度接近最低收入家庭相同支出额度的3倍多,最高收入家庭的教育支出额度则高达最低收入家庭的近8倍(见表4-3和图4-6)。

表4-3　我国城镇家庭教育支出情况(2011年数据)

项　　目	总平均	最低收入户 10%	低收入户 10%	中等偏下户 20%	中等收入户 20%	中等偏上户 20%	较高收入户 10%	最高收入户 10%
家庭总支出(元)	20365.71	8147.60	10749.19	13926.13	18386.86	24276.24	32969.21	51203.46
(一)消费支出(元)	15160.89	6431.85	8509.32	10872.83	14028.17	18160.91	23906.21	35183.64
其中教育文化娱乐服务支出(元)	1851.74	642.70	876.73	1163.09	1637.10	2238.14	3155.73	5060.59
教育文化娱乐支出占比(%)	9.09	7.89	8.16	8.35	8.90	9.22	9.57	9.90

续表

项　　目	总平均	最低收入户 10%	低收入户 10%	中等偏下户 20%	中等收入户 20%	中等偏上户 20%	较高收入户 10%	最高收入户 10%
(二)转移性支出(元)	2478.96	774.36	1116.71	1508.14	2127.92	2969.11	4288.11	7254.44
其中在外就学子女费用(元)	283.01	114.22	148.13	171.29	246.26	354.65	453.25	759.85
在外就学子女教育费占比(%)	1.39	1.40	1.38	1.23	1.34	1.46	1.37	1.50
教育文化娱乐支出+在外就学子女费占比(%)	10.48	9.29	9.53	9.58	10.24	10.68	10.95	11.40

数据来源:《中国城市(镇)生活与价格年鉴 2011》。

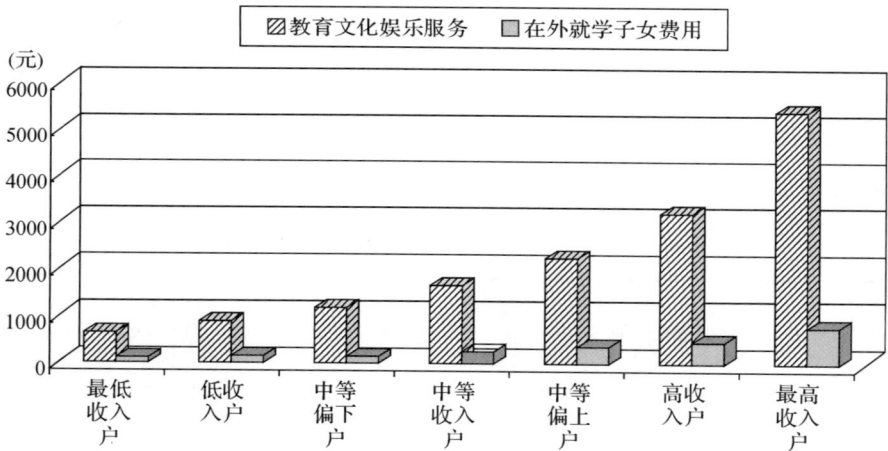

图 4-6　我国城镇不同收入家庭教育支出水平(2011 年数据)

数据来源:《中国城市(镇)生活与价格年鉴 2011》。

二、当前中国中产阶层的缺陷与问题

　　欧美发达国家中产阶层已经有三百多年的发展历程,已经相当稳定而且群体特征明显,即使与日本、韩国等东亚国家和我国的港台地区相比,当代中国大陆中产阶层也显得太过年轻,处于刚刚起步阶段,难免存在着这样那样的缺陷,表现出各种各样的问题。这是中产阶层成长发展所必须经历的阶段,也是我国发展扩大中产阶层所必须重视和克服的问题。

(一)中产阶层群体比重偏小,离橄榄形分配格局还有较大差距

按照我们的测算,我国目前城乡合计大致有 2.0 亿~2.5 亿人口可以算是进入了"中产阶层"范围,占全国 13.6 亿人口的 14.7%~18.4%,但其中有部分成员还不够稳定,有些人还有向下滑入低收入阶层的可能。这一规模与当前市场经济发达国家和某些新兴市场经济国家的中产阶层一般占 50%~70%的比重相比还明显偏小,甚至低于巴西、阿根廷、智利等拉美国家(这些国家在 20 世纪 80 年代中产阶层已经达到 25%~30%)。综观当前我国的分配格局,基本呈明显的金字塔形结构,即低收入者数量多、比重大但所占有的收入份额较小;中产阶层比重偏小,拥有的收入份额也不大,尚不能发挥主导作用;而高收入群体数量少、比重小但占据的收入份额大。调整和扭转我国收入分配格局的目标是形成两头小、中间大的橄榄形分配格局,即中产阶层的人员规模和收入份额都占多数,能够对消费模式、价值取向、道德行为规范等发挥主导作用,同时高收入阶层和低收入阶层的人群比重都相对较小,所拥有的收入份额也都不大。橄榄形分配格局代表着社会结构更加合理,社会更加稳定,物质更加先进、发达,分配更加公平,社会更加文明。实现橄榄形分配格局的过程,是不断有更多的低收入者通过提高收入、增加财富进入中产阶层行列,缩小两极分化,进一步拉动消费和增长,从而促进社会稳定和发展进步的过程,也是追求共同富裕的体现。从现在看,我国距离中产阶层占主体、拥有"蛋糕"的主要部分并发挥主导作用的橄榄形收入分配格局还有较大距离。距离党的十八大所提出的"人民生活水平全面提高"以及"就业更加充分,收入分配差距缩小,中等收入群体持续扩大,扶贫对象大幅减少"的具体要求还有较大差距。

（二）中产阶层收入和财产水平不高

收入和财产水平决定了人们的消费水平、消费结构和消费方式，也决定了其能否通过提高受教育程度和职业层次来实现不同社会阶层人员的流动。一个国家中产阶层的整体收入和财产水平的提高，一则可以降低其他阶层尤其是富裕阶层所占有的收入份额，缩小全社会的分配差距；二则可以提升中产阶层在社会经济、政治、文化等方方面面的地位，更好地发挥中产阶层的社会导向作用；第三，由于中产阶层的家庭消费支出中用于保健、教育、旅游、社交、自我发展甚至是投资等方面的支出比重明显高于低收入阶层，因而中产阶层的整体收入和财产水平的提高还可以改善与提高全社会消费水平，改善消费结构，从而引领经济结构转型升级。按照当前我国的现实国情，我们将家庭收入在 8.5 万～22.5 万元（大约折合 1 万～4 万美元），城镇居民拥有住房或具有在可预见的未来时间内购买住房的经济能力、农村居民拥有一定数量的宅基地等人员称为当代中国的中产阶层。而美国中产阶层的家庭年收入一般在 4 万～20 万美元，德国、瑞典、日本一般在 4 万～10 万美元，韩国和我国港台地区中产家庭年收入标准较之美国、德国、瑞典、日本略低，一般也在 2 万～4 万美元（见表 4-4）。有人曾经描述，发达国家典型的中产家庭形象应当是这样："一对夫妇（妻子可以选择不上班）；一栋独立住房和一个花园，一辆以上汽车；两个以上的孩子，能够接受正规教育；一个家庭医生，周末和法定假日享受家庭生活，定期出境旅游……"横向比较看，现阶段我国中产阶层的收入水平和生活水平与发达国家中产阶层相比要低较多；即使拿我国中产阶层的收入起点与东亚新兴市场经济国家或地区中产阶层的收入起点相比也低一半；与当前我国人民群众对"中产阶层"所代表的更加富足生活的期望也有一定距离。如果横向比较实际消费水平，由于我国居民消费物价水平比大多数发达国家和地区高，则双方差距就更大一些。同时，我国中产阶层内部也存

在差距,有

表 4-4　部分发达国家、地区中产阶层或中等收入阶层比重、划分标准的比较

国家(地区)	家庭年收入(万美元)	比重(%)	主观认同率(%)	人均 GDP(美元)(按现价计算)	总人口(亿)
美国	4～20	80		37305	2.8
英国		65		24819(2001 年)	0.59
德国	3～8	50	75	25427	0.824
瑞典	4～10	55	80	25979	0.09
日本	4.4～6.8			37000	1.27
新加坡		90		26500	0.04
香港	2～4.1			23800	0.07
台湾	2～3.8			12900	0.22
韩国	2～3.6			10260	0.48

资料来源:根据《世界银行发展报告》、亚洲人口有限责任公司的数据加工整理。

相当部分成员的收入和财产水平还低于中产阶层的平均值。当然,这一收入、财产水平标准是与当前我国所处的发展阶段基本适应的,想要迅速提高到发达国家或地区中产阶层的收入、财产水平并不现实。我们只能随着我国经济社会的发展,逐步提高中产阶层的收入,并改善我国的消费环境,使人们的实际生活水平得到更大提高,消费支出结构也进一步优化,从而使我国的中产阶层过上更好的生活。通过以上横向比较,我们至少可得出一个结论,即我国中产阶层的收入、财产水平还有很大的提升空间。

(三)中产阶层成员构成不均衡且稳定性较差

一方面,受我国城乡、地区、行业之间经济发展和收入差距较大的影响,我国中产阶层的成员结构在城乡之间、地区之间、行业之间、职业之间的分布非常不均衡。从城乡分布看,虽然近两年来我国农村居民增长速度已经快于城镇,但城乡收入差距较大的整体格局尚未改变。我们估算的全国 2.0 亿～2.5 亿人的"中产阶层"中,90%多的成员集中在城镇,剩余不

到 10％的成员分布在农村。从地区分布看,中产阶层成员主要集中在北、上、广、深这样的大城市以及部分省会城市和二线城市,在欠发达地区的分布明显偏少。从职业结构来看,当代中产阶层分布的职业有两大特征:一是受教育程度较高、知识含量较高;二是属于新兴工作岗位或市场稀缺程度较高的职业。而占人口多数的农民、生产操作工人中的中产阶层成员很少,个体工商业户和私营业主等拥有少量生产资料的雇主群体在中产阶层内所占比例也相对较小。尤其是在农村内部,中产家庭主要分布在东部沿海地区以及少数内陆地区,主要由农业经营大户或者在快速城镇化中受益的拆迁户构成,其他广大农村居民的实际收入和生活水平还远没有达到"中等"水平。

另一方面,中产阶层成员构成不太稳定,部分成员收入和生活水平不时出现较大变动。我国正处于经济和社会加速转型、产业升级快速调整期,行业结构和职业结构变动非常快,在后工业化、城镇化、消费结构升级的过程中不断会有新兴的较高收入行业和职业产生(如最近几年大量出现的快递员),也会有过剩的传统行业和职业衰退与消亡(如原来的打字员)。从这个角度说,中产阶层队伍的成员不断调整变化是当前社会转型阶段的正常特点,即使在市场经济发达的国家也是这种情况。如据报道,英国有关研究机构以经济资本(收入、储蓄和房产价格)、社会资本(调查对象所结识人的数量和地位)和文化资本(文化兴趣与活动的性质及程度)评分重新定义出英国七大阶层,其中中产阶层占比只有 25％。[1] 但从另外一个角度看,我国当代中产阶层产生时间仅有 30 余年,发育并不完全,远未定型。成员中劳动者年龄多数在 25～60 岁,中产家庭目前刚延续到第二代,家庭财产积累有限。部分成员会因为宏观经济环境、产业结构升级,特别是个人就业和经营状况的影响,导致收入和生活水平起伏不定甚至下降。如改

---

[1]　引自《报告称英国社会分七等》,新华网,2013-04-05。

革开放初期最早出现的一批农村"万元养殖户"、"致富带头人",随着改革重心转入城镇以及第二、三产业快速发展,农村经济发展放慢,他们的收入水平相对下降,到今天大多已经退出了"中产"行列。与西方成熟中产家庭普遍具有代际传递和延续性的特点相比,我国的中产阶层发展时间短,积累少,明显缺乏延续性和稳定性。

另外,还应当看到,由于我国城乡、地区间在资源分布、生产生活环境和经济发展程度等方面存在较大差距,导致中产阶层内部的收入和财产差距也很大。从地区间差距看,我们前面使用公因子综合评价和聚类分析方法从五个维度十个指标来反映地区差异,将我国 31 个省(自治区、直辖市)分为五类。其中最高的北京、上海地区差异系数略高于 2.5,最低的黑龙江省地区差异系数只有 0.8。也就是说,即使同为当代的中国中产阶层,不同地区之间的中产阶层收入和财产水平的差别可能达到 3 倍。从中产阶层内部的城乡差距看,按我们在上一章的测算,目前农村中产阶层主要集中在 20% 最高收入户,人均年收入大概在 8 万~10 万元,基本上处于整个中产阶层的最低端,与城镇尤其是发达城市的中产阶层的差距也很明显。这种不均衡状况将使我国中产阶层中部分成员下滑到下一个层级的可能性明显高于其他国家。这也是我们今后发展扩大中产阶层中需要关注的问题之一。

(四)中产阶层成员质量参差不齐,相当部分人员素质还不高

为了更好地发展壮大当代中国中产阶层队伍,应当将收入或财产标准作为界定"中产"的最大公约数,最大限度地团结和鼓励各类社会成员通过努力进入"中产"行列。事实上,当代中国中产阶层的成员构成非常复杂,既包括大量的企事业单位负责人、中层管理人员,政府公务员,工程师、律师、医生、教师、记者等专业人士,外企白领等"脑力劳动者"以及部分技术工人,也包括多数私营业主和经营成功的个体工商户,甚至还包括西方社

会学称之为"体力劳动者"中的少数有一技之长的生产操作工人以及农业生产者。总体来看,目前能够在收入(或财产)水平、生活状况、受教育程度以及主观意识等各个角度都满足要求的、严格意义上的当代中国中产阶层还是少数。为此,按本书所指中产阶层七个构成因素来分析,当前我国中产阶层各类成员具备七个构成因素的情况明显参差不齐。如图 4-7 所示,满足各因素的人群虽有部分相交,但未相交部分更大,说明同时具备七个因素条件的群体人数为少数。具体表现在部分成员虽然收入甚至财产规模已经达到中等及以上水平,但受教育程度有限,文化素质不高,其思维观念、生活方式、行为习惯、消费模式等仍然相对保守落后,特别是在遵守社会公德、维护公共卫生与秩序、尊重他人隐私等方面与中产阶层中受教育程度较高的白领等成员还有一定差距,与西方国家成熟的中产阶层相比差距就更大。

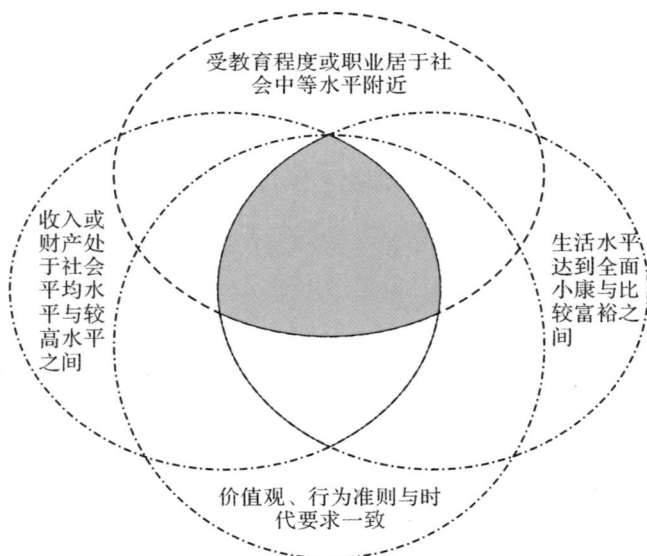

图 4-7　现阶段中国中产阶层总体状况

　　有很多现象可以说明这个问题。比如有的中产阶层成员在消费模式上盲目追求"名牌",甚至有段时间网络"炫富"大行其道。再比如说随着我国经济实力的增强和居民收入的提高,我国居民出境旅游人数迅速上升,体现出国人收入水平有所提高,且消费支出结构升级,给一些国家和地区带来了巨大的经济收益。但同时,我国游客中不少人"在公共场所大声喧哗"、"乱扔垃圾"、"铺张浪费"、"乱闯红灯"、"不守时"等行为又饱受出游国家媒体和居民的诟病。举个例子,据新华社报道,《游客不文明行为记录管理暂行办法》施行后,2015 年 5 月 7 日首批全国游客不文明行为记录公布。其中,大闹亚航、强行打开飞机应急舱门、攀爬红军雕塑照相三起不文明事件的四个当事人"上榜"。再比如,在发达国家,包括韩国、新加坡等东亚国家在经济和收入水平达到一定程度后,社会成员都普遍养成了生活垃圾分类的良好习惯。这对于保护和改善居住环境、能源循环利用等都具有积极意义。在欧美发达国家,不遵守垃圾分类规定的社会成员可能会面临高额垃圾处理费用的处罚。从 1993 年北京率先制定《城市市容环境卫生条例》,提出对"城市生活废弃物逐步实行分类收集"开始,我国推行生活垃圾分类已经有 20 多年,政府配套投入了相当的人力、物力和财力。但就实际情况看,即使在北、上、广这样号称国际化大都市的地区,目前恐怕也只有极少数家庭真正能够做到垃圾分类收集。这样的例子还有很多,都反映出整个社会包括中产阶层在精神文明建设领域的缺陷。对照党的十八大提出到 2020 年"公民文明素质和社会文明程度明显提高"的要求,中国当代中产阶层在精神文明和道德行为规范等方面差距还很大。这些欠缺,有待随着我国经济社会发展、社会转型成功,随着中产阶级自身的发展、成长并采取相关措施逐步加以解决。

(五)相对统一的道德准则和行为规范远未形成,不能发挥社会主导作用

一个社会群体上升为"阶层",需要该群体成员相对稳定和具有代际延续性,且其占全社会比重达到一定规模,但这只是达到了"量"的标准。更

重要的，是该群体形成了相对统一的价值观念、道德准则和行为规范，表现在行为举止、消费结构、生活方式、兴趣爱好、政治取向等方面都具有明显的同质性，这才是界定一个"阶层"的"质"的标准。欧美发达国家、日本以及亚洲四小龙等国家或地区的中产阶层不仅在规模上占到主体，而且能够引导消费、经济、文化、社会的主流方向，在很大程度上可以影响政府的政策选择甚至国家的政治走向。

反观我国，目前的中产阶层离以上应达到的程度还距离很远。我国当代中产阶层规模较小且分布不均衡，群体规模和部分成员收入水平还处于不够稳定状态，其中部分成员素质不高。党的十八大要求在全社会使"社会主义核心价值体系深入人心"，这也应当成为中产阶层精神文明建设的目标。虽然大中城市的中产家庭在生活方式、消费结构、行为举止等方面已经出现了较明显的相似性、同质性，但从全国范围来看，当代中产阶层在价值取向、文化信仰、社会道德等更深层次则远没有形成共识，更谈不上形成社会的主流认识，对整个社会的经济、文化发展所发挥的正面作用还非常有限。这将是今后发展扩大中产阶层时要高度重视的问题。"十年育树、百年育人"。相比于提高收入、财产和生活水平这些"硬件"条件而言，在全社会树立社会主义核心价值体系，提升人的整体素质和道德文化水平，提升和改造中产阶层的精神内涵，任务更加艰巨，需要一代、两代甚至更长时间的努力，更需要党和国家在思想和文化宣传领域的投入与支持。

以上，我们分别从中产阶层的规模、收入和财产水平、人员构成和素质、价值观和行为规范等角度，分析了当下中国中产阶层还存在的一些缺陷。这些问题之间存在相互关联。其中，群体规模小以及收入和财产水平低都是浅层面的问题，改善中产阶层成员结构以及弥补中国中产阶层在文化层面、意识形态领域的缺失，则是更深层次的问题。扩大群体规模、提高收入和财产水平，是改善群体结构、提升精神文明水平的物质基础，是扩大群体功能和影响的前提条件。而改善群体结构，缩小中产阶层内部差距，则是形成统一的道德准则和行为规范的必要条件,更是保证中产阶层稳定和持续发展的必要条件。这些问题,归根结底必须在我国工业化、城镇化、现代化的过程中随着经济发展和社会转型而解决。随着经济社会发展,随着国家体制机制的完善,浅层次的问题比较容易解决,而弥补深层次的缺陷就需要更长时间、更艰苦的努力,需要党和政府更积极主动的推动,可以考虑分步骤、分阶段去规划和解决。

三、制约当代中国中产阶层发展的因素

我国当代中产阶层产生至今仅有不到 40 年的历史,正处于波浪式上升阶段,在群体规模、稳定性、统一性、成熟性和影响力等方面都还不能与西方国家成熟的中产阶层相提并论。即便如此,也不能把当下中国中产阶层的缺陷和不足简单归因于其产生时间短、发育不完全这样的历史因素,而要看到这是我国经济结构、社会体制、文化建设乃至发展方式等方方面面的缺陷或问题共同作用的结果。只有深入剖析并找准这些制约因素,才能为今后采取措施,消除这些障碍,进而发展扩大中产阶层提供有利条件。

(一)粗放型经济增长方式制约中产阶层规模的扩大

我国长期奉行粗放型经济增长方式,过去 30 多年的经济高速增长主要依靠资源和劳动力的数量与规模扩张来推动,造成高消耗的传统制造业和低附加值的劳动密集型加工行业产能过剩严重,科技创新和管理创新不足。同时,经济高度依赖投资和出口,消费率偏低。这种经济增长方式一方面造成我们做大社会财富"蛋糕"的代价太大,实际上是将子孙后代的生存发展资源耗费于当代,造成了资源浪费、环境恶化、产业结构扭曲,对未来中国的宏观经济和社会发展造成严重的阻碍,同时也使"蛋糕"的质量偏低。我们一些地区的 GDP 有的是靠"上届书记安排挖河道、本届书记指挥

填河道"产生的,与老百姓的实际生活改善毫无关系。甚至有的地区的GDP中还含有血色、黑色成分,是以一些煤矿工人的死亡、一些居民因环境污染患病等所付出的代价换来的,负面影响很大。另一方面,在粗放型经济增长过程中,我国长期维持以低附加值的劳动密集型加工行业为主的"世界代工厂"定位,以低工资、低成本、低端产品去与其他国家竞争,压低了人力资本回报和劳动力要素价格,限制了劳动收入份额提升的空间,直接制约了以普通工薪就业者为主的中产阶层的发展。这种增长方式客观上既不需要也不可能实现白领、灰领岗位的大量增加,当然也就不利于中产阶层的发展扩大。国际上与我国经济增长方式有相似之处的拉丁美洲部分国家,在进入中等收入国家行列后,在20世纪80年代先后出现经济停滞不前、收入差距过大、社会不稳定性因素增加等现象,陷入了所谓的"中等收入陷阱",就与这些国家的经济增长方式存在粗放、单一等问题紧密相关。事实证明,这种粗放型经济增长方式,以高消耗、高污染、高排放换取低附加值的产出,既不可持续,也严重影响着人民群众生活水平的提高和改善,同时也制约着中产阶层的发展扩大,并可能导致我国也如拉丁美洲部分国家一样陷入"中等收入陷阱"。如果从更宽广的视角——经济发展方式来分析,则制约中产阶层发展扩大的因素就更多。可见,不转变这种经济增长方式和更广义的经济发展方式,就难以扩展我国中产阶层的规模。

(二)城乡二元结构阻碍中产阶层规模扩张,造成城乡失衡

根据国家统计局数据,截至2013年年底,我国农村人口6.3亿,占总人口的46.3%,农业就业人口总数达到2.42亿,占就业人员总数的31.4%。我国农村和农业生产生活条件与城市相差较大,劳动生产率低下,经营方式落后。加上长期存在的工农产品"剪刀差"的负面影响,农业和农民收入偏低且增长缓慢。按照国家统计局公布的数据,1991—2013

年,我国农业生产总值比上年增长指数集中在 102.5~106,远低于第二产业(108~120)和第三产业(108~116);同一时期我国农村居民年人均纯收入从 708.6 元提高到 8895.9 元,提高了近 11.6 倍;而城镇居民年人均可支配收入则从 1700.6 元提高到 26955.1 元,提高了近 14.9 倍。[①] 城乡二元经济不仅仅是经济发展水平和分工的差异,更重要的是通过户籍制度、社会公共福利政策和产权制度等,形成了城乡二元社会结构,造成城乡居民在人口流动、就业、教育、医疗、政治等方面的不平等,城乡居民在基本公共服务待遇上存在很大落差,造成中产阶层在城乡之间分布极端不均衡。如我们前面所测算的,当前我国 2.0 亿~2.5 亿中产阶层人员中,只有约 2000 万~3000 万人分布在农村,与城镇中产阶层人数相比,只有后者的 15%多。可以说,如果我国农村人口仍然维持现有比重,我国可望发展为中产阶层的人口来源就要少 4 亿~5 亿。而且,现行城乡人口结构也直接制约着我国形成由中产阶层占大多数的橄榄形社会结构。可见,不打破城乡二元结构,就不能让大量农民转变为市民,成为未来中产阶层的最大来源,我国中产阶层也就无法全方位发展扩大。

(三)不合理的产业结构制约了中产阶层的成长和壮大

中国过去 30 多年的产业结构调整还只能归类为工业化的"早中期"和"初级阶段",尚未全面进入工业化中期,距离西方国家"后工业化"产业结构的差距还较大。2013 年,我国就业人员总数为 76977 万人,其中,第一产业就业人数占 31.4%;第二产业就业人占 30.1%;第三产业就业人数占 38.5%。[②] 虽然第三产业的就业人数首次超过了第二产业,但第一产业的就业人数占比仍然很大。由于第一产业劳动生产率低下、经营方式落后,加上长期工农产品"剪刀差"的负面影响,农业和农民收入偏低,中产阶层

---

① 根据《中国统计年鉴 2014》数据计算。
② 引自人力资源和社会保障部发布的《2013 年度人力资源和社会保障事业发展统计公报》有关数据。

人员很难从中产生。第一产业就业人数多、比重大,对我们发展扩大中产阶层形成了第一道制约。第二产业中,传统制造业仍然占据较大比重,部分企业生产经营方式粗放、落后,高、新、尖行业起步较晚,还没有形成核心竞争力。目前第二产业中蓝领岗位人员占绝大多数,基本从事技术含量不高的重复性劳动,这一群体的工资收入大都处于社会平均工资水平以下,而中、高级技能人才和专业技术人才缺口显著。据人力资源和社会保障部 2014 年 7 月公布的《2014 年第二季度部分城市公共就业服务机构市场供求状况分析》,当年二季度有 55.7% 的用人需求对技术等级提出了明确要求,然而各技术等级的岗位空缺数量,却远远超过求职人数。第二产业内部技术含量高的行业企业少、技能型人才缺乏,对我们发展扩大中产阶层形成了第二道制约。第三产业虽然发展迅速,但仍主要以劳动密集型行业为主,现代服务业才刚刚开始布局。生产服务业近年来有新进展,但就业人数还不多,比重还不大。如软件业对社会经济贡献日益提升,2013 年软件业创造的增加值超过 1 万亿元,占第三产业的比重达到 4%,软件从业人员 470 万人,只占全国城镇就业人员的 1.2%,新增就业人员占全国城镇新增就业的 4%。① 生活性服务业的发展既可以满足居民日常生活与消费需要,也是吸收农村人口转移就业的重要途径。但我国生活性服务业发展相对缓慢。2012 年,我国住宿和餐饮业从业人数 454.45 万人,占第三产业就业人口数的 1.64%。从年平均工资看,2012 年全国住宿和餐饮业城镇单位就业人员平均工资为 31267 元,为全国城镇单位就业人员平均工资的 66.85%。② 第三产业内部现代生产和生活服务业发展偏慢,服务业人员大多数工资收入不高,对我们发展扩大中产阶层形成第三道制约。可见,加快产业、行业结构的调整,是发展扩大中产阶层的关键环节之一。

---

① 引自《2013 年我国软件和信息技术服务业首超 3 万亿元》,东方财富网,2014-10-23。
② 引自《我国服务业已成为吸收就业主渠道》,中研网,2014-04-12。该文数据为自行调查统计数据,国家统计局 2012 年只有非私营单位和私营单位就业人员平均工资统计数,没有发布城镇单位就业人员平均工资数据。

(四)收入分配制度改革滞后增加了"兴中"的难度

一是我国初次分配规则和秩序仍不健全与规范,致使分配结果持续向资本倾斜,劳动要素回报所占份额下降。1992—2011年,劳动报酬占初次分配比重从54.6%下降到47%,累计下降了7.6个百分点,而固定资产折旧和企业部门的营业盈余占比从30.9%上升到39.8%,累计上升了将近9个百分点,形成"利润侵蚀工资"。[①] 虽然近年来情况有所好转,但初次分配规则不公平、分配秩序不规范问题仍然突出。二是现行收入分配制度调节收入差距仍然不够得力,致使我国居民收入差距依然较大。虽然进入"十二五"以来,我国城乡之间、行业之间和地区之间收入差距总体呈缩小趋势,但绝对差距依然较大。2013年,我国城乡居民收入差为3.01倍[②],地区平均工资差为2.33倍。特别是少数国有企业凭借垄断地位获取不合理的高额利润,职工工资畸高,而一线职工和少数弱势群体收入偏低且增长缓慢。根据《中国劳动统计年鉴》数据,2012年证券业、银行业和航空运输业三大垄断行业职工年平均工资水平分别达到140809元、104424元和104844元,同年餐饮业和住宿业职工年平均工资仅为28940元和33039元。上述问题引发了社会的普遍关注。三是财产性收入分配不规范,在居民收入中占比低。这表现在几方面。首先,我国股权交易制度存在弊端,股票市场成为上市公司和资本大鳄"圈钱"阵地,中小股民往往成为被宰、被套牢的对象。如2015年6月份上海证券交易所股票市场价格暴跌,由5000多点一下跌到3000多点,后经政府救市护盘又有较大幅度回升,但其后又多次跌涨,极无规律。据中国国际金融有限公司统计,截至当年7月14日,中国家庭持有的股权账面财富缩水了6.8万亿~16.5万亿元[③],

---

① 根据历年《中国统计年鉴》资金流量表(实物交易)数据测算。
② 摘自《2013城乡居民收入差距连续四年缩小》,中国城乡统筹发展网,2014-02-16。
③ 摘自《2015年中国股市暴跌后果,中产阶级被消灭很多!》,摩登先生网,2015-07-21。

其中主要是中产阶层财产受损。据报刊分析,估计有 60 万中产阶层家庭因此消失。其次,中小银行奇缺,民间金融借贷极不规范,也导致居民财产收入分配受损。如重庆市市长黄奇帆在重庆公开批评 P2P 互联网金融,明确表态,重庆将严控 P2P。在黄奇帆看来,中国 P2P 实际是个"貌合神离"的平台。就像开一个赌场,赌民之间在赌,赌场只是提供牌和桌子。P2P 公司通过其网络平台,让想借钱的人与并不认识但愿意借钱的人沟通。为什么在中国一两年之间就出现 1000 多家 P2P 公司? 黄奇帆认为:"P2P 实际是'偏离了金融基本原则和规律'的情况下,在做与银行等金融机构差不多的借贷业务。谁在监管? 谁能监管? 怎么监管? 让它像蝗虫一样增长,是对老百姓极度不负责。"[①]还有一些新的金融交易方式或多或少都存在这样那样的类似问题。这种状况如果不扭转改变,将继续减少居民的财产性收入,损害中产阶层的发展。再次,有的上市公司故意不分红或隐瞒利润,加上城镇居民房产出租、出售收益制度不规范,收藏品市场鱼龙混杂"水深且险恶",制约了普通居民财产性收入依法依规地增加。根据《中国统计年鉴》数据,1990—2013 年,我国城镇居民家庭收入中财产性收入所占比重从 3.6% 下降到了 2.7%。四是要素市场不健全,要素按贡献参与分配机制缺失。我国的要素市场发育较晚,技术和管理要素参与分配机制不健全,土地、森林、水域等资源的有偿使用和收入分配制度尚未建立,导致要素回报不合理。特别是对农民的土地征地程序不规范,农村土地转让收益制度尚未建立健全,难以增加农民的财产性收入。五是分配秩序混乱,不规范收入和非法收入占比大。前些年一些用人单位的财务会计报表存在做两本账或多本账等现象。近年来这些现象有所好转,但在部分私营企业乃至少数中小国有单位中仍然存在。不少城市火车站、汽车站乃至互联网上常有倒卖发票的人和事,说明用人单位报销财务账单仍存在许

---

① 摘自《速读:中国 60 万中产暴跌中被消灭》,新浪网,2015-07-27。

多问题。另外,许多市场交易行为使用现金不走银行汇款,则仍然比较常见;权钱交易、行贿受贿等情况经过近年来反腐倡廉、打"老虎"、拍"苍蝇"虽有明显收敛,但还远未杜绝。2012 年曾有学者调查估算,全国灰色收入高达 5 万亿元。[①] 虽然此数据不一定准确,但根据媒体披露的各种腐败、经济案件推算,全国不规范收入、非法收入合计达到两三万亿的规模是很有可能的。六是再分配制度有失公平,制约中产阶层发展壮大。主要表现为中小微企业税费负担依然较重,个人所得税制度不合理,工薪阶层成为税负的主要负担者,财政支出中用于民生的比重偏低且不稳定等,进一步加重了二次分配格局中的不合理程度。收入分配制度的弊端是制约中产阶层发展扩大的直接原因,也是我们要解决的突出问题。

(五)教育、医疗、公共服务等社会体制的弊端阻碍了中产阶层的发展壮大

首先,长期以来我国优质教育、医疗、公共服务等公共资源过度集中在大中城市,农村和欠发达地区的基本公共服务水平明显偏低。以小学义务教育为例,城乡义务教育经费投入差距明显。根据《全国教育经费执行情况统计公告》数据,2001—2007 年,我国农村小学生人均教育经费只相当于城镇小学生的 53.4%～59.7%。同时,义务教育阶段城乡学校在物化办学条件上差异巨大。农村小学体育运动场馆面积、体育器械配备、音乐器械配备、美术器械配备、数学及自然实验仪器配备达标学校与建立校园网学校数比例,分别比城镇小学低 14.3、24.2、25.5、24.8、23.2、36.8 个百分点[②],这也是造成城乡学校办学质量差异的重要原因。再以医疗资源和公共卫生服务为例,从医疗卫生费用支出结构看,城镇支出比例从 2000 年

---

① 王小鲁:《如果没有几万亿灰色收入 怎么解释房价飙涨》,凤凰网,2012-09-06。
② 引自彭泽平、姚琳:《"分割"与"统筹"——城乡义务教育失衡的制度与政策根源及其重构》,《西南大学学报:社会科学版》2014 年第 3 期,第 65 页。

的 57.2％增加到 2007 年的 77.4％,农村支出比例从 2000 年的 42.8％下降到 2007 年的 22.6％,医疗资源和公共卫生服务进一步向城镇集中。2009 年,城市地区拥有的医院床位数占比达 81.38％,是农村的 4 倍多,城市地区卫生技术人员数量是农村的 5.83 倍。[①] 此外,在创业扶持、就业咨询与培训、养老服务、低收入家庭保障等社会公共服务的方方面面,都存在着巨大的城乡差距和地区差距。

其次,社会保障制度体系碎片化分割严重。城镇单位职工、城镇居民、农村居民之间社会保障制度建立有早有晚,隶属不同的主管部门,制度体系有区别。从保障水平看,城镇居民与农村居民之间的社保标准、机关事业单位与企业人员之间的退休待遇以及退休人员内部新退人员与老退休人员之间的待遇差别明显,保障水平差异大,制度之间和地区之间转移接续困难。从社会保障制度的覆盖面上看,到 2013 年我国养老保险还有约 2 亿人未覆盖,大部分是就业流动性强的农民工;医疗保险也仍有几千万人游离在制度之外。从转移接续机制看,各项制度、各类人员以及各地之间的制度衔接过渡机制缺乏顶层设计,受制于分管部门、地区财力等体制性因素影响,影响了劳动力要素和社会成员的合理流动,也加剧了社会贫富差距。

除自然因素、历史因素和经济因素外,由于制度性及体制性因素造成的社会不均等,客观上扩大了城乡之间、地区之间、行业之间、不同劳动者和居民群体之间实际收入和生活水平的差距,是制约我国当代中产阶层发展壮大并稳定延续的重要原因。

(六)我国文化建设欠缺的制约

改革开放给我国经济、政治和社会的各个领域造成了深远影响,不仅

---

① 引自和立道:《医疗卫生基本公共服务的城乡差距及均等化路径》,《财经科学》2011 年第 12 期,第 115 页。

带来了国外的资金、先进技术和先进管理理念,同时大量西方鼓吹的追求享乐、个人至上等文化宣传和思想观念趁开放之机进入我国,加之此前"文化大革命"期间"破四旧"等运动,对我国几千年文明传统中的精神成果形成很大冲击,这两方面负面因素对我国文化领域和国人的思想理念造成了不良影响。目前,我国思想领域内多种价值观念、各种文化信仰相互交织和碰撞,而中华民族优秀的传统道德观念却越来越淡薄,职业操守屡遭破坏,社会诚信缺失。关于"陌生老人路边跌倒要不要扶"的争论,愈演愈烈的"医患矛盾",既仇视官员、痛恨腐败同时又崇拜权力和特权者的矛盾心理,诋毁英雄、戏谑历史上一切正面或神圣事件、人物的言论,以及反腐工作中查出来的一些地方存在"塌方式"、"系统性"腐败等社会现象,都从不同角度暴露或折射出我国思想道德领域存在的问题。当前,文化领域空前繁荣,影视和文化作品数量巨大,娱乐形式层出不穷,文化传播介质不断升级、竞争越来越激烈,但与让人眼花缭乱的形式和不断攀升的制作成本形成对比的,是题材重复,是部分作品内容空洞化、庸俗化,甚至出现"手撕鬼子"的神剧。思想和文化领域的建设远远滞后于经济发展,造成中产阶层乃至所有社会成员在价值观念、文化信仰和社会道德方面的缺乏与混乱,导致中产阶层很难在短期内形成相对统一的主观意识。这是当前甚至未来一段时期内制约中产阶层发展成熟、拥有统一的正确的价值观和行为规范并发挥应有社会作用的重要根源,也是今后我们发展扩大中产阶层要解决的重大问题之一。

第五章　当代中国中产阶层能够兴起

本章主要回答我国中产阶层的兴起是否具备可能性问题。虽然当前我国经济社会发展面临许多困难和挑战,但同时也具备多方面有利条件,主要有五个方面:一是"四个全面"治国理政新阶段将促进中国巨变;二是我国经济转型将为发展扩大中产阶层提供坚实的经济基础;三是我国社会转型将为发展扩大中产阶层提供更多的社会条件;四是我国政府制定并继续健全的政策将促进发展扩大中产阶层;五是国外的有益经验可资借鉴。在这五方面有利条件支撑下,当代中国中产阶层能够兴起。

在前面四章分别论述回答了当代中国亟须中产阶层兴起,中外中产阶层的产生、发展,特别是当代中国中产阶层是什么样及其存在的不足等问题后,本章将聚焦于当代中国中产阶层能否兴起这个问题进行分析。如前所述,当前发展扩大中产阶层对处于转型阶段的中国意义重大,其具有的凝聚民心、消弭收入分配领域矛盾、优化经济社会结构、维护促进社会稳定发展的作用毋庸置疑。然而,改革开放迄今已经 30 多年,当前,我国已进入经济增速换挡期、经济结构调整阵痛期、前期刺激政策消化期这“三期叠加”的特定时期,增量改革的空间将缩小,利益关系调整面临的阻力明显增大;同时,也进入了大国转型新阶段。在经济社会转型期间各种矛盾日益凸显,各种思潮、观点传播迅速、碰撞激烈,改革面对的将是“一堆难啃的硬骨头”。在这样一个特定的历史阶段,加上当前我国中产阶层存在诸多不足,使我们“兴中”面临很多困难。那么,我们还能够实现中产阶层的兴起吗? 答案应该是肯定的。“四个全面”治国理政新阶段将促进中国巨变;党和国家已经在拓宽中产阶层发展的道路上做了很多努力,当前经济、社会转型取得新进展有利于发展扩大中产阶层;党中央、国务院已经并将继续制定和实施许多有利于中产阶层发展扩大的方针政策;发达国家和地区的有益经验也可资借鉴。因此，当代中国有信心、有能力发展扩大中产阶层。

一、"四个全面"治国理政新阶段将促进中国巨变

"四个全面"治国理政方略，即全面建成小康社会、全面深化改革、全面依法治国、全面从严治党，是以习近平同志为总书记的党中央站在时代和全局的高度，在坚定中国自信、发展中国道路、优化中国模式、总结中国经验、带领人民推动改革开放和社会主义现代化建设的进程中提出来的，是我们党治国理政方略与时俱进的新创造，是马克思主义与中国实践相结合的新飞跃。

"四个全面"相辅相成、相互促进、相得益彰，是目标、动力和保障的关系。其中，全面建成小康社会，为治国理政确立了目标。习近平总书记指出："党的十八大描绘了全面建成小康社会、加快推进社会主义现代化的宏伟蓝图，发出了向实现'两个一百年'奋斗目标进军的时代号召。"[①]从这句话里可以清晰地看到，"全面建成小康社会"是第一个百年的近期目标，建设富强、民主、文明、和谐的社会主义现代化国家是第二个百年的长期目标，其目的都是遵循立党为公、执政为民的宗旨，到 2020 年让全国人民共同过上全面小康的生活，到 2050 年让全国人民共同过上全面富裕的生活。这两个百年目标将引领我们为之努力奋斗。全面深化改革是实现目标的根本路径和强大动力。全面深化改革是顺应世界发展大势的必然选择，也是经济发展新常态条件下和大国转型阶段推进各项工作向前发展的必然选择。事实上，党和人民的事业也是在不断的深化改革中得以向前推进的。这就需要我们协调推进经济体制、政治体制、文化体制、社会体制、生态文明体制和党的建设制度改革，为实现目标开辟路径并提供强大动力。

---

① 引自习近平总书记《在同各界优秀青年代表座谈时的讲话》，新华网，2013-05-04。

全面依法治国是实现目标的基本方式和保障。依法治国是我们治国理政的基本方式,无论是全面建成小康社会、全面深化改革,抑或是全面从严治党,法治都是不可或缺的治理方式。如果说改革是推动经济社会发展的动力,那么法治则是护佑改革动力的载体。全面从严治党,是治国理政的组织保证。党是中国特色社会主义事业的领导核心,全面建成小康社会、全面深化改革、全面依法治国的成败都取决于是否坚持和完善党的领导。保持党的纯洁性、先进性是党和人民事业成败的关键。

目前,"四个全面"治国理政方略在以习近平同志为总书记的党中央的坚强领导下组织实施,已经取得了明显成效。在奋斗目标上,一方面各有关分项目标都在逐渐向全面建成小康社会的既定目标值靠拢;另一方面正在总结"十二五"规划纲要实施情况并抓紧研究拟订"十三五"规划,既对到2020年国民经济和社会发展各项主要工作目标进行细致部署,还将展望其后五年或更长一段时间的发展方向和目标,以更好地引导全国人民为全面建成小康社会并向比较富裕的社会发展而奋斗。在全面深化改革上,由习近平总书记担任组长的中央全面深化改革领导小组,在从2013年12月30日成立至2015年5月5日不到一年半的时间里,就已经先后召开了12次会议,分别就经济体制和生态文明体制改革、民主法制领域改革、文化体制改革、社会体制改革、党的建设制度改革、纪律检查体制改革等六大方面的改革工作进行了研究部署,审议通过了54个各类"改革方案"、"工作要点"、"规划"、"规则"和政策"意见"[1],为各有关改革指明了方向,提供了方针政策依据;同时,加强了组织领导和检查监督,使有关改革较快贯彻到基层。其中,有些改革如《深化财税体制改革总体方案》和《关于进一步推进户籍制度改革的意见》等正在抓紧实施;有些改革如《中央管理企业主要负责人薪酬制度改革方案》、《关于深化考试招生制度改革的实施意见》[2]等

---

[1]　根据《中央全面深化改革领导小组历次会议》报道内容整理,新华网,2015-04-02。
[2]　各项改革文件名称引自《中央全面深化改革领导小组历次会议》,新华网,2015-04-02。

已经大体落实到位。这种改革部署力度和速度及其实施到位程度,可以说是改革开放以来所少见的。在全面依法治国上,一方面狠抓司法制度改革,《最高人民法院设立巡回法庭试点方案》、《设立跨行政区划人民法院、人民检察院试点方案》、《人民陪审员制度改革试点方案》、《关于人民法院推行立案登记制改革的意见》等均在紧锣密鼓地贯彻落实的过程中;另一方面狠抓司法案件的依法公正处理,仅 2014 年全国法院就依法纠正了呼格吉勒图案等 10 件重大冤假错案[①],同时强化日常司法案件审理的依法、公正、公开程度,努力让人民群众感受到比以前更多的司法公正。在全面从严治党上,一方面继续狠抓反腐倡廉、纠正"四风",既"打老虎"又"拍苍蝇"。党的十八大以来,截止到 2015 年 3 月,全国共打 98 只"大老虎",依法依规查处了 98 名省部级及以上领导干部[②];同时"拍苍蝇"也取得了重大成果。据中共中央纪律检查委员会信息,2014 年全国纪检监察机关共给予 23.2 万人党纪政纪处分,涉嫌犯罪被移送司法机关处理 1.2 万人,较 2013 年分别增加 27%和 25%;2014 年 1 月至 11 月,全国检察机关立案侦查各类职务犯罪案件 39782 件、53043 人,其中县处级以下 49383 人,占比超过 93%。在 2015 年 1 月召开的党的十八届中央纪委五次全会的工作部署中,明确要求"加大对群众身边不正之风和腐败问题查处力度"[③],很得民心。另一方面狠抓党的制度建设,中央深改领导小组审议通过了《关于县以下机关建立公务员职务与职级并行制度的意见》、《关于加强中央纪委派驻机构建设的意见》、《上海市开展进一步规范领导干部配偶、子女及其配偶经商办企业管理工作的意见》、《中央纪委派驻纪检组组长、副组长提名考察办法(试行)》等多个文件,部署加强党的干部、组织、纪律等多方面制度建设。可以说,党的十八大以来,在党的思想建设、组织建设、作风建

---

① 引自《全国法院去年纠正十大冤假错案》,《南方日报》,2015 年 3 月 19 日。
② 引自《十八大以来 98 只老虎名单 军老虎女老虎大聚会》,澎湃新闻网,2015-03-18。
③ 此段查处人数等数据和引号内文字均引自《中纪委网站刊文称今年会有更多"苍蝇"被拍落》,中国新闻网,2015-02-15。

设、反腐倡廉建设、制度建设等方面取得了实实在在的成绩,"严"已经成为党的建设的新常态。

以上"四个全面"治国理政方略的确立及其实施效果,赢得了全党党员干部和全国人民的拥护,对于我们应对经济发展新常态和大国转型阶段的各种挑战,克服前进道路上的各种艰难险阻带来了全方位的利好。只要持之以恒地坚持执行下去,必定从根本上有利于我国的经济、政治、文化、社会、生态环境和党建六大方面改革和建设工作取得更好成果,有利于我们按时按质完成两个百年奋斗目标。这种状况无疑将为我国中产阶层的发展、扩大、成熟及其应有作用的发挥营造良好的基本环境和条件,提供体制、机制等多方面的支撑。同时,"四个全面"治国理政方略中的一些基本方针政策,还直接推动中产阶层的发展、扩大、成熟及其应有作用的发挥。比如"全面建成小康社会"目标中的中等收入群体持续扩大子目标等,就直接引导着中产阶层的发展扩大;又如"全面深化改革"中的"深化财税体制改革"、"赋予农民更多财产权利"、"推进农业转移人口市民化"、"扩大中等收入者比重"、"改进社会治理方式"、"打破体制壁垒,扫除身份障碍,让人人都有成长成才、脱颖而出的通道,让各类人才都有施展才华的广阔天地"等政策,将直接促进中产阶层的发展扩大及其应有作用的发挥;再如"全面依法治国"中"深化行政执法体制改革"、"健全司法权力运行机制"、"完善人权司法保障制度"①等方针政策的实施和法治思想的逐步普及,将有利于中产阶层的扩大和成熟。

可见,随着"四个全面"治国理政方略的确立和实施,将从根本上有利于我们克服面临的诸多挑战和困难,促进我国中产阶层的发展扩大。

---

① 此段加引号的文字均引自《中共中央关于全面深化改革若干重大问题的决定》。

二、我国经济转型将为发展扩大中产阶层提供坚实的经济基础

虽然我国经济发展已进入增长速度的换挡期,社会财富"蛋糕"做大的速度将放慢,不利于我们发展扩大中产阶层;但中央强调:要"稳增长、调结构、促改革、惠民生",这是我们当前及今后几年都要坚持的方针。只要我们在"调结构、促改革"和推动经济转型上取得新进展,就既能够为扩大中产阶层提供有力的经济支撑,也能够为发展中产阶层提供就业结构的支撑。

(一)我国经济转型将有利于做大做好社会财富"蛋糕"

从经济支撑角度看,要想发展扩大中产阶层,首先要"做大做好蛋糕",提供必不可少的经济物质基础,才能"分好蛋糕",让更多的人获得中等及以上的收入,成为中产阶层成员。中产阶层的发展扩大与经济本身的发展永远脱不了关系。人类社会经济发展的过程就是经济增长量变和经济发展方式质变的过程。经济增长量变到一定程度,必然呼唤经济发展方式的质变。新中国成立之后,我国的经济增长主要通过增加生产要素的投入和物质消耗的粗放型增长来实现,国民经济发展呈现一种高投入、低产出,高增长、低收益的状况,积累了较多的矛盾和问题。例如:能源和原材料过度消耗,二氧化碳排放量过大及其他环境污染严重;产业结构失衡,第一产业过重而第三产业特别是服务业所占比重过轻;依赖廉价的劳动力,大量出口低端产品,贸易顺差严重而国内消费不足;自主创新水平较低,产品技术含量低;大量的基础投资导致经济过热,通货膨胀风险较大等。这些问题导致我国的经济难以健康地持续发展。针对这一问题,我们党和政府早在20世纪90年代就提出要转变经济增长方式,并制定实施了有关方针政

策。进入 21 世纪后,特别是党的十六大以来我党将经济增长方式的转变,拓展为经济发展方式转变并就此展开探讨;党的十七大明确提出要转变经济发展方式。2012 年 11 月,党的十八大报告进一步明确要求,以科学发展观为指导,到 2020 年实现"经济持续健康发展。转变经济发展方式取得重大进展,在发展平衡性、协调性、可持续性明显增强的基础上,实现国内生产总值和城乡居民人均收入比二〇一〇年翻一番"。到今天,转变经济发展方式已成为全党的共识。党中央、国务院已经就此制定了一系列方针政策,其中不少政策已开始实施并列入了国民经济和社会发展五年规划纲要,成为各级政府的考核指标。到 2013 年,我国在转变经济发展方式上取得了较好成绩,第三产业比重首次超过第二产业,达到 46.1%,产业、区域、城乡等经济结构均有所改善,高技术制造业增加值增长 11.8%,快于规模以上工业增加值增速 2.1 个百分点。① 2014 年我国单位 GDP 能耗下降了 4.8%,碳排放强度也下降了 6.2%,是"十二五"节能减排取得成绩最好的一年。② 在"十三五"及其后几个五年规划期间,我国将继续坚持转变经济发展方式。经济发展方式的逐步转变,有利于我国经济发展质量的提高,有利于经济发展速度的稳定,有利于做大做好社会财富"蛋糕"。这无疑为我国中产阶层的兴起提供了坚实的经济基础。

在看到我国经济发展方式转变成绩的同时,我们也要看到存在的问题,即转变速度仍然偏慢,转变成绩尚未达到预期。而且,从 2015 年一季度我国 GDP 增速只有 7%。就此可以看到,持续保持经济中高增速的压力仍然很大。为此,我们应做最坏的考虑,即"十三五"期间如果经济增速无法保持年均 6.5%,是否会对发展扩大中产阶层形成决定性冲击。通过对国内外中产阶层发展的历史状况的一般性分析即可得知,中产阶层的发展要以经济发展为基础,但二者的发展状态并非完全一致,也即经济增速

---

① 数据引自《2013 年国民经济和社会发展统计公报》。
② 摘自《国家发改委主任徐绍史答记者问》,新华网,2015-05-03。

下降或上升的幅度,与中产阶层缩小或扩大的幅度是不同步的。换句话说,在经济增速下降的情况下,中产阶层的规模也可能继续有所扩大;反之,在经济增速上升的情况下,中产阶层的规模也可能有所缩小。这与其时政府的社会政策变化有很大关联。[①] 据此,我们可以设想,即便"十三五"及其后我国经济年均增速低于预期1个百分点以内,只要我们的社会政策,特别是收入分配政策得当并实施到位,我们仍然是能够适当扩大中产阶层的。

(二)我国经济转型将有利于扩大中产阶层人员的来源

从就业结构支持角度看,经济结构由传统产业向服务业及现代技术信息产业转型,将为中产阶层的扩大奠定产业结构基础和职业结构基础。从发达国家的历史经验看,社会阶层结构与国家产业结构的变化有很高的相关性,中产阶层一般是伴随着产业结构的升级而产生并壮大的。改革开放以来,我国的产业结构发生了很大变化,一些长期存在的问题得到有效缓解,就业层次也开始更多地朝第三产业发展。据人力资源和社会保障部统计,2011年,我国第三产业就业人数首次超过第一产业[②];到2013年全国就业人员中,第一产业就业人员占31.4%,第二产业就业人员占30.1%,第三产业就业人员占38.5%[③],就业结构进一步改善。这些进步为提高中产阶层的比重提供了可能性。但目前来看,我国产业结构等级水平与发达国家相比仍然较为落后,传统产业比重偏高,服务业和现代信息技术产业比重明显低于发达国家水平。行业不健全、发展速度慢、产业结构仍不合理,这些因素制约了我国中产阶层的成长。针对这一问题,党的十八大报

---

① 国际上有的国家人均国民收入增速较快,人均国民收入水平不低,但由于政府政策不当,收入分配不公平,贫富差距扩大,其国内中产阶层规模不升反降;反之,有的国家人均国民收入增速不快,水平不很高,但由于政府政策得当,中产阶层的规模反而扩大。

② 引自《人社部发布2011年我国三次产业就业人口比例》,《人民日报》,2012年6月5日。

③ 摘自《人社部:去年末全国就业人员7.7亿人》,新浪网,2014-05-08。

告强调了我国目前要加快产业结构升级和城市化进程,大力扶植第三产业即服务业,"推动战略性新兴产业、先进制造业健康发展,加快传统产业转型升级,推动服务业特别是现代服务业发展壮大,合理布局建设基础设施和基础产业。建设下一代信息基础设施,发展现代信息技术产业体系,健全信息安全保障体系,推进信息网络技术广泛运用"。[①] 产业结构的优化必然会使第一产业从业人员的比重继续下降,第二、三产业从业人数上升,为中产阶层的扩大奠定产业结构基础。服务业和现代信息技术产业的发展,必然使得相关的信息技术领域、金融证券领域岗位猛增,使得专业技术人才更加抢手。而职业的分化和行业从业人员的分流整合,势必为中产阶层的发展奠定职业结构基础。

当然,我国国民经济进入"新常态"后,国民经济增长速度有所降低,这对扩大中产阶层也带来一定挑战。但是,在经济"新常态"下坚持"调结构、促改革"将带来新变化,即与经济增长速度适度降低相伴随的是增长质量的持续提高,这种质量提高一方面有利于满足中产阶层对产品和服务质量不断提高的要求;另一方面,也对技术创新、管理创新等提出了更高要求,并相应给予相关劳动者更多的报酬。而能够承担这种创新的主要力量就是中产阶层中的白领、灰领从业人员,这又为中产阶层的收入增长提供了可靠保障。

三、我国社会转型将为发展扩大中产阶层提供更多的社会条件

社会转型涉及法治、教育、诚信建设等多方面,这些方面的改进调整都有利于我们应对经济"新常态"的影响,促进中产阶层的发展扩大。

---

① 引自胡锦涛在中国共产党第十八次全国代表大会上的报告:《坚定不移沿着中国特色社会主义道路前进　为全面建成小康社会而奋斗》。

(一)依法治国将有利于中产阶层的发展

国家治理方式向"依法治国"转型是中产阶层扩大的前提。从 1978 年至今,中国启动改革开放已有将近 40 年,改革进入深水期和攻坚期,旧有的体制机制不适应新形势的发展变化,矛盾日渐显现,某些既得利益集团的形成阻滞了中产阶层的扩大,使中产阶层在教育、医疗、住房等方面面临诸多问题,这些方面已经成为中产阶层持续扩大的瓶颈。2014 年 10 月,党的十八届四中全会首次提出"依法治国"的主题,通过了《中共中央关于全面推进依法治国若干重大问题的决定》,提出了"建设中国特色社会主义法治体系,建设社会主义法治国家"的命题,为中产阶层的发展扩大提供了制度上的重要保证。这是因为,中产阶层成员主要是依靠自身的勤奋工作、诚实劳动和合法经营得以进入中产层级的,他们非常期盼有一个稳定的社会环境来持续提升自己的社会地位和财富,而稳定的社会发展环境需要稳定有效的法律制度来维系。因此,中产阶层对法律法规的需求比其他社会阶层更加迫切,其法律意识和法律行为比其他社会阶层更具理性,其基本行为倾向是遵守法律,对法律有较强的信任感和依赖感。守法是中产阶层谋求正当利益的最佳途径,同时,守法也是其获得相应的社会认同和政治认同、参与社会生活和政治活动,以谋求更好的经济发展环境的必要条件。从这个角度来说,奉行"依法治国"的国家治理方式为中产阶层的茁壮成长提供了肥沃的土壤。

(二)教育改革将有利于中产阶层素质的提升

教育体系改革及其发展所带来的人力资本的持续提高是中产阶层扩大的坚实基础。教育能使中产阶层积累较高的专业技术水平、劳动技能等人力资本,而较高的人力资本是获得稳定收入进入中产阶层乃至富裕阶层的坚实基础。对处于较低社会阶层的人来说,教育是改变自身命运及发展成为中产阶层甚至富裕阶层成员最根本和最有效的手段。具体来说,教育对于中产阶层经济地位和职业地位的形成具有不可磨灭的作用。从经济地位的角度来考察,对于受过良好教育的人来说,他们拥有较高的学历,有将文化教育资本转化为其他资本的能力。国际经验也表明,在绝大多数的工业化国家,一个人的文化水平往往影响或是在某种程度上决定着这个人收入的高低。尽管各国的教育经济回报率不尽相同,但提高文化水平对于增加个人收入的作用明显,这是市场经济和工业化社会的普遍规律。而且,从职业的角度而言,个人对教育资源的拥有程度是决定个体职业调整升迁的最重要因素之一。教育水平越高越可能获得较高的职业地位,教育水平越低越可能停留在较低的职业地位或难以提高其职业地位。改革开放以来我国教育体系的发展已取得了重大的成就,突出表现在普及发展高等教育的领域上,我国高等教育规模先后超过俄罗斯、印度和美国,成为世界第一。1978 年,我国高校本专科招生仅有 40.3 万人,在校生 85.7 万人;而到 2013 年,全国各类高等教育学校招生达 1017.4 万人,在校学生人数达到 3460.3 万人,分别比 1978 年增长了 24.2 倍和 39.4 倍。① 事实表明,教育体系改革及其发展是改革开放以来我国中产阶层发展壮大的重要推动力。我国的"十三五"规划以及以后的五年规划,将会继续推进我国教育事业的发展,这对于我们今后发展扩大中产阶层无疑是一大利好。

(三)社会诚信建设将有利于中产阶层的行为规范

社会诚信建设是中产阶层扩大和发展、成熟的有力保证。不像富裕阶层那样主要依靠投资收益等资本利得收入致富,中产阶层获得财富的方式主要是依靠其自身的勤奋劳动和诚实经营,因而中产阶层受到社会诚信缺失的负面影响通常更大。但是当今社会的诚信缺失现象比较普遍,问题突

① 根据《国家统计局发布 1978 年以来内地经济状况变化报告》数据(来源《人民日报》,2013 年 11 月 6 日)和《2013 年全国教育事业发展情况》数据(引自中国政府网,2015-02-09)整理计算。

出，主要表现在政务诚信缺失、商务诚信缺失、文化诚信缺失等几个方面。其中，政务诚信缺失主要表现在一些地方政府和部门诚信意识淡薄，政策缺乏连续性和稳定性等，朝令夕改，或发动民间办事时承诺得很好，承诺多种政策性奖励，但这些承诺不能如约兑现，或根本不兑现；与此同时，还降低中产阶层的办事效率，阻碍中产阶层的生活和生产的顺利进行。近期最突出的例子，就是2015年5月6日李克强总理在国务院常务会议讨论进一步简政放权时讲的三个故事，包括"证明'你妈是你妈'"、优秀劳动者为评选全国劳模跑政府各部门盖八个章盖到哭、台商代表反映在大陆营商最大的困难是知识产权得不到足够保护。① 李总理痛斥前两种现象，批评第三个现象，表明政务诚信缺失的严重性。商务诚信缺失最主要的表现首先是造假，在社会主义市场经济条件下，部分人唯利是图、谋财害命，产品质量低劣、以次充好、以假乱真。近年来媒体曾披露过多起案例，如家乐福价格"欺诈门"涉嫌价格欺诈，存在高价结算、误导性价格标示等行为；河南孟州等地养猪场采用违禁动物药品"瘦肉精"饲养生猪，主犯被依法判处死刑；上海华联超市等商家多年销售"染色馒头"，所售馒头的生产日期随便改，防腐剂、人工色素、甜蜜素等对人体不利的添加剂"齐上阵"，五名犯罪嫌疑人被公安部门依法刑拘；2011年9月13日，中国警方全环节破获一起涉及14省的重大地沟油案，一条集掏捞、粗炼、倒卖、深加工、批发、零售六大环节的地沟油黑色产业链首次浮出水面②；等等。这些案例和商务诚信缺失行为严重影响了市场经济的秩序，给中产阶层中从事生产经营的工商业主和小微企业主带来了难以估量的负面影响。商务诚信缺失还使一些人靠欺骗手段暴富，也会加剧社会财富分配不公，阻碍中产阶层的正常发展。文化诚信缺失主要表现在对中华优秀文化传统的漠视和否定，对人

---

① 引自《李克强痛斥某些政府办事机构：证明"你妈是你妈"简直是天大的笑话！》，《华商报》，2015年5月7日。

② 引自《诚信案例》，百度文库，2015-04-13。

世间一切美好事物的怀疑和不相信,其例子比比皆是,无需一一枚举。文化诚信缺失则更多地阻碍中产阶层共同价值观的形成,对中产阶层孕育出与其社会地位相匹配的价值观和行为规范带来各种负面影响。针对当前情况,党和国家做出了加强社会诚信建设的重大部署。党的十八大提出,要"加强政务诚信、商务诚信、社会诚信和司法公信建设";党的十八届三中全会提出要"建立健全社会征信体系,褒扬诚信,惩戒失信";《中共中央、国务院关于加强和创新社会管理的意见》提出要"建立健全社会诚信制度",以及《中华人民共和国国民经济和社会发展第十二个五年规划纲要》提出要"加快社会信用体系建设"。根据以上要求,我国制定了《社会信用体系建设规划纲要》,规划期为 2014—2020 年。党和国家大力推进社会诚信建设,将为扩大中产阶层提供更优越的环境条件。

不可否认,国民经济进入"新常态"后,经济增速放缓对坚持增量改革带来一些负面影响;同时调整产业结构等也会导致部分劳动者下岗失业,引发新的矛盾。这会对国家治理方式的转变、教育体系改革以及社会诚信建设等形成一些冲击。但只要我们应对得当,一方面提高政府部门工作人员、社会公众的思想认识,坚决贯彻依法治国方略和教育体系改革、社会诚信建设的规定;另一方面妥善处理经济转型中的新问题,就能够有效发挥社会转型对发展扩大中产阶层的促进作用。

四、我国政府制定并继续健全的政策将促进发展扩大中产阶层

(一)政府已经制定一系列有利于中产阶层发展扩大的政策

中产阶层的发展扩大是多方因素共同作用的结果,其中,政府政策的支持发挥着重大作用。近些年来,我国政府在财政税收政策、城镇化进程和社会保障制度建设等方面出台了多项方针政策,为中产阶层的发展扩大保驾护航。

在财政税收政策方面,2008 年 1 月 1 日起实施的新《中华人民共和国企业所得税法》规定内外资企业所得税的税率统一为 25％,国家对重点扶持和鼓励发展的产业和项目给予企业所得税优惠,国家需要重点扶持的高新技术企业,减至 15％的税率征收企业所得税。2011 年 9 月 1 日,新的《中华人民共和国个人所得税法》(以下简称《个人所得税法》)及其实施条例正式实施。根据新的《个人所得税法》,工资、薪金的免征额由每月 2000 元提高到 3500 元,九级超额累进税率结构修改为七级,相应的对距等也进行了调整。通过对高新技术产业给予税收优惠,有力地推动了产业结构的优化和调整,而个税起征点的提高则有效减轻了中低收入者的税负,显示出政府缩小社会贫富差距的决心,鼓励更多中低收入人群努力工作、诚实经营,发展成为中产阶层成员。

在城镇化进程方面,近年来党和国家一直在大力推行户籍制度改革。户籍制度改革有利于增加社会的流动性,使得更多农村人口"市民化",进而转变成为中产阶层。以广东为例,广东一直为推进户籍制度改革而努力。从 2011 年起,广东率先实施积分制入户政策,以积分形式破解户籍改革难点,引导农民工有序落户、融入城镇;2012 年进一步扩大积分入户对象范围,由"在粤务工的农业户籍劳动力"扩大至所有在粤务工的城乡劳动者,适用范围也由原先仅用于积分入户扩大至享受城镇基本公共服务。广州户口簿"户籍性质"一栏上,统一换上了"居民户口",而不是以前的"农业户口"和"非农业户口"的划分。在户籍制度改革的大背景下,农民工及子女通过自己的努力落户城市已不再是空想。随着户籍制度的改革,社会不同阶层之间的流动性将会越来越大,越来越多的人口正在努力向城市迁移,通过这部分人民的努力工作和诚实经营,成为中产阶层的人数不断增加,中产阶层必将稳步壮大。

在社会保障制度方面,要建立一个中等收入阶层占大多数的和谐社会,就必须建立能够覆盖社会绝大多数人口的社会保障体系。党的十六大以来,在党中央、国务院的正确领导下,我国的社会保障工作取得了突破性进展。一是制度建设取得突破性进展,社会保障体系框架基本形成。《中华人民共和国社会保险法》颁布实施。企业职工基本养老保险制度进一步完善,城镇职工基本养老保险省级统筹制度全面建立,《城镇企业职工基本养老保险关系转移接续暂行办法》制定实施,事业单位养老保险制度改革开始试点,企业年金制度建设取得积极进展。新型农村社会养老保险制度和城镇居民社会保险制度建立并开展了试点。新型农村合作医疗保险制度、城镇居民基本医疗保险制度和城乡医疗救助制度全面实施,职工基本医疗保险制度不断完善,实现了基本医疗保障对城乡居民的制度全面覆盖。失业保险与促进就业联动机制基本建立,覆盖城镇职工的工伤保险和生育保险制度普遍实施。全面建立和实施农村最低生活保障制度,积极发展商业健康保险,实现了由单位和家庭保障向社会保障、由覆盖城镇职工向覆盖城乡居民、由单一保障向多层次保障的根本性转变,初步形成以社会保险、社会救助、社会福利为基础,以基本养老、基本医疗、最低生活保障制度为重点,以慈善事业、商业保险为补充的社会保障体系框架。二是覆盖人群迅速扩大,越来越多的人享受到社会保障。三是保障水平较大幅度提高,保障和改善了群众的基本生活。四是社保基金规模不断扩大,抗风险能力显著增强。各级政府加大对社会保障的财政投入,进一步规范社保基金收支和管理,基金规模不断扩大。五是加快解决历史遗留问题,一些突出矛盾得到化解。六是社保公共服务体系初步形成,服务网络逐步延伸。[①] 党的十六大至今这一时期成为我国社会保障事业发展最快、人民群众获益最多的时期。一个覆盖面更广泛、保障更完善的现代社会保障制度,可以提高绝大多数人口的生活质量,既能控制并减少贫困人口数量,又能稳定中等收入群体比重,为中产阶层减少和消除后顾之忧发挥了积极作用。

---

① 摘自林晓洁:《十六大以来我国社会保障工作取得突破性进展——访人社部副部长胡晓义》,中国劳动保障新闻网,2012-10-13。

(二)政府还将根据形势发展制定更多"兴中"的政策

改革开放以来特别是党的十八大以来，党中央、国务院相继出台了一系列促进城乡居民收入增长和中产阶层发展的政策措施，取得了明显成效。面对经济"新常态"和大国转型阶段的新挑战，为了促进经济社会转型，应对诸多社会矛盾问题，党和政府还将随着经济社会形势的发展变化，继续制定完善更多的"兴中"政策措施。2015年上半年，制定出台有利于"兴中"的政策措施又有新进展。如2015年3月21日，中共中央、国务院印发了《关于构建和谐劳动关系的意见》，明确提出要实现"职工工资合理增长"，"建立规范有序、公正合理、互利共赢、和谐稳定的劳动关系"。又如2015年4—6月间，国务院研究出台的七项惠民政策，包括"简政放权、破解证明'你妈是你妈'的尴尬"，"宽带网络提速降费"，"三证变一证"，"扶持大众创业、万众创新"，"特大疾病医疗救助和提高乡村医生待遇"，"促进社会办医健康发展和医师多点执业"，"日用消费品进口关税税率下调"，[①]都为中产阶层的发展扩大带来利好。以上原已制定并继续有效的政策和陆续新制定的政策，都将为当代中国中产阶层的发展壮大提供政策依据和制度保障。

五、国外有益经验可资借鉴

(一)学习国外有益经验是保持后发优势的必由之路

目前，我国仍然是世界上最大的发展中国家，仍处于社会主义初级阶段。相比市场经济发达国家乃至许多新兴经济国家，我国在工业化、城镇化、农业现代化等领域都处于落后状态，在经济、社会形态结构等多方面也处于落后状态，属于后发国家，在不少方面都处于劣势，需要奋起直追；但

---

① 摘自《2015年上半年七大惠民政策直接影响我们的生活》，人民网，2015-06-26。

同时，我们也拥有后发优势，这就是可充分参考借鉴发达国家和走在我们前头的新兴国家的正反两方面经验，从而避免走这些国家走过的弯路，少犯错误，在国家经济、社会、政治、文化、生态文明各方面建设的路途上，走得更快捷、更稳当一些，最终能够赶上甚至超过这些先发国家。

改革开放以来，我们在经济建设方面通过走出去、请进来，引入外资、外企、外国研究机构、专家学者等，通过现场或实地考察，学习了许多市场经营管理方面的新东西，大量收集整理发达国家的先进技术和经营管理的方式方法，开阔了我们的眼界，逐步掌握了新思路、新方法、新技术，也参考借鉴到了外国经济建设正反两方面的经验教训，并将其结合我国实际运用到我们的经济技术工作之中来，帮助我们避免或减少了失误和少走弯路，使我国的经济发展速度明显超越了世界各国历史上曾经有过的发展速度，取得了举世瞩目的惊人成绩。同样，我们在社会建设包括发展扩大中产阶层方面，也能够继续遵循这一路经，通过走出去、请进来，多交流、沟通，学人之长补己之短，继续发挥后发优势，充分参考借鉴先发国家关于社会建设及其发展扩大中产阶层的正反两方面经验，以利于我们把当代中国发展扩大中产阶层的工作做得更好。

（二）系统归纳借鉴国外有益经验有利于我国"兴中"

尽管经济发展程度、社会历史文化背景等存在差异，但是国际上英国、法国、美国、加拿大、北欧各国等欧美国家，日本、韩国、新加坡等亚太国家以及我国台湾、香港地区在发展壮大中产阶层方面已积累了诸多有益经验，可成为当代中国发展扩大中产阶层的有益借鉴。

从目前已经收集到的外国发展扩大中产阶层的历程和经验看，普遍达成的共识至少有以下几点：一是一国或一地区经济社会乃至政治文化等领域的发展决定着中产阶层的发展，两方面是决定、被决定的关系，同时相互之间也具有作用和反作用关系；经济社会等领域发展好，将促进中产阶层的发展扩大,否则将制约后者的发展;而中产阶层发展好,也将促进经济社会等领域的发展,否则也将对前者带来不利的影响。二是中产阶层的发展扩大具有十分重大的意义和作用,有利于促进和推动一国或一地区的经济发展、内需扩大、消费水平提高和结构调整、全体居民素质和全要素生产率的提升,也有利于社会文明建设的推进及社会的和谐稳定等。三是各国政府对中产阶层的发展扩大一般都给予重视,在促进其发展扩大的进程中,都程度不同地发挥着作用。这些共识有利于我们进一步坚定发展扩大当代中国中产阶层的决心和信心,也有利于我们对此给予充分重视,进而促进国内形成共识。但也要看到,由于在新中国成立到改革开放前那段时间内我国中产阶层基本消失,而且同期我国曾经废除过社会学,因此,多年来我们很少翻译和出版国外有关社会学包括社会阶层划分、中产阶层发展、扩大、成熟等内容的著述。直到 20 世纪 80 年代中后期才重新开始研究关于中产阶层的问题,20 世纪 90 年代以来才逐渐增加了相关著述、刊物、文章等的引进和研究。但总的来看,这方面的底子仍不厚,尤其是结合外国实际的对比分析研究更是不够全面系统,造成我们对外国中产阶层的发展脉络、存在问题、应对措施了解、掌握得还不够多,特别是对世界各国中产阶层发展扩大的不同模式以及我国应该采取何种模式研究得尚不够系统深入。这对于我们借鉴外国有益经验、发挥我们的后发优势是很不利的。为此,我们要在系统收集有关国家中产阶层研究资料的基础上,进一步剖析其大体有几种模式,各国采取不同模式的原因及其利弊;探索各国或地区在相关模式下发展扩大本国或本地区中产阶层的基本路径是什么,采取的措施有哪些? 这些经验教训对我国发展扩大中产阶层能够提供哪些启示? 这正是本书下一章要研究回答的问题。通过这些研究,无疑可为我们找到一条符合中国实际的发展扩大中产阶层的路子,帮助我们更加切合实际地做好发展扩大当代中国中产阶层的工作。

第六章　国(境)外有益经验借鉴

　　本章全面回顾部分国家和地区"中产阶层"发展壮大的历史过程,根据"中产阶层自发自主成长的程度"以及"政府功能"这条主线,将其归纳为"自发生长"、"自发生长＋政策促进"、"中产阶级快速兴起＋政府有意推动"和"政策失误导致中产阶级成长受挫"等几种典型模式。其中,日本等东亚国家和我国香港、台湾地区的相关经验对我国有非常现实的借鉴意义。

当前,美国、德国、英国、法国、日本等发达国家以及韩国、新兴市场经济国家和我国台湾、香港等地区的中产阶层,基本都成为社会的主体,大致分别占本国或本地区总人口的 50%～70%。[①] 由于经济基础、社会结构和历史文化等方面的巨大差异,各国或地区中产阶层的发展历程和群体特征也都各具特点。本章系统梳理回顾发达国家、地区中产阶层发展壮大的历史过程,归纳几种模式,总结其有益经验,为我国"兴中"之路提供参考借鉴。

一、发达国家、地区中产阶层发展模式

基于经济发展程度、社会历史文化背景的差异,我们分别对英国、法国、美国、加拿大、北欧各国等欧美国家,日本、韩国、新加坡等亚太国家和我国香港、台湾地区中产阶层发展历史,重点是现当代情况进行分析,整理出中产阶级产生、壮大的路径和特点,归纳为以下四种典型模式。

---

① 英国除外,英国近期所报道的按新划分标准测算的中产阶层比重只有 25%。

第一种模式,即"中产阶级自发生长模式",代表国家主要是英国、法国、美国等奉行自由竞争的老牌资本主义国家。特点是工业化过程较长,中产阶级随经济社会结构发展和工业化进程自发产生与发展,发育充分,政府在此过程中并没有发挥太多作用。

第二种模式,即"中产阶级自发生长+政策促进模式",代表国家主要是北欧高福利国家。此类国家中产阶级虽然也是随着经济社会结构发展和工业化进程自发产生与发展的,但国家制定实施的社会福利政策发挥了积极的促进作用。

第三种模式,即"中产阶级快速兴起+政府有意推动模式",代表国家包括日本和成功跨越"中等收入陷阱"的韩国等东亚国家以及我国香港、台湾地区。特点是,工业化和中产阶级发展进程较快,政府对促进社会公平、壮大中产阶级有较明确的认识并高度重视,通过制定实施一系列经济和社会政策主动推动中产阶级发展扩大。

第四种模式,可以说是第二种、第三种模式的反面经验,即"政策失误导致中产阶级成长受挫",代表国家包括阿根廷、巴西、哥斯达黎加等陷入"中等收入陷阱"的拉美国家。

(一)英、法、美等国的"中产阶级自发生长模式"

英国、法国等老牌资本主义国家,其中产阶级萌芽于封建社会的等级制,因而长期带有封建等级制的烙印。以英国为例。英国的等级制度历史悠久,工业化革命以前英国的 middle class 绝大部分是农场主、商人和自由职业者以及没落贵族,与本书所讨论的后工业时代的所谓"新中产"存在着很大的不同。随着城市工业化发展,工业化大生产逐渐代替了小手工作坊,掌握了现代工业生产操作技巧的技术工人从工人阶级当中分化出来成为最早的中产阶级的成员之一,同时出现了大批的商人、实业家、经理人以及为其服务的教师、记者、学者、律师等专业人士。而整个 20 世纪,英国、

法国的职业分布持续表现为体力劳动人数减少,非体力劳动人数增加。第
一次世界大战后,传统的乡绅贵族衰落,很多商人、实业家、经理、律师以及
文武官员等中产阶层进入上层,土地和资本的重要性下降,收入高低成为
决定社会经济地位的重要因素。第二次世界大战后特别是 20 世纪 70 年
代以来,伴随着全世界范围的信息革命,英国传统的以机械、动力为中心的
产业结构也逐步被"以信息与服务为支柱"的新产业结构所替代。服务于
公用事业部门,原来处于社会中层偏下地位的公务员、医务人员、技术员和
初级工程师等群体保持了持续增长势头。20 世纪七八十年代非体力劳动
性质的职业已经超过了英国全部职业总量的三分之一。历史学家亚瑟·
马维克(Arthur Marwick)指出,到 20 世纪 80 年代,英国有 39%的人属于
中等阶级,属于社会下层的工人阶级占 58%,属于上等阶级的只有 3%。[①]
20 世纪 80 年代以后以信息与服务业为支柱的新的经济结构形成,大量非
技术职业消失,越来越多的人进入非体力劳动部门。到 20 世纪末,受经济
全球化和经济周期的双重影响,英国也和其他一些国家和地区一样出现了
失业率上升、劳动收入下降和贫富差距扩大的趋势。1979—1995 年英国
最低 10%收入层个人总收入所占份额从 4.2%下降到 3.2%,而最高 10%
收入层个人总收入所占收入份额则从 21%上升到 26%。1976—1996 年,
英国最高 10%工资收入层与最低 10%工资收入层的工资差距从 25 倍扩
大到 35 倍。[②] 收入差距扩大,高收入阶层的收入份额明显提高,说明中等
阶层所占的收入份额甚至是群体规模都在下降,同时中等阶层出现分化。
由于失业、家庭破裂、个人健康恶化特别是知识技能结构落后等原因,一部
分英国中产阶层滑落至社会底层,同时另一部分中产阶级转而认同传统的
贵族阶层的价值观,出现了贵族化趋势。根据调查,近年来滑落到社会底

---

① 摘自周晓虹:《全球中产阶级报告》,社会科学文献出版社,2005 年,第 32 页。

② 摘自 Trade Union Congress. Working Paper of Economic and Labor Market Briefing 1997.
London: The Stationery Office, 1998: 205.

层的英国中产人士约有 380 万人,约占中产阶层总数的 14%。[①]

　　法国大革命之前,教士和贵族属于统治阶级,其余 97% 的人口被称为第三等级,是被统治阶级。18 世纪法国资本主义蓬勃发展,第三等级中的银行家、商人、工场主等新兴的工商业资产阶级领导了法国大革命,从而打破了原有的社会结构。此后第三等级逐渐分化。19 世纪新兴行业兴起,中下层公务员、领薪水的管理者、监工以及领取薪水的白领职员等人数越来越多。可以看到,早期法国的中产阶级主要包括处于较高层级的工商业主、官员、律师、医生、工程师、教师等专业人员以及处于较低层级的小商人、小业主或手工业者。第二次世界大战后,大量的白领雇员、一般公务员以及法律、医药、工程与教育等行业的专业人士等“新中产”群体呈几何级数增长。据研究,20 世纪七八十年代以来,法国的白领职员和工人队伍一直稳定在 60% 左右,其中工人的比重还呈下降趋势。到 2000 年,蓝领工人在全部劳动人口中的比重下降到了 30%。[②] 中产阶级在英国、法国的社会阶层中占据了主流。当然,法国的教育方针从传统的精英教育向大众教育、学位教育转变,各种培训包括技能培训均可以以学位资格衡量,这些对于消除社会差距、推动中产阶层发展起到了重要的推动作用。同英国一样,受全球化、经济周期以及外来移民的影响,20 世纪 90 年代法国也出现了失业率上升、贫富差距扩大的趋势,法国失业率曾经一度高达 10%,10% 最富裕的人的财富占全国财富的 54%,10% 最穷的人的财富仅占 0.1%。财富集中、贫富差距扩大的一个重要原因就是中产阶级家庭收入增长十分缓慢。资本的全球流动给一些发展中国家实现工业化和现代化、培育中产阶级提供了新的历史机遇,同时也对发达国家中产阶级的成长带来了威胁。法国在中产阶级成长放缓的同时,也出现了一些重新跌落到底层的中产阶层人士。

---

① 摘自周晓虹:《全球中产阶级报告》,社会科学文献出版社,2005 年,第 52 页。
② 引自丁骥千:《法国社会阶级差别的重现》,《国外理论动态》2003 年第 7 期,第 18 页。

　　美国是移民国家，没有欧洲那样壁垒森严的封建等级制度，因此社会流动比较自由。18世纪后期到19世纪前期美国还处于农业社会阶段，自有土地和美国的《宅地法》有力催生了农场主阶层。土地所有者、医生、律师、小商人、小业主、教士构成了当时的中产阶级。随着美国工业化的兴起，农场主转变为农业企业家。美国在短短一个世纪内完成了三次工业革命。在工业革命和市场经济发展的过程中，钢铁、石油、机器制造等重工业兴起，一批批工业、商业企业诞生并发展成为大型甚至跨国公司。在这些大公司里产生了大量的经营管理人员、专业技术人员、销售人员、行政管理人员等白领，并逐渐从工人中分离出来。第一次世界大战前期，白领人数迅速增长。1940年《财富》杂志的民意测验显示，80％的美国人自认为是中产阶级。美国的城市化进程也快于国家其他方面的发展。1820—1900年，美国的经济和社会中心已经从乡村转向城市，只是当时城市人口主要集中在东北部大西洋沿岸。第二次世界大战后美国成为全世界的超级大国，并进入"后工业社会"，即信息化、知识化和专业化社会。20世纪中后期以来，随着社会职业结构的变动、整体教育程度的提高以及消费主义的兴起，大多数普通美国人都进入了中产阶级。白领和技术工人组成的新中产阶级成为社会的中心，他们在政治、社会、文化等方面都发挥着无可替代的作用。

　　与英国、法国的差异在于，美国中产阶级的发展壮大，除了因为快速实现工业化和城市化之外，民主政治、公共教育的支持和消费主义的推动作用非常突出。来自不同国家的人民移民美国，聚集在一起，文化多元化、宗教多样性以及广泛的流动性形成了意识形态上的包容性，从而也带来了政治上的民主化。自由、民主和法制是早期美国的特征，也是推动中产阶级发育、发展的重要原因。另外，工业化时期的公共教育也为中产阶级的产生和发展提供了保障。1870年以后美国公立学校迅速增加，全民免费教育成为美国信念中最重要的内容，教育经费大大提高。到1900年，除南部以外各州都制定了义务教育法。政府对公共教育始终非常重视,将大众教育与推进政治民主结为一体。美国的教育系统还提供职业技能训练,为社会下层进入中产阶级提供了机会与条件。而大学教育让很多社会下层的孩子进入到比父辈更高的白领职业层次。鼓励超前消费是美国社会的又一特点。19 世纪的经济发展及出现的问题让美国最早认识到,消费不足是经济危机的重要原因。一方面,工业机械大生产模式生产出物美价廉的产品;另一方面,实业家主动增加工人的工资,从而提高其消费能力。这种高工资、低物价的方式,使一般美国家庭都能够很容易地获得生活必需品和一般奢侈品。加上信贷消费被广泛接受,到 20 世纪初,美国大部分普通人都过上了"中产阶级"的生活。19 世纪末 20 世纪初,由农场主、商人、中小企业主、律师、医生、工程师和社会工作者等组成的中产阶级在共同的"社会良心"和"忧患意识"下,在政治、经济等领域里支持、推动和领导了声势浩大的进步主义运动,成为当时美国进步派的主体。第二次世界大战后,蓝领工人的数量占全部经济活动人口的比重进一步降低,同时包括经理、监督者、专业技术人员、专家和技术工人在内的所谓"新白领"阶层人数继续增加,开始遍及社会各个部门。这一时期,美国的白领工会及其运动兴起,白领工会会员从 1946 年的 150 万人上升到 1976 年的 667.3 万人,增加了约 3.5 倍,白领工会会员占全体白领工人的比重同期增长了近 3 倍。[1] 白领工会组织和领导的工会运动在提高白领职员薪金、保障就业和参加企业管理等方面起到积极的推动作用。白领阶层占劳动力总数的比例从 20 世纪 60 年代的 42% 上升到 90 年代的 50% 以上,到 2001 年美国"白领"雇员的比例已经达到 59.9%。[2] 从 20 世纪 80 年代开始,经济衰退、经济危机和金融危机接踵而至,美国的贫富分化现象也日益严重,中等

---

① 引自李强:《西方国家白领工会主义的兴起及其历史原因》,《世界经济与政治内参》1985 年第 6 期。

② 引自李强:《关于中产阶级的理论与现状》,《社会》2005 年第 1 期,第 35 页。

收入家庭收入增长缓慢。由于经济增长放缓、经济危机频发,英、美、德等西方国家都进行了福利制度改革。美国将市场机制引入公共福利领域,推行私有化,实行新的福利政策法案,压缩福利支出。1997年以来美国对税制进行了一系列调整,针对高收入美国人进行减税,使得1970年最高收入家庭收入税平均削减了48211美元,而中等收入家庭收入税平均增加了150~768美元。[①] 1979—1997年,最富有1‰家庭的税后收入增长157％,中产家庭收入仅增长10％,而更多的穷人收入则在下降。[②] 教师是美国白领阶层三大职业团体之一。2005年6月全美教育协会研究报告称,美国教师的工资水平在十年内基本停滞不前。根据2006年美国人口调查数据显示,2000—2005年美国经济增长了12％,但中等收入水平的人实际收入却低于2000年。[③] 美国的破产族中超过七成都来自于中产或更高收入家庭。美国中产阶级为维持一定的消费水平和体面生活只能大量增加劳动时间。一对美国夫妇1998年总劳动时间为3885小时,比1989年多了247小时。除了受到工资收入减少、消费支出增加、贷款债务压力加大等困扰,美国中产阶级还经常面临企业经常性裁员的威胁。

　　归纳英、法、美三国的情况,其传统的"中产阶级"发展道路都可以总结为:工业化兴起→技术工人和服务于工商业的技术职业产生并发展→中产阶级实现自我认同、真正形成→二战后信息化革命→信息和服务相关技术职业发展→新中产阶层占主体。所不同的是:英、法两国的中产阶级成长与资本主义发展和工业化进程高度交织在一起,受到封建等级制的影响,发育时间更长,而美国工业化和城市化进程相比英、法则有所加快,中产阶级受益于公共教育普及与消费主义兴起,兼容性强,普通人都能成为"中产"。但英、法、美三国的中产阶层近期都受到经济发展停滞、下滑的负面

---

　　① 引自Michael K. Average Tax Changes Since 1977 by Family Income Group. Citizens for Tax Justice,1996-03-26.
　　② 引自《西方社会"中产阶级危机"的真相》,光明网,思想频道,2014-12-17。
　　③ 引自许建康:《资本全球化和美国工人阶级的贫困化》,乌有之乡月刊,2009-03-22。

影响,出现了收入、生活水平下降甚至部分人员下跌到社会底层的状况。

(二)北欧福利国家的"中产阶级自发生长＋政策促进模式"

经历了几次经济危机后,北欧国家在二战后普遍主动调整了国家的经济与社会发展政策。在经济政策上,北欧各国强调国家干预经济,采用国有化以及其他形式的国有资本直接参与经济(如瑞典的私营工商业与国营公共服务部门结合为典型的"混合经济")。在社会政策上,北欧奉行"人人就业、平等享受社会福利以抵御各种经济和社会风险,并享受文明人应有的生活标准"的理念。北欧普遍对遗产与收入征收累进税,同时实行覆盖广泛、种类繁多的转移支付政策,以抑制贫富差距和社会不公。保障制度保护了社会弱势群体,缩小了贫富差距的同时保证了社会稳定,加快了经济发展。二战后短短 30 年间,北欧国家原本以渔业、农业为主的传统经济结构就迅速转变为以工业为主的现代经济结构。20 世纪 70 年代,以高科技产业及服务业为主的第三产业又上升为经济结构的主体。与此同时,原来以农民、渔民和小手工业者为主体的"老中产"规模缩小,而产生于现代产业的专业技术人员和白领比重上升。从 1960 年至 1990 年,北欧各国的专业技术人员在人口中的比重都上升了 1~2 倍。[①]

北欧国家中产阶层群体的构成与英国、美国一样,第一步是伴随着工业化进程的工商业以及与之相关的金融业、交通运输仓储行业内的管理人员、专业人士以及白领雇员大幅增加;第二步是围绕生产领域的相关行业如法律、医疗、教育等从业者快速增加;第三步是伴随着收入和消费需求的增长,社会、家庭和个人服务行业大发展。与此同时,政府投资和官僚机构的膨胀也催生了大量的政府公务人员。北欧国家与其他欧美国家的最大区别是,高税收与高福利政策并举,既有效避免了贫富差距过大的问题,同

---

① 摘自 Sulkunen P. The European New Middle: Individuality and Tribalism in Mass Socienty. Ashgate Publishing Company,1992,p. 26.

时也保护了低收入者的生活水平,有力地促进了中产阶级的发展。如瑞典纳税人的平均所得税负达到其收入的 31%、企业雇主的税负为 33%,大公司的经理个税达到 60% 甚至 85%。① 在高税负的资金支持下,瑞典福利政策包括医疗、住房、疾病、就业者的父母子女津贴,从小学到大学的免费教育,中小学生的免费午餐,等等,名目非常繁多,基本可以保证"一人就业、全家中产"的生活水平,也有力地促进了社会底层向上层的流动。关于北欧的多份实证研究报告都证实,很多"新中产"的白领,都是通过完成教育而实现了社会地位的提升。

北欧的高税收与高福利政策推进式路径可以总结为:农业、渔业占主体的传统经济结构→老中产阶级产生并发展→工业化造成工业占主体→新中产阶级产生→高工资、高税收、高福利社会政策→第三产业成为经济结构主体→以白领、专业技术人员为主的新中产阶级迅速扩大。特点是:国家推行的高工资、高税收、高福利政策客观上避免了两极分化,保证了低收入者生活水平,成为新中产阶级规模扩大的有效催化剂。

(三)部分东亚国家和地区"中产阶级快速兴起+政府有意推动模式"

中产阶级问题一直以来都是日本社会学的重要课题。日本的"老中产"主要是指农村的小农户、自耕农和城市中的中小业主。新中产阶级则产生于日俄战争之后。20 世纪初期,产业资本在日本迅速发展起来,大城市吸引了大量地方和农村的劳动力,工薪劳动者规模逐渐壮大。新中产阶级主要由政府行政人员、学校教员、公司职员、医生和技师等掌握一定技能的人员组成。20 世纪 50 年代美军占领结束后,日本开始了大规模的产业革命。其后 20 年的经济快速增长、产业结构变动和大规模生产体制的发

---

① 摘自周晓虹:《全球中产阶级报告》,社会科学文献出版社,2005 年,第 83 页。

展,使得非农就业人数迅速增长,白领工人和白领管理者增加了约3倍,而"老中产"(私营人员、家庭企业工作者)则减少了四分之一。经济发展在带来家庭收入提高和消费结构变化的同时,也造成了垄断加剧等问题。日本政界一直非常关注中产阶级的培育,20世纪70年代出现了"民主社会党",将当时扩大中产阶级的目标描述为"今后8年内实现标准家庭年收入翻两番,平均5万日元","低收入者也不低于3万日元";后来自民党也提倡培育中间阶级。随着社会财富的增长和国民生活水平的提高,在日本自认为"中产"的人数一直保持在90%左右,但有社会学家认为这种主观上的"中层意识"有高度认同感,背后包含了在财产规模占有形式、收入水平等的巨大差别。

谈到日本经济和"中产阶级"的发展,必须提及20世纪60年代的《国民收入倍增计划》(以下简称《倍增计划》)。1960年新上台的池田勇人首相宣布启动为期10年的"国民收入倍增"计划,目标是"国民生产总值和国民收入年平均增长速度为7.8%,人均国民收入年均增长6.9%"。具体措施包括政府加大公共事业投资、产业升级和产业重组、扶持中小企业、重视教育与振兴科技等。《倍增计划》实施的10年间,一系列政策措施的综合结果是经济总量提前翻番,在《倍增计划》实施的第七年实现了国民收入翻番;国民生产总值跃居世界第二;人均国民收入从395美元增加到1592美元,实际工资平均增长83%;失业率保持在1.1%~1.3%的低水平。[①] 产品结构实现劳动密集型产品向资本密集型产品过渡;钢铁产量世界第三,汽车产量世界第四;同时,国民素质和科技创新能力得到明显提高。《倍增计划》促进了日本经济腾飞和人民生活水平的提高,更重要的是"将经济发展目标确立在全民收入增长的基础上,用国民收入增长带动经济总量的增长,而不是用经济总量的增长带动国民收入的增长"[②]。在10年收入倍增

---

① 百度百科:《国民收入倍增计划》。
② 百度百科:《国民收入倍增计划》。

的同时,日本在促进社会公平方面也取得了令人瞩目的成就。1960—1970
年日本实际工资平均增长83%,人均可支配收入比基期实际增加65%。
20世纪60年代中后期日本劳动者报酬占比提高近4个百分点,达到45%
左右,处于当时OECD国家前列。国内工资差别缩小,中小企业与大企业
的月薪比从0.6~0.7提高到0.75~0.85。[①] 1960—1970年间日本的基尼
系数持续下降,从0.4下降到0.256。日本促进低收入群体收入增长、缩
小差距、培植中等阶层的做法包括:针对农村和农业劳动者,相继出台《农
业基本法》、《农业现代化资金助成法》等一系列法规,加大对三农政策的倾
斜;针对城镇劳动者群体引入最低工资制,保障低工资群体权益;通过普及
义务教育、加大教育投入和提高专业技术培训,提高国民基本素质和劳动
技能;通过提高劳动生产率提高劳动者收入,同时通过教育缩小劳动者的
收入差别;通过扶持中小企业发展、产业秩序重组等措施,消除产业之间、
地区之间和大、小企业之间的双重结构,从而缩小国内工资差别;扩展社会
保障体系,完善养老保险金给付制度,提高健康保险付给率。1961年日本
实施《国民年金法》,将被雇用者、自营业者等其他社会成员全部纳入其中。
10年间政府社会保障支出每年增长18%。正是日本的产业结构和职业结
构的变化,催生了大量"中流阶层"。产业结构的变动导致就业格局发生变
化,原来收入较低的农林水产业农民向城市的工厂、事务所转移。1950—
1970年,日本第一产业就业占比从48.6%下降到19.3%。在城市内部因为
各产业、各行业、各地区以及各种规模的企业都得到迅猛发展,使得非农就
业人数迅速增长,白领工人和白领管理者增加了约3倍。随着劳动者工资
普遍增长,家庭支出结构出现了变化,食品支出比例下降,"恩格尔系数1955
年46.9%,1960年41.6%,1965年38.1%,1970年34.1%"[②];而耐用消费
品、娱乐和交际费用比重增加;高尔夫球、滑雪、旅行等较高层次的消费迅

---

①② 摘自张车伟、蔡翼飞:《日本"国民收入倍增计划"及其对中国的启示》,《经济学动态》2010
年第10期。

速普及。随着社会财富的增长和国民生活水平的提高,在日本自认为"中产"的人数一直保持在 90% 左右,形成了"一亿国民皆中产"的平等社会。20 世纪 70 年代后期日本经历了石油危机,经济增长放缓,贫富差距扩大。到 20 世纪 80 时代后期,除了少数拥有高额资产的极富裕人员外,大部分日本人的生活水平停滞不前。90 年代泡沫经济破灭,失业破产现象比比皆是,宏观经济进入了较长时间的负增长状态,贫富差距出现扩大趋势,甚至超过了美国。对日本中产阶级不断分化的现象,日本理论界曾经在 1979 年和 20 世纪末展开了"龟裂的中流"和"中流崩溃"两次论战,很多学者描述了中产阶级的分化以及日本社会不平等现象。据调查,2000 年以来日本没有储蓄的家庭已经达到全国家庭总数的 24%,而领取福利费的家庭则增加了 37%。2008 年,没有养老和失业保险及福利的非正式职工已超过了 2200 万人,占日本劳动人口的三分之一,占就业年轻人口的二分之一。①

在我国香港特区,中产阶级的大发展也缘起于第二次世界大战后工业化快速发展和官僚政治的强化。其中产阶级形成的时间较短,且受到政府和经济全球化因素的影响较大。香港在 20 世纪 50 年代才开始工业化,第三产业迅速发展,经济飞速发展,成为高度国际化的大都市,成为全球公认的最自由、最具竞争力的经济体系之一。在半个世纪里,香港经济结构经历了两次重大转型:第一次是 1952 年前后,从转口贸易经济转向工业化;第二次是 1980 年以后,香港经济逐步走向现代化和多元化,经济重心从劳动密集型向资本密集型和信息密集型转变,旅游、金融、物流等第三产业高速发展,香港成功转型为金融中心。1985—1995 年,香港的制造业就业人数比率从 35.2% 下降到 17.5%,而服务业就业人口所占比重从 52% 增长

---

① 转引自沈瑞英:《矛盾与变量:西方中产阶级与社会稳定研究》,经济管理出版社,2009 年,第 170 页。

到 73.4%①,尤其是金融保险、房地产及商用服务业雇员人数在 10 年间增长了将近一倍。在经济结构转型的同时,香港的职业结构也在重构。工业化时期劳动密集型产业的雇员主要是低技术含量的所谓"蓝领"阶层。1985—1995 年从事专业、行政及管理的人员从 26.69 万人上升到 81.41 万人,1993 年文员的数量已经比 1985 年增长了 60%。② 同时服务人员和销售人员都有一定程度的扩张。行政管理人员、社会工作者、医生、律师和专业技术人员等规模迅速扩大,加上各行各业的文员、销售人员和服务人员,已经远远超过就业人口的 50%。当时的香港当局实行自由放任的经济政策,鼓励竞争,鼓励人们通过个人努力和勤奋获得成功。当局在提供教育、住房、保健、福利和其他服务方面发挥了积极作用。教育普及成为社会下层向上晋升的途径;而服务业的兴盛也为学历不高但有头脑、有经验的人提供了机会。当然,和内地当代中产阶层一样,香港的中产阶层内部在教育、职业、收入等方面也存在很大的差异性。

我国台湾地区的中产阶层的发展途径与香港相似。1949 年国民党"政府"败退台湾,建立了庞大的行政机构,在农村进行土地改革,产生了大量自耕农("老中产"的组成部分)。20 世纪 60—80 年代台湾完成了由进口替代向外向型的工业化转型。在经济高速增长、产业结构转型的同时,台湾岛内居民收入差距逐渐缩小,基尼系数从 1953 年的 0.56 下降到 20世纪 70 年代末的 0.28 左右。台湾当局通过一系列政策举措,有效缩小了分配差距,促进中产阶级壮大,反过来也推动了经济较长时期的高速发展。首先,是通过两次"土地改革"、农业减租等政策促进农业发展、促使农民的收入快速增长。第一次"土地改革"使 64%的农民获得了自有耕地,加上对农业减租以及持续推行土地小农所有化政策,降低了土地集中度,也缩

---

① 根据《中国统计年鉴 1997》数据计算。
② 转引自黎熙元:《梦想与现实:香港社会分层与社会流动》,北京大学出版社,2008 年,第 34 页。

小了与非农部门的收入差距。[①] 第二次"土地改革"主要是在农地重划和整治基础上推进机械化进程,基本实现农业生产全过程的机械化,同时通过实施"农业升级计划"、发展农业科技来提高农业劳动生产率和农民收入。其次,是加大教育投入,强化技能培训,提高国民素质与劳产率。除基础教育外,台湾更注重开展职业技术培训。台湾提出"双轨的人力开发制度",把职业训练摆在和教育同等重要的位置。再次,鼓励中小企业发展、促进就业与普通劳动者的收入增长。20 世纪 70 年代台湾重点扶植以中小企业为主的轻纺工业,降低企业壁垒。实行高关税以阻止外来竞争,并对中小企业的进口原材料、机器设备给予税收减免和产品出口退税。设立中小企业专业银行和中小企业信用保证基金提供信贷支持。中小企业有效降低了资本的集中程度,并吸收大量劳动力,使普通劳动者收入不断提高,相当数量的技能劳动者进入了中产阶层行列。另外,台湾建立健全社会保障与社会福利制度。20 世纪 60 年代,台湾当局公职人员以及由其培养的大量科技人员组成了中产阶级的一部分。到 20 世纪 70 年代,台湾的服务行业如金融、保险、咨询、工商服务等服务部门迅速扩张,技术密集型产业大发展,专业技术人员比重也不断上升。但同时由小业主、小自耕农组成的"老中产"并没有逐渐消亡,而是与"新中产"并存。

日本等东亚国家和我国香港、台湾地区中产阶层的变迁与大部分欧美国家一样,都是随着工业化、城镇化进程中产阶层规模壮大,同时"新中产"逐渐占据了主体。与西方国家不同的是,东亚新兴市场国家或地区的工业化进程开始较晚,有条件总结和借鉴西方国家的经验与教训,政府对中产阶层稳定社会、拉动消费的重要作用有比较清醒的认识,在制定政府规划和政策的过程中较好地把握了"增长"与"公平"的关系,有意识地缩小社会收入和财富的差距,客观上也培育了中产阶层。因此,东亚国家或地区中

---

① 摘自洪朝辉:《土地改革的比较研究:台湾经验与教训》,中国改革网,2011-12-05。

产阶层壮大的路径可以概括为"工业化、城镇化发展→白领、技术职业阶层兴起→推行调整产业结构、鼓励创新、重视教育与培训、扶持中小企业发展等一系列政策→经济持续发展、产业结构顺利实现'后工业化'转型→普通劳动者收入增加→国内（地区内）收入差距缩小、基尼系数下降→新中产阶级占主体"。

（四）印度及拉美国家的"政策失误导致中产阶级成长受挫"模式

1. 印度：产业结构畸形、社会分化严重导致中产阶层发育不足

印度长期实行自给自足的自然经济和等级森严的种姓制度，社会结构保守而稳定。17 世纪仅有少量的商人和低级政府官员可以算作印度中产阶层的雏形。18 世纪中期，英国在印度建立了殖民地，英国商人在印度招聘经纪人和当地职员，英国政府则在当地招募大量的公务人员。得益于英国在印度大力发展教育，培养了大批的医生、工程师和律师等专业人士。这些人共同成为印度早期的中产阶层的主体。印度中产阶级的产生与欧美不同，是由外力引发的，依附于英国的殖民统治，甚至可以说，英国殖民统治者有意识地培养了一个群体，将其作为连接其与亿万印度民众的缓冲带。1885 年，印度国大党作为印度上等阶级和中产阶级的代表而成立，并不断在法律框架内与殖民政府进行磋商，使得印度当地的中产阶级在社会中的就业率和地位都有所提高。20 世纪二三十年代圣雄甘地领导了非暴力不合作运动，印度中产阶级作为独立的、前卫的政治力量走上历史舞台。但印度殖民统治结束后，除了新政府接替原来的殖民政府外，印度的政治、社会等方方面面基本上延续了英国统治时期的架构。由于其在独立运动中的领导作用，印度中产阶级在印度刚独立时虽然只是上等阶级的从属，但在国家政治、社会中的地位较高。20 世纪 60 年代以来印度经济取得了较快增长，在市场化制度改革中也取得了令人瞩目的成绩，同时总体收入

差距持续缩小,印度公布 20 世纪末全国基尼系数降到 0.36 左右。[①] 其中,印度城市内部收入基尼系数从最高值 0.38(1991 年)下降到 0.33(1999年)左右。印度实行市场化改革,放松经济管制,促进了城市经济增长。现代服务业超常规发展催生了大量专业人才,同时也带动相关低收入就业岗位,推动了中产阶层的壮大。另外,政府加大公共产品供给,特别是印度政府强调邦政府应直接对农村发展负责,由邦政府直接负责农村的公共产品。供水、供电、公共教育、基本医疗在缩小分配差距,尤其是缩小城市内部的差距发挥了积极作用。在 20 世纪 80 年代,庞大而低效的公共部门雇员增加了 21.2%。到 20 世纪 90 年代,一些欧美大公司把技术密集型、劳动密集型产业转移到了印度。其中尤其以 IT 产业为代表,仅 1994 年到 1999 年,印度信息产业部门的年增长已经超过 44%。[②] 受雇于外国大企业的城市白领越来越多,加上政府部门的公务人员,印度城市中产阶级规模成倍发展。根据印度国家经济研究委员会的资料,1985 年印度中产阶级还不到人口的 10%,目前占到大概 20%。随着规模扩张,印度中产阶级表现出强大的消费能力,进而推动印度经济继续增长。

印度中产阶级主要集中在大中城市,以政府官员、商人、医生、工程师、教师、外资企业雇员以及信息产业技术工人等为主。另一方面,印度城乡差距非常大,而且贫困人口的绝对数量较高,有 39% 的人口生活在贫困线以下。由于教育落后,50% 的成年人口是文盲,劳动力整体素质低下,在国际上缺乏竞争力。再加上印度产业发展不均衡,第三产业超常规发展但制造业发展严重滞后,导致普通劳动者就业困难、收入增长缓慢。在农村,由于人口快速增长,土地制度改革不彻底,土地集中,导致农村的收入差距扩大,至今仍然有 27% 左右的贫困人口生活在印度农村。

---

① 引自权衡:《中印经济发展中的收入分配比较:结构性视角权》,《国际展望》2012 年第 5 期,第 98~119 页。本书作者对此存疑,初步判断印度的真实基尼系数应该高于我国。
② 引自唐镇乐:《软件强国——印度给我们的启示》,《中国党政干部论坛》2002 年第 6 期,第 54 页。

印度中产阶级是在英国殖民政府的扶植下产生并发展的,带有外生性和依附性。印度独立后经济迅速发展,第三产业尤其是信息产业超常规发展,引发了城市中产阶级规模迅速扩张。但印度工业化不完整,产业结构畸形,政府并没有采取强有力的政策来缩小国内收入差距,导致国内社会分化严重,绝对贫困人口数量高、城乡差距明显,中产阶级对缩小收入差距和稳定社会的贡献不明显。

2. 巴西:政策失误导致中产阶级的成长一波三折

巴西是拉美地区面积最大、工业体系最完整且参与全球经济最深入的国家,其人种成分复杂。19世纪中叶以前,巴西社会的基本结构还是奴隶制度和庄园制度,等级观念深入,农业掌控经济命脉。19世纪后期,巴西咖啡工业迅速发展,从日本、欧洲等地引入大量外国移民补充劳动力。自20世纪30年代起巴西实行进口替代,除了在1963—1965年有短暂衰退外,巴西进入了一个长期的工业化时期,工业份额在20世纪70年代达到顶峰的33%,此后下降,到2005年跌至25%。在工业化和城市化的进程中,会计、银行雇员、专业顾问、律师、教师等专业人士的需求增加。1920年,巴西的文员、商业贸易人员和管理人员总数超过80万人,比1900年增长了近一倍;里约热内卢和圣保罗两大城市中受教育人口比例已经达到75%,白领雇员和专业人士已经达到了雇员阶层的20%以上。① 20世纪30年代以后,在长达50年的时间里,除了因受到国际价格、汇率变动以及国际投资的影响导致几次经济危机外,巴西经济基本保持了较快的增长速度。20世纪40年代以来,随着巴西的发展模式向进口替代工业化转型和国家作用增强,原来的"老中产"(如独立专业人员、个人经营者等)比重下降,而受雇于人的办事员、管理监督者和技术人员等"新中产"的比重上升。到1960年,巴西中产阶层平均规模达到就业人口的18.2%。20世纪80

---

① 转引自周晓虹:《全球中产阶级报告》,社会科学文献出版社,2005年,第320页。

年代以后,巴西的经济增长明显放缓,同时出现收入差距扩大、犯罪率上升、社会不稳定因素增加等现象,陷入所谓"中等收入陷阱"。2000年以后巴西经济增速略有回升。经济增长、产业结构持续工业化,使得对熟练劳动力的需求不断增加,但大量非熟练劳动力收入增长缓慢,劳动收入占比一直偏低,1975年为33%,1999年也仅达到38%。伴随着经济高速增长,巴西国内财富进一步集中,1960—1990年基尼系数始终在0.53~0.60徘徊。巴西中产阶级自20世纪60年代形成以来直到现在,始终不足巴西就业人口的20%,低于拉美其他国家(如哥伦比亚29%,委内瑞拉26%)。①尤其是在20世纪八九十年代,受到债务危机和整体经济增长放缓的影响,同拉美其他国家一样,巴西中产阶级收入出现了不同程度的下降,和低收入阶层一起成为社会债务的主要承担者。中产阶级向下流动的趋向明显增加。造成巴西陷入增长瓶颈、中产阶级成长缓慢的原因,既有经济发展方式和产业结构等深层次的问题,也有社会和收入分配制度上的弊端,包括以下几方面。

一是土地高度集中,政府无力实行彻底的土地改革。生产要素占有方面的不平等,只会继续扩大收入的不平等。为适应工业化要求,巴西推行大规模农场化和农业机械化耕作,导致农民破产、变卖土地,进一步提高了土地集中度,加重了农村内部分配差距。农业生产发展滞后,加上大量破产农民的出现,也加剧了城乡贫富分化。

二是忽视农业、透支工业造成产业升级无序。巴西早在1930年就启动了"进口替代工业化"的发展模式,主要是将工业消费品由进口转为自主生产,以满足国内市场的需求。因此巴西经济的重心转为工业消费品的生产制造。1964年军政府上台后,以重工业和基础设施建设取代了轻工业。虽然军政府以货币小额贬值刺激出口,使出口向多样化发展,但巴西的出

---

① 引自费尔南多·奥古斯都·阿德奥达托·韦洛索,莉亚·瓦尔斯·佩雷拉,郑秉文(主编):《跨越中等收入陷阱:巴西的经验教训》,经济管理出版社,2013年,第6页。

口依然以初级产品为主,并未像中国台湾地区以及韩国等东亚国家那样,根据国际环境的变化,及时转变经济增长模式。1970—1990 年期间是巴西产业结构波动时期,频繁爆发债务危机使得以制造业为主的第二产业比重下降,丧失了进入"后工业化"的最好时机而陷入了"去工业化"的困境。加上巴西快速的城市化进展(2000 年城市化水平已经超过 80%),造成第一产业发展动力不足,形成与中国相似的城乡二元结构和城乡差距。2008 年,巴西第一、二、三产业对国内生产总值的贡献率分别为 6.9%、21.4% 和 71.8%。① 服务业比重虽然迅速上升,但是非正规就业的急剧膨胀实际上导致了第三产业内部结构异常分化。

三是经济发展方式没有及时转变。巴西的经济增长也属于劳动力大量投入条件下的数量扩张型增长,劳动生产率长期没有明显增长。从需求结构上看,巴西经济增长主要是消费推动,储蓄和投资不足,投资率基本保持在 20% 以下。而巴西的投资主要是依靠外资流入,一旦外资的投资决策发生逆转,巴西的经济就会变得很脆弱。此外,巴西为了防范恶性通货膨胀而一直采取高利率政策,这也给它的经济造成了隐患。由于巴西国内利率大大高于海外金融市场的利率,导致大量投机性的热钱流入,加剧了货币的升值压力,进而影响巴西的收支平衡,降低产业竞争力。加上巴西银行以高息向消费者提供了大量贷款,消费者面临很高的偿还债务负担,银行也面临着巨大的风险。虽然政府采用独立央行、政府财政预算和审慎财政政策等手段,逐步控制了通胀,但由于资本、原料、中间产品和技术过于依赖进口,而国际市场变动频繁,巴西经济隐患很难彻底根除。

四是社会保障制度长期碎片化分割、社保公共支出不公。1923 年,巴西的社会保障制度开始建立,但制度初期的主要特点是将社会福利与职业

① 引自白维军、王奕君:《巴西缩小收入差距的作法及启示》,《经济纵横》2012 年第 3 期,第 89 页。

紧密相关。由于巴西非正规就业比重始终高达 50％以上,这种建立在职业基础之上的社会保障制度就会造成正规就业与非正规就业者之间社会福利的不公平。截至 20 世纪 90 年代,巴西社会保障制度按行业划分,碎片化现象非常严重。1923 年以后,巴西开始先后对公务员、矿工、医生、海员、制造业工人以及自谋职业者等不同行业建立社会保障制度,直到 20 世纪 60 年代军政府上台后才成立国家社会保险局,开始着手建立统一的社会保障制度。20 世纪 70 年代,社会保障范围逐渐扩大到农业工人、女佣等人群,但非正规就业和灵活就业者却一直被排斥在制度之外。1988 年军政府倒台后巴西通过了新宪法,决定将社会保障扩大至农村。巴西的社会保障体系才逐渐形成面向所有人口的退休金或救助福利体系。但巴西公共部门和私人部门社会保障双轨制非常严重,社会保障公共支出不均等,明显向富人和公务员等特权阶层倾斜。1988 年巴西社会保障公共支出中只有不到 1％分配给了最穷的 10％人口,而最富的 10％人口占有社保支出的 50％。[1]

五是对教育尤其是基础教育重视不足,人力资本增长缓慢。从 1971 年开始,初等教育才在巴西成为义务教育,1980 年初等教育和中等教育入学率分别为 80％和 14％,到 2000 年才提高到 95％和 33％,直到 20 世纪 90 年代经过多种努力,中等教育入学率出现明显增长,但毛入学率仍然没有达到 80％。与拉美国家横向比较,1950—1990 年,拉美国家 15 岁以上人口的受教育比例从 66％提高到 88.8％,而巴西是从 37.2％提高到 77.7％[2],明显落后。1950—1970 年,巴西教育支出占 GDP 的比例从 1.4％提高到 2.9％,仍然处于较低水平。其中教育资金分配非常不平衡。1950 年高等、中等和初等教育学生公共支出水平之比为 750∶133∶10,到 1990 年缩

---

① 引自费尔南多·奥古斯都·阿德奥达托·韦洛索,莉亚·瓦尔斯·佩雷拉,郑秉文(主编):《跨越中等收入陷阱:巴西的经验教训》,经济管理出版社,2013 年,第 404 页。
② 引自《跨越中等收入陷阱:巴西的经验教训》,经济管理出版社,2013 年,第 76 页。

小到 233∶18∶15。^① 教育资金支出在初等和中等教育之间的分配相对平均,但仍然过度集中在高等教育领域,使少数人受益。忽视基础教育的结果,一是国内劳动力整体素质较低;二是会将一部分人排除在就业市场尤其是高端市场之外;三是会影响国家的技术创新水平。

进入 20 世纪 90 年代,尤其是 21 世纪以后,得益于外部需求旺盛,巴西的经济增长重新步入稳步发展时期。政府通过各种经济和社会政策,致力于减少贫困,提高国民教育水平和劳动收入,收入分配稳定改善,巴西中产阶级规模开始逐步恢复,近年来有统计称达到 30% 以上。这些经济和社会政策包括以下几方面。

一是通过最低工资标准等手段调控工资分配差距。巴西自 2003 年起连续提高最低工资标准,2011 年最低工资标准继续上调,涨幅达 5.88%。2007 年巴西出台一项新的政策,将社会最低工资与 GDP 增长率和通货膨胀率挂钩并于 2011 年形成法律。同时,政府有意压低高收入者的工资涨幅。2004—2008 年,巴西平均工资增长 17.3%,同期占 10% 的低收入劳动者工资上涨 34%,占 10% 的高收入者工资仅上涨 12.4%。高收入群体(10%)收入份额占比下降(从 2007 年的 43.3% 下降到 2008 年的42.7%)^②,同时低收入者的收入份额占比逐年上升。

二是运用税收手段调节收入差距。巴西提高了个人所得税的起征点和税率,使大量的低收入者和工薪阶层免除缴纳个人所得税的负担。同时政府对企业和慈善者的社会捐赠部分免于纳税,从而鼓励财富从富裕者手中向贫穷者手中转移。

三是促进就业,鼓励中小企业发展。巴西人口众多,劳动力资源丰富,同时就业压力也非常大。政府针对 16~24 岁低学历青年人制定了"第一次就业计划",帮助其实现第一次就业,解决青年的失业问题(占失业人员

---

① 引自《跨越中等收入陷阱:巴西的经验教训》,经济管理出版社,2013 年,第 83 页。
② 摘自《世界各国如何解决贫富差距:完善社保扶贫抑富》,《经济参考报》,2010 年 4 月 1 日。

45%）。该项目主要是通过部分减免税收或发放补贴等方式鼓励企业招聘无工作经验的年轻人，享受政府资助的企业必须保证在12个月内不解雇这些年轻人，如有违反，每解雇一人将被处以345雷亚尔的罚款。如果符合要求的年轻人想自己创业，政府还会提供低息贷款及经营方面的指导和培训。据估计，该计划从2003年7月起实施以来，已有超过50万青年人从中受益。另外，政府提供就业手册和就业服务指导，对每一项职业都有详尽的指导。同时政府积极鼓励中小企业扩大规模。在全国实行的创造就业及收入计划，由政府牵头，金融机构向企业发放低息贷款，以促进中小企业发展，吸纳更多就业。

四是重视教育，通过教育扶贫政策减轻低收入家庭负担，促进起点公平。巴西在全国范围内实施成人扫盲计划，提高成年人的知识水平。在高等教育方面，巴西实行公立大学免费，政府要求公立大学在制订招生计划时，必须为贫困地区和贫困家庭留出一定名额。另外，政府还提供奖学金，为贫困家庭的学生免费发放教科书，资助贫困高中生完成学业。为了提高适龄青少年的入学率，巴西从2001年开始实施"奖学金计划"，人均收入较低的贫困家庭，每月都可得到15雷亚尔的奖学金。政府的这些措施，一方面提高了全民的基本素质；另一方面减轻了低收入家庭的经济负担，为缓解收入差距奠定了基础。

五是推行一体化、公平化的社会保障制度。为了减少贫困，缓解贫富差距，巴西的社会保险制度设计体现了明显的"城乡一体化"、"公平化"和"向低收入群体倾斜"的理念。在养老保险方面，城镇居民不管是在职还是非在职，只要累计缴纳养老保险费的时间达到180个月，在男性年满65周岁、女性年满60周岁后就可凭缴费证明按月领取养老金。巴西农村养老金计划的融资来源主要是农产品销售税而非参保成员的缴费。1991年起农村养老金计划开始加快改革。首先是降低受益人的年龄要求，其次是将覆盖面扩展到农牧渔业所有正规和非正规部门的就业者以及家庭妇女。另外,财政对农村养老金计划进行大规模补贴,养老金待遇主要与社会最低工资挂钩而不是参保人员的缴费。同时,巴西在 1996 年引入了社会救助养老金制度,对 65 岁以上无任何公共养老金和私人员工养老金收入来源的老年贫困人口和残疾人发放与社会最低工资持平的待遇。据统计,2011 年在巴西全国范围内享受该制度的老年人达到 350 万人。巴西实行以全民免费医疗为主、个人商业保险为辅的医疗制度。巴西公民不分城乡、地区,到公立医院就诊均可免除基本药物费、手术费和住院费。

六是加大政府开支,实行多种贫困救济计划。针对农村贫困状况,巴西从 1993 年起实施"农村贫困缓减与消除计划"。到 2009 年,该计划资助金额合计 20 亿美元,开展农村基础设施建设,并帮助 1300 万农村居民摆脱贫困。2003 年 1 月卢拉就任总统以来,开发了致力于缩小贫富差距的"零饥饿计划"。每天中午,巴西的穷人只要花 1 雷亚尔就可以在"大众食堂"饱餐一顿。作为"零饥饿计划"的一部分,"家庭补助金计划"是具有巴西特色的著名扶贫措施。该计划把贫困家庭分为两种,一是赤贫(人均月收入低于 50 雷亚尔);二是贫困家庭(指人均月收入在 50～100 雷亚尔的家庭)。政府对这两类家庭实施有条件、额度不等的现金救助(每月 15～95 雷亚尔),以保证其基本生活所需。当然,先决条件就是必须保证让家里的孩子上学,并定期接受健康检查。巴西每年为"家庭补助金"计划的财政拨款约有 65 亿雷亚尔,仅占国内生产总值的 0.35%,占巴西家庭总收入的 0.69%。但这笔钱在贫困家庭收入中所占的比重高达 43.6%。目前巴西全国已有 1240 万个贫困家庭、占人口 26% 的人受惠于"家庭补助金"。2008 年,巴西政府将社会福利预算由部门上报的 118 亿雷亚尔增加到 165 亿雷亚尔,新增的 47 亿雷亚尔主要用于"家庭补助金"计划。[①]

----

① 本段介绍巴西情况和数据转引自《巴西将加大投入提高社会福利》,新华网,2007-08-31。

可以看到,近年来巴西政府在减少贫困、促进就业、改善收入分配格局等方面取得了卓越成效。但是统计显示,巴西的收入差距状况依然严峻。2012年的统计数据显示,巴西全国基尼系数保持2011年的0.507不变,这个数字依然远远超出了0.4的国际警戒线。同时巴西东北部地区基尼系数普遍上升、而东南地区也有轻微增加。巴西依然是世界上最不平等的国家之一。总的看来,巴西的经济增长方式依然主要依靠资源和劳动力的数量扩张,土地过于集中,初级产品在出口中所占比重过大不利于技术升级和进步,制造业竞争力下降等结构性、深层次的矛盾依然没有得到根本解决。

3. 哥斯达黎加:正反两方面的教材

哥斯达黎加是拉丁美洲的一个共和国,是中美洲和南美洲的文化交汇处,人口只有466.7万,仍是一个农业国家,旅游业蓬勃发展,已经达到相对较高的生活水平,人均国民生产总值达到10528美元(2013年),接近中国人均国民生产总值(6995美元)的1.5倍。[①] 20世纪50—70年代哥斯达黎加在民族解放党"发展主义"思想的指导下,在经济增长和缩小差距方面取得了长足发展。但自20世纪70年代以后哥斯达黎加陷入经济停滞与社会差距扩大的"中等收入陷阱"。

首先总结一下哥斯达黎加在"发展主义"时期取得的成功经验。20世纪50年代前,哥斯达黎加属于落后国家,贫富差距巨大,农业产值占全国GDP的41%,工业产值只占13%。经济结构单一,咖啡和香蕉是其最重要的农产品和出口产品。1953年民族解放党上台,在经济上全面推行"发展主义",在社会领域强调"民众主义"。这一时期的政策主要包括:(1)加强国有化,强化国家对经济的干预,通过税收、价格手段扶植民族经济;(2)实施进口替代工业化战略,促进产业结构升级;(3)扩大社会福利供给,

---

① 摘自百度百科:《哥斯达黎加》。

普及教育和医疗,扩大社保覆盖面,同时注重加强对劳工的保护(1950—1980 年将社会开支占比由 9％提高到 24％);(4)国家职能部门扩充,公共就业比重提高(从 6.1％提高到 18.9％)①,对形成稳固的中间阶层起了重要作用。以上措施综合作用,使得哥斯达黎加在 20 世纪 50—70 年代经济持续稳定增长,工业化程度迅速提高。1960—1970 年人均 GDP 年均增长9.2％,工业产值占比从 1950 的 13％提高到 1980 年的 22％。同时,还兼顾了减贫和分配公平,基本实现了经济与社会的协调发展。中间阶层逐步壮大,1963—1984 年中间阶层人口比重由 18.2％上升到 28.4％。收入分配状况持续改善,基尼系数从 1960 年的 0.5 下降到 1978 年的 0.376。同时收入分配格局呈现出由两端向中间集中的趋势。可以说经济发展和产业结构调整,促进了社会分工细化、带动了职业结构变迁,帮助创造了大量的中产阶层。反过来,中产阶层的壮大,带来社会稳定并创造大量消费需求,从而促进了经济增长。

接下来谈谈哥斯达黎加在"新自由主义"时期的失误。自 20 世纪 70年代以后,哥斯达黎加陷入经济停滞与社会差距扩大的"中等收入陷阱"。1980—1985 年 GDP 年均增长仅为 0.2％,人均 GDP 增长为负,工资水平下降了 28％,家庭收入减少了 39％,贫困人口比例重新回到了 50％。此后哥斯达黎加借助外援,推出经济调整政策,迅速稳定了经济,遏制了工资下降和失业增加,基尼系数略有下降。但 1990 年以后贫富差距持续恶化,中等收入阶层规模下降。1990—2009 年,最富裕 20％家庭与最贫穷 20％家庭的收入比从 13.1 倍扩大到 16.5 倍②;2010 年哥斯达黎加全国贫困率为21.3％,2014 年仍然达到 22.4％③。造成这一现象的主要根源是,哥斯达黎加选择了单一的增长目标和外向型发展模式,且在 20 世纪 80 年代以后

---

① 转引自林华:《哥斯达黎加的经济发展与收入分配》,《拉丁美洲研究》2012 年第 8 期,第 28 页。
② 引自林华:《哥斯达黎加的经济发展与收入分配》,《拉丁美洲研究》2012 年第 8 期,第 29 页。
③ 引自百度百科:《哥斯达黎加》。

新自由主义经济改革中,遵循"先增长、后分配"原则,将保持宏观经济稳定、促进增长作为改革的核心,甚至是单一目标,忽略了社会公平,表现为以下几方面。

一是选择外向型发展模式取代内向型发展模式,过度扶植出口及吸引外资的部门,造成了新兴产业与传统产业、出口与非出口、大企业与中小企业的巨大差异,形成明显的、相互割裂的二元经济结构,导致经济增长的成果无法在全民范围内均衡分配。

二是教育发展滞后于经济结构调整的要求。虽然30年来整体受教育水平有所提高,但仍有一半左右的城市劳动力没有完成义务教育。受教育水平上的差距,进一步加剧了收入差距。

三是最低工资标准过低,增长过缓,没有充分发挥保护低收入群体的作用。2011年修订最低工资标准确定方法前10年间,实际最低工资与实际平均工资之比由48.6%下降到45.7%[①],差距有所扩大。

四是教育和社会保障开支等社会开支过于向富裕人群集中。以2004年为例,最高收入阶层享有44%的高等教育开支和60%的社会保障开支,而最低收入阶层只享有5%和6%。80%家庭人均社会开支水平都低于全国水平,而20%最富家庭的人均社会开支比全国平均水平高62%。[②]

印度、巴西、哥斯达黎加三国中产阶层的共同特点是"经济发展、产业结构向非农化转移→中产阶级产生并逐步发展→产业政策失误、经济增长方式转型延误、政府过度关注增长而忽视公平→经济停滞、收入差距扩大→中产阶级萎缩或中产阶层收入和生活水平下降"。尤其是两个拉美国家中产阶级曲折的发展历史为我们提供了正反两方面经验。

---

① 摘自 OIT,Panorama Laboral 2011:América Latina y el Caribe,Lima,Organización Internacional del Trabajo(OIT),p. 82。

② 引自林华:《哥斯达黎加的经济发展与收入分配》,《拉丁美洲研究》2012年第8期,第31页。

二、有益经验归纳和借鉴

在不同的经济、政治、文化背景条件下,发达国家或地区中产阶层的成长道路各有特色,但通过分析比较不难发现,各国、各地区中产阶层的产生和发展都需要具备如下同样的必要条件。

(一)要以经济持续稳定增长为基础,同时以经济社会等体制改革和完善为充分必要条件

各国(地区)尤其是印度、拉美国家中产阶层成长的曲折经历都证明,中产阶层的群体规模以及收入和生活水平都与国家的经济增长以及社会发展状态紧密关联。一方面,国家经济持续稳定增长是增加收入、壮大中产阶层的经济基础。国家经济持续增长时期,通常都是居民收入和生活水平提高、中产家庭数量增加和群体规模扩张的时期;而当经济陷入停滞甚至是衰退时,整个社会财富缩水,失业率上升,社会成员尤其是中下层成员的收入和生活水平整体下降,社会分化会更加严重。另一方面,社会制度体系的不断完善是中产阶级产生、发展的政治前提。英、法等国家的经验证明,没有资本主义革命对社会经济、政治体制的破坏与重塑,早期中产阶层也不可能冲破封建体制和等级制度的枷锁得以顺利成长。拉美国家的教训则从反面进一步论证了国家若在发展战略、产业、教育、民生、分配等领域的政策出现失误,都会造成宏观社会环境恶化,延误、推迟甚至阻碍中产阶级的发展。经济持续稳定增长和经济社会体制改革完善是中产阶级产生发展的两大基础,缺一不可。

(二)中产阶层的发展扩大必须与工业化、城市化进程相融合

无论是像英国、法国这样的老牌资本主义国家,还是像我国香港、台湾

这样的新兴市场化地区,无论是在欧美国家还是在亚洲国家(地区),中产阶层都产生于工业化、城市化的进程之中,同时又在工业化、城市化的过程中不断发展壮大。工业化改变了一个国家的产业结构和职业结构,非农产业的比重和就业人员数量上升,出现了企业经营管理人员以及大量的专业人员、普通白领、技术工人。城市化进程要求第二、三产业不断提供更多、更新、更丰富的产品和服务,从而创造出大量的律师、医生、工程师、教师、投资理财顾问等专业技术岗位,同时也要求政府提供的社会服务职能进一步完善,从而需要更多的政府公务人员。这样,中产阶层在工业化、城市化的过程中发展壮大,同时又推动社会分工向纵深延伸,促进工业化、城市化的进程,二者相互融合、相互促进。脱离了工业化和城市化的基础,中产阶层的发展壮大也就成了无源之水;如果没有日益壮大的中产阶层的推动,工业化、城市化也就失去了动力。

(三)中产阶层的发展扩大与社会转型相辅相成

仅仅是依靠经济、教育或社会福利体系等某一个或某几个领域的进步,而忽视了其他领域的发展,可能会在一定时间内、在一定程度上增加中产群体成员数量或提高成员收入水平,但却不足以保证这一群体能够发展成为相对稳定且有延续性的社会阶层。中产群体规模的不断扩大,主要靠社会底层成员通过辛勤劳动和妥善经营积累收入与财富,通过良好的行为取得社会认同,特别是通过教育、就业选择、职业晋升等途径实现向上层社会流动,前提是打破制度上、观念上的壁垒,社会向更加开放、更加平等、允许甚至鼓励成员自由流动的方向转型。中产阶级规模扩大的一个前提,是能够形成统一的、自由流动的人力资源市场,从根本上说,是整个经济体制、政治体制、利益调整尤其是观念转变的综合结果,是整体社会转型系统工程的一个结果,也是一个组成部分。

(四)中产阶层的发展扩大需要合理的收入分配制度和社会保障制度的支撑

北欧、日本等国家和我国香港、台湾地区无一例外,都是在快速工业化和城市化的过程中,普遍推行了合理的收入分配制度,对富人征收较高的税负,大力扶持中小企业,减轻普通工薪阶层的税负负担,引导形成相对合理的国民收入分配格局。同时,这些国家和地区通过建立普惠式的、相对公平的社会保障制度,为全体社会成员,尤其是低收入群体提供基本的生活保障,将收入差距缩小到合理范围内。在合理的收入分配制度和社会保障制度的支撑下,低收入群体收入不断增加,才能有越来越多的社会成员进入中产阶层行列。少数拉美国家在步入中等收入国家行列后,由于缺乏合理的分配制度和社会保障制度,财富向少数富人集中,而贫困人口增加,收入分配格局恶化,收入差距扩大,加上经济停滞不前,失业率上升,导致犯罪率上升,社会动荡不安,陷入了所谓"中等收入陷阱"。正反两方面经验都证明了,合理的收入分配制度和社会保障制度,是中产阶层发展扩大的重要制度保障。

(五)中产阶层的发展扩大需要教育等基本公共服务的支持

各国(地区)的经验表明,在社会经济发展到一定程度以后,政府应普遍面向全体社会成员推行义务教育,提高人口素质,积累人力资本,提高国家整体的创新能力。尤其是新兴市场经济国家或地区,工业化主要从承接发达国家的制造业开始起步,除了加大教育投入,注重基础教育外,也注重强化技能培训,提高国民素质与劳动生产率。例如,我国台湾地区提出"双轨的人力开发制度",把职业训练摆在和教育同等重要的位置。教育的普及打开了一扇窗,使得更多的社会底层成员可以通过自身努力提高收入和社会地位,向上流动到更高的社会等级,成为中产阶层的一分子。同时,在工业化、城市化过程中，政府会向全社会提供更加优惠的社会公共服务，如医疗卫生、公共安全等，为社会经济发展和中产阶层扩大创造良好、稳定的社会环境。

总体看来，中产阶层是工业化、城市化发展到一定程度的产物；中产阶层的扩大反过来通过扩大消费、推动产业结构调整和社会稳定等途径促进工业化、城市化的进程。中产阶层的扩大，不仅仅需要经济上的持续发展，还需要政治稳定开明和良好的社会环境。政府在中产阶层发展壮大的过程中可以有所作为，一是引导推动工业化、城市化进程；二是建设开放、公平、自由竞争的人力资源市场，营造各类社会成员自由流动、向上发展的环境；三是树立正确的分配政策导向，形成合理的分配格局和适度的收入差距；四是加大教育和培训投入，提高劳动力整体素质；五是建立健全惠及全体居民、相对公平的社会保障制度，提供基本公共服务，保障低收入群体的基本生活，创造良好的社会环境。这些有益经验都值得我们参考借鉴。

在借鉴正面经验的同时，我们也要吸取拉美国家的教训，避免出现因国家政策失误造成收入分配格局恶化、阻碍中产阶级发展扩大的问题。最主要的教训包括以下几方面。

一是经济发展方式和经济结构不合理制约了中产阶层发展扩大。例如印度产业结构畸形，城市服务业、信息产业飞速发展，而农业生产停滞不前，造成城乡差距日益扩大，贫困人口增加，造成了整个社会环境的恶化，也直接限制了中产阶层数量的增长。巴西经济属于典型的数量扩张型增长，直到21世纪初才开始重视教育、人力资本、创新和环境保护，进入了转变经济发展方式的阶段。巴西增长过度依赖内需，投资率长期低下，而低收入的非正规就业比重较大，导致需求拉动经济增长的动力有限。一旦经济陷入停滞，就会导致巴西债务危机爆发。另外，初级产品在出口中始终占据较高比重，容易受到国际市场价格、汇率等波动的牵连引发国内经济不稳定。中产阶层的规模和实际生活水平与国家经济发展及稳定紧密关联,受到增长方式、产业结构不合理、国内债务危机频发的影响,巴西中产阶层的发展趋势也反复出现波动。与印度、巴西等国家一样,我国正处于社会转型的关键时期,面临着经济发展方式向效益质量型转变、产业结构向后工业化升级等一系列重大任务,在调整收入分配格局,发展和壮大中产阶层的同时一定要吸取拉美国家及印度的教训,避免因为经济发展方式和经济结构不合理而制约分配格局进一步优化。

　　二是不平等的经济社会政策阻碍中产阶层的发展扩大。"公平"与"增长"的关系是西方发展经济学理论研究和各国经济改革实践中都会碰到的首要问题。印度及拉美等国家的另一个负面教训就是在经济增长过程中忽视了社会公平,在收入分配、社会保障、教育以及公共福利支出等公共政策上存在不公平,明显向特权阶级或富人倾斜,对收入分配形成了逆向调节,从而加剧了两极分化,财富进一步集中,贫困人口增加,中产阶层规模及生活水平下降。我国作为社会主义国家,理应更加注重公平,处理好"公平"与"增长"的关系,追求实现全体人民的共同富裕,避免犯印度、拉美国家同样的错误。

第七章　中产阶层全面兴起的思路和目标

　　本章重点探讨全面"兴中"的基本思路和原则，并预测到 2020 年及其后我国中产阶层发展扩大的趋势。全面"兴中"基本思路的要点主要有四条：一是以经济发展和工业化、城镇化进程作为发展扩大中产阶层的基础；二是以转方式、调结构和全面深化改革为发展扩大中产阶层的根本推动力；三是以收入分配制度、社会保障体系、人力资源市场、职业结构和教育体系等制度建设为直接支撑；四是发挥好两个作用，一方面充分发挥市场主体的作用；另一方面发挥好政府促进中产阶层发展扩大的作用。全面"兴中"必须遵循的五项基本原则是：顶层设计，统筹规划；标本兼治，协同推进；重点突破，带动其他；顺时应势，逐步扩大；环境变化，及时调整。

在按先后顺序阐述当代中国亟须中产阶层兴起的理由，梳理明确什么是当代中国中产阶层的定义及其量化界定标准，分析当代中国中产阶层是什么样及其存在问题和原因，研究回答当代中国能够发展扩大中产阶层以及收集归纳国（境）外有关正反两方面经验教训的基础上，本章将系统分析发展扩大当代中国中产阶层的基本定位，重点探讨全面"兴中"的基本思路和原则，预测到 2020 年及 2030 年我国中产阶层发展扩大的趋势和规模，为后续几章讨论选择发展扩大中产阶层的政策措施指明方向。

一、全面"兴中"是一个庞大复杂的系统工程

要探讨全面"兴中"的基本思路和原则，先要对全面"兴中"下一个确切的定义，然后分析从何种层次、视角，使用什么观点和方法来思考全面"兴中"的基本思路和原则，以形成一个对全面"兴中"的基本定位。

(一)全面"兴中"的内涵

这里所称全面"兴中"，是指从国家大局出发，以全面建成小康社会、全

面深化改革、全面依法治国、全面从严治党为指引和依托,针对当前我国中产阶层存在的问题,通过一系列标本兼治的措施,使我国中产阶层的规模扩大、水平提高、质量提升、结构合理、价值观正确、行为规范,在社会上有效发挥正能量作用的工作推进过程。这一定义是对"中产阶层兴起"概念的进一步拓展阐述。"全面"有三层含义:一是指视角要全面,不是就"兴中"谈"兴中",而是把"兴中"纳入经济社会发展和全面深化改革大盘子中研究并部署;二是指"兴中"工作要多方协作,全面推进,而不是少数几个部门抓某几项工作;三是指"兴中"结果要全面。这里的"全面"包括:中产阶层规模扩大应与我国经济社会发展阶段相适应,与国际上发展阶段和我国相似或相近国家的中产阶层规模相比还应稍大一些;中产阶层收入、财产水平的提高应与我国经济发展水平相一致,既不低于也不过高于经济发展水平,使收入、财产水平的提高既能够符合人民群众的期盼,不会感觉"被中产"、"伪中产",同时又具有可持续性,不会"超中产";中产阶层的质量提升与我国经济社会发展程度相匹配,他们的收入、财产与其受教育程度、从事的职业及岗位具有正相关关系,也即受教育程度高且从事的职业、岗位科技含量或知识含量高、创新性强、社会责任大的人员,其收入、财产水平也高,反之,虽然属于中产阶层范畴,其收入、财产水平相对就低一点;中产阶层的结构合理,就是要使中产阶层的城乡结构、地区结构、职业结构等与我国经济社会均衡发展的要求相符合,使城乡之间、各地区之间中产阶层的比重、数量等均处于一种比较协调、平衡的状态;中产阶层的价值观正确是指中产阶层内部主流价值观能够摆脱当前极左、极右思想观念的影响,与国家提倡的社会主义核心价值观很接近或一致,为中产阶层的大多数人所认可和接受;中产阶层成员的行为规范合理,符合社会礼仪、人际交往的文明要求,显示出中产阶层的成熟;中产阶层在社会上能够有效发挥正能量作用,就是在国家面临大是大非问题时,能够在中产阶层内部抵御某些错误思潮,并能够在社会上发出本群体的正面声音,引导社会舆论,同时,在工作、生活、社交等多方面的举止行为能够引领其他阶层人员跟随,形成符合社会文明习惯要求的行为规范。

(二)思考全面"兴中"的层次和视角

不论是从我国中产阶层发展的历史过程看,还是从国(境)外中产阶层发展的正反两方面经验看,中产阶层的发展扩大都是一个涉及面很广且极为复杂的重大问题。在我国这样一个有13亿多人口的发展中转型大国,要发展扩大中产阶层,所覆盖的人口数量将是任何其他国家都无法相比的,同时其所涉及的领域也更宽广,包括经济、社会、文化、政治等多方面,是一个极为重大的民生问题。因此,思考当代中国如何发展扩大中产阶层,必须站在国家经济社会发展大局的高度,把发展扩大中产阶层纳入国家的国民经济和社会发展的整体框架之中来研究。同时,由于发展扩大中产阶层涉及现行社会各阶层利益关系和社会格局的调整,必然触及现行经济社会文化体制甚至政治领域的某些方面,需要改革和消除其中的阻碍制约因素。为此,还需要把发展扩大中产阶层纳入全面深化经济社会、文化、政治等多方面改革的大局之中来研究。可见,我们思考全面"兴中"问题,站位一定要高,如果只是站在全面"兴中"层次讨论全面"兴中"问题,就不能"会当凌绝顶,一览众山小",就无法理清发展扩大当代中国中产阶层的正确思路。同时,眼界一定要宽。如前所述,划分中产阶层的依据包括收入、财产、生活水平、职业、受教育程度、价值观和行为规范、社会作用共七个维度,及其与经济社会、文化体制乃至政治领域的相关制度以及生态文明建设的有关事项相关联。为此,思考发展扩大当代中国中产阶层的思路、原则,必须拓展眼界,从更宽广的视角来研究。既要看到划分中产阶层的七个依据,也要看到当代中国中产阶层存在的问题及其原因,还要看到其所依托的经济社会、文化体制乃至政治领域有关方面的问题。否则,就事论事谈全面"兴中",只见树木不见森林,仍然是无法理清发展扩大当代中国中产阶层的正确思路的。

在站位要高和视角要宽的基础上，思考发展扩大中产阶层问题时还需要掌握并使用正确的研究方法。鉴于全面"兴中"涉及面广且极为复杂，我们必须掌握并使用系统的观点、联系的观点、抓主要矛盾及其主要矛盾方面的观点、发展的观点等来分析梳理发展扩大中产阶层的思路。系统的观点就是要把中产阶层的收入、财产、生活水平、职业、受教育程度、价值观和行为规范、社会作用作为一个系统来研究其提高或改善的路径；联系的观点就是要把全面"兴中"放进国家国民经济和社会发展与全面深化改革的整体框架内研究并部署；抓主要矛盾及其主要矛盾方面就是要在全面"兴中"工作中抓重点带其他，"纲举目张"；发展的观点就是要把全面"兴中"工作作为一个过程，根据当前及今后形势的发展变化进行相应调整，采取应对措施。一句话，就是要遵循并贯彻《中共中央关于全面深化改革若干重大问题的决定》强调的"系统性、整体性、协同性"原则，以此指导梳理全面"兴中"的思路并推动其工作。

（三）全面"兴中"国情新变化分析和基本定位

在经济全球化背景下，我国在经济领域与世界上其他国家建立起越来越紧密的联系，文化、社会乃至政治领域的交往也日益密切，所以，在当代中国发展扩大中产阶层与世界其他国家具有许多相同、相近性；但同时，由于我国基本国情的独特性，在我国发展扩大中产阶层更具有与世界其他国家的不同之处。为此，在我们从高层次、宽视角并使用科学观点和方法思考全面"兴中"问题时，需要再对当前及今后一个时期我国国情新变化及其与其他国家国情对比做进一步的细致分析。

本书第五章系统地分析了当代中国一系列相关的有利因素和条件，明确指出在我国能够发展扩大中产阶层，有利于我们坚定全面"兴中"的决心和信心。现在，当我们思考梳理全面"兴中"的基本思路时，则有必要特别强调两分法,即在继续肯定有利因素和条件的同时,进一步剖析今后可能面临的困难,以利于把全面"兴中"的思路梳理得更周全和正确一些。

我们知道,我国今后发展扩大中产阶层具有经济持续稳定发展、转换经济发展方式、社会转型、政府有关政策的促进以及国(境)外有益经验借鉴等诸多利好条件和因素。同时,我们还要看到发展扩大中产阶层也将会受到一些客观环境和条件的制约。一是经济持续稳定发展的势头仍存在一些不确定性。当前,我国经济已由高速增长进入到中高速增长的换挡期,而且近年来减速较快,GDP增速由2010年的10.3%下降到2014年的7.4%,预计今后几年可能会下降到6%~7%。由于当前国际经济发展势头未见明显好转,除美国、印度外,欧盟和多数新兴国家的经济发展速度都处于停滞或下降状况,且大多数国家都期待中国经济的发展能拉动其国的发展,这些情况对我国经济的发展形成了一定的压力,且对我国的外贸出口不利。而我国在经济转型期间,有不少过剩产能需要关停并转,一部分劳动密集型产业因人工成本上升等原因,已经或正在向东南亚国家转移;同时,我国基本建设、房地产建设等方面投资资金的来源和投资空间则均远不如前。这就使我国外贸出口、投资这两架拉动经济发展的"马车"动力不足,而且因老百姓收入仍不高又缺乏拉动内需的力量。对此,我们要未雨绸缪,不可掉以轻心,要准备和采取多种措施应对。就发展扩大中产阶层而言,我们要做好在"蛋糕"做大速度减缓的基础上如何全面"兴中"的思想和政策应对准备。二是我国社会转型肯定会遇到很多困难和阻力。我国已经明确确立国家治理方式和治理能力现代化的方向及依法治国的大政方针,这将有利于中产阶层的发展扩大。但基于我国几千年来的官本位及威权治理传统和文化,要真正转变为依法治国和现代治理模式,培养现代治理能力,必然需要经过很长的历史演变过程。在当前中央强调"执政为民"理念,强力推行群众路线教育、"八项规定"、反腐倡廉的大环境下,在新闻媒体多次曝光城管人员恶性执法案件的情况下,仍然不时出现某地城管继续欺压老百姓、恶性打伤摆摊人员等案件，就是一个很明显的例证。这说明要在我国真正落实"依法治国"，并将其全面转化为有利于中产阶层发展扩大的社会环境，将是一个长期而艰巨的过程。三是党和政府有关政策的进一步健全和落实也将面临不少困难。比如个人所得税改进完善的方向是综合征收个人所得税，政府提出实行综合所得与分项所得相结合征收个人所得税已经有较长一段时间了，但一直没有实质性进展，其原因就是政府还没能完全掌握居民家庭的全部收入情况；而这又是由于我国缺乏现代支付和收入监测体系等基础制度所造成的。可见，要正式实施综合征收个人所得税这一有利于理顺分配关系并促进中产阶层发展扩大的政策，难度还不小。又如城镇化进程中农民转变为市民，虽已有户籍制度改革和暂住证改为居住证等措施，但在二、三线城市，要匹配农民进城享受各项基本公共服务政策的资金，并将其落实到每位"农转非"的农民身上，将既面临财政资金的困难又面临实施中的困难。再如刚实行的机关事业单位养老金与企业并轨政策，很受老百姓欢迎和拥护，但在统一养老保险模式制度体现公平的基础上，如何把两方面不合理的养老金差距逐步缩小，在养老保险结果上也体现公平，则将既面对部分机关事业单位人员思想认识上的抵触，又面临实际计算并合理安排两方面应有差距的操作性难题。

本书第六章归纳了国（境）外发展扩大中产阶层的正反两方面经验和教训，其中有许多值得我们参考借鉴。但在参考借鉴时，我们还需要基于国情对我国发展扩大中产阶层与西方市场经济发达国家和新兴国家的异同做进一步分析，以利于从我国实际出发，有针对性地参考借鉴国（境）外的有益经验。

毫无疑问，在我国发展扩大中产阶层，与其他市场经济国家一样，要以经济持续稳定发展为基础，要与工业化、城镇化进程相适应，要以平等、自由流动、有序竞争、完善的人力资源市场为依托，要以合理的收入分配制度和社会保障体系、公平的教育体系等为支撑。但同时我们也要看到我国与其他国家和地区的差异。一是中产阶层产生发展的历史沿革不同。西方市场经济发达国家中产阶层的产生发展经历了几百年的历程,期间受到两次世界大战以及几次世界经济危机的冲击,但总的趋势是逐渐发展壮大直至成为有关国家社会结构的主要组成部分①,新兴国家除俄罗斯外,巴西、韩国、新加坡、印度、南非等国的中产阶层的产生发展也有百年左右的历程,期间虽也经历了不少曲折起伏,但大体上都处于渐进式发展过程中。而我国中产阶层虽产生于19世纪中叶左右,后来因国家衰败,战争频仍,受到多方面势力的打压,一直处于缓慢起伏发展的状况,而且在1949—1978年期间出现了一个消失期,从那以后重新产生并发展至今,只有30多年的历史,这种特殊性是其他国家所没有的。二是经济基础不同。西方市场经济发达国家都是由封建社会进入资本主义社会的,一直实行市场经济体制,工业化、城镇化开始时间早,各种要素市场,包括人力资源市场的发展都比较成熟完善,法治比较健全,中产阶层是在此基础上产生发展起来的。新兴国家除俄罗斯外,也都是一直实行市场经济制度,市场主体比较独立、明确,相互间产权关系比较清晰,国家虽然也在转型,但其转型内容与我国有较大区别。而我国在新中国成立后的近30年中一直实行计划经济,1978年后才开始打破计划经济旧体制,于1992年才确立建立社会主义市场经济体制的目标,自那以来实行市场经济才23年;各种要素市场还很不成熟、健全,有的还存在不少问题,部分市场主体的产权关系还不够清晰,市场运行还很不规范,这使得我国中产阶层发展的经济基础与外国或有关地区相比具有比较大的差别。三是中产阶层发展扩大的推动力不同。如本书第六章分析的,西方市场经济发达国家的中产阶层发展主要是"中产阶级自发生长模式",也有北欧福利国家的"中产阶级自发生长＋政策促进模式",二者稍有差别,但这些国家的中产阶层总体上都是随本国经

---

① 西方市场经济发达国家中,英国因为改按新的划分社会阶层方法,2012年按新划分方法确定的中产阶层占比只有25%,但如果把第三阶层技术人员以及第四阶层等部分人员算进来,其占比就会加大许多。

济社会发展而自然产生发展起来的,其主体就是市场主体自身,比如企业家、广大白领群体等,都是随企业的产生发展和产业结构、职业结构的产生发展及变迁而相应产生发展起来的。政府不是推动中产阶层产生发展扩大的主体,只是起到一个根据经济社会发展需要和市场规律,制定颁布相关法规、政策以完善市场及公民生存发展环境的作用,鼓励人们依法获取各种要素收益并实现企业发展和个人成长,顺势促进中产阶层的发展壮大。部分新兴国家也是这种模式,或如拉丁美洲巴西、阿根廷等国的所谓不成功模式。虽然东亚国家和我国香港、台湾地区"中产阶级快速兴起＋政府有意推动模式"与前几种模式有所不同,政府发挥作用相对较多,但在中产阶层自身随经济和市场发展而自发发展这一点上,仍然具有相同性。我国几千年来一直是官家主导国家经济社会管理及其发展的模式,新中国成立以来,也一直是由政府主导经济社会的发展,期间甚至出现过中产阶层的消亡和重生。进入 21 世纪以后,虽然在党的十八届三中全会上确立了让市场机制在资源配置中起决定性作用的原则,但同时仍强调要"更好发挥政府作用"。因此,不论是从我国国家治理体制及中产阶层发展的历史传统看,还是从当前有关方针原则看,对于我国中产阶层的发展扩大,政府将发挥重大作用,只是发挥作用的方式将按照转变政府职能等方面改革的要求,会与以前有所不同,但与欧美国家和北欧福利国家的通行模式仍存在明显的区别,与东亚国家和我国香港、台湾地区"中产阶级快速兴起＋政府有意推动模式"也有所不同。四是文化及历史传统具有明显差别。不论是西方发达国家还是新兴国家,由于各国或地区宗教和历史传统的传承,西方各国以及新兴国家公民中信教者数量众多,家庭传统教育的传承保持维护得较好,再加上法治比较健全并得到较严格的执行,因而社会诚信制度比较健全并发挥着较好的作用。而我国由于"文化大革命"期间对教育和传统文化的破坏,以及改革开放以来一段时期对精神文明建设抓得不力,宗教又曾经被当作"精神鸦片"进行批判、压制,社会上"一切向钱看"

的风气比较盛行,人们的世界观、人生观、价值观出现了较大偏差,导致社会诚信普遍缺失。这一差别,使我国中产阶层的发展、成熟特别是形成统一的具有正能量的价值观和行为规范,将比其他国家要困难得多。

综合以上关于我国国情的进一步剖析,可以看到,在我国发展扩大中产阶层既有许多有利条件和因素,同时也面临很多挑战和困难,其发展扩大的过程具有鲜明的整体性、复杂性、艰巨性、长期性,与其他国家、地区相比,还具有相当程度的特殊性。这就是我们思考全面"兴中"基本思路及原则时要充分考虑和把握的基本定位。

二、全面"兴中"的基本思路和原则

(一)基本思路

基于以上梳理全面"兴中"思路应把握的层次、视角、观点、方法,充分认识在我国发展扩大中产阶层的整体性、复杂性、艰巨性、长期性以及特殊性,为了正确把握前进方向,统筹多方面力量,科学推进全面"兴中"工作,需要进一步研究明确此项工作的基本思路。总结国内外发展扩大中产阶层的有益经验,针对我国中产阶层存在的问题及其产生的原因,我们认为,在我国发展扩大中产阶层的基本思路是:以科学发展观和"四个全面"治国理政方略为统领,以经济持续健康发展和工业化、城镇化进程为基础,以经济发展方式转变、经济结构调整和全面深化改革为根本推动力,以建立公正的收入分配制度、社会保障体系及统一规范的人力资源市场、合理的职业结构和公平的教育体系等为直接支撑,标本兼治,将全面"兴中"纳入国民经济和社会发展与全面深化改革的大局,充分发挥亿万劳动者通过辛勤劳动、合法经营成长为中产阶层的积极性、主动性,同时发挥好政府通过制定、实施有关法规政策,促进中产阶层发展扩大的作用,加快形成"两头小、中间大"的收入、财产分配格局,逐步提高我国中产阶层的比重,结合社会诚信制度建设,促进形成统一的价值观和行为规范,为最终形成稳定的橄榄形社会结构创造条件。

这一思路的要点有四条:一是以经济发展和工业化、城镇化进程作为发展扩大中产阶层的基础。只有保持经济中高速至少是中速的增长,继续推进工业化、城镇化进程,才能够继续做大社会财富的"蛋糕"。同时让更多劳动者从事第二、三产业工作并进入城镇,在增量为主、存量为辅的调整中分好"蛋糕",发展扩大中产阶层。二是以转方式、调结构和全面深化改革为发展扩大中产阶层的根本推动力。只有转变经济发展方式、调整经济结构,才能提高经济发展质量和水平,才能保证"蛋糕"的质量,彻底剔除现在"蛋糕"中的劣质部分,让越来越多的劳动者及其赡养人口过上可持续的真正好日子;同时,只有全面深化改革,才能从深层次消除经济社会、文化体制以及政治领域中的各种弊端,才能消除中产阶层发展扩大的体制性障碍。这些均属于治本措施。三是以收入分配制度、社会保障体系、人力资源市场、职业结构和教育体系等制度建设为直接支撑。只有建立起公正的收入分配制度,才能在一定时期的既定"蛋糕"内合理分配,"提低、扩中、控高",使收入、财产的中位数等于或接近平均数,让大多数人进入中等收入者群体。同时,只有建立公正的社会保障体系,才能解除中产阶层的后顾之忧,保证社会弱势群体也享有具有尊严的生活;只有建立统一规范、平等竞争、自由流动的人力资源市场,各类劳动者的发展通道才能开通,以利于各类劳动者通过自己的努力向上发展;只有形成合理的职业结构,大量增加白领、灰领等职业,才能相应大量增加中产阶层人员的数量;只有建立公平的教育体系,才能使贫困家庭的孩子享有平等的基本教育服务,不输在人生的起跑线上。这些制度直接影响到中产阶层的发展扩大,因此是直接措施,同时也反作用于经济发展速度和质量,因而要与治本措施配合使用。四是发挥好"两个作用"。一个是充分发挥市场主体的作用,包括调动用人单位营造有利于培育中产阶层的内部环境条件的积极性、主动性,调动亿万劳动者通过辛勤劳动、合法经营成长为中产阶层的积极性、主动性，使发展扩大中产阶层成为一种市场主体的自主行为，这是市场经济国家发展扩大中产阶层的通行做法，我国也不应例外；另一个是要很好发挥政府促进中产阶层发展扩大的作用，这是我国与其他市场经济国家的重要区别，也是我国在发展扩大中产阶层过程中的特殊性体现。要同时发挥好"无形的手"和"有形的手"的作用，共同促进"橄榄形"社会阶层格局的形成。而且，在发展扩大中产阶层的进程中，促进形成"两头小、中间大"的收入、财产分配格局是当前全面"兴中"的主要路径和重点措施，要切实抓好落实。此外，还要结合社会诚信制度建设，促进中产阶层形成统一的价值观和行为规范，使中产阶层对社会发展发挥具有正能量的推动作用。

(二)基本原则

在遵循上述基本思路，发展扩大我国中产阶层的进程中，还应遵循如下基本原则。

1. 顶层设计，统筹规划

全面"兴中"是一项涉及面很广、庞大且复杂的重大民生建设工程，国家和各地区应将其纳入国民经济和社会发展与全面深化改革的整体框架内，结合研究明确国家或地区国民经济和社会发展与全面深化改革任务及目标，相应研究明确全面"兴中"的基本任务和近期、中期、远期目标，并统筹安排经济社会发展、全面深化改革以及全面"兴中"的基本方略及各项措施，使之相互之间有机衔接。这是实施全面"兴中"基本思路的首要环节，也是保证全面"兴中"正确方向的关键。

2. 标本兼治，协同推进

全面"兴中"工程既涉及经济发展方式转变、经济结构调整和经济社会、文化体制等方面的改革，又涉及收入分配、社会保障、人力资源市场、职业结构、教育体系等方面的改革和建设,在实施全面"兴中"基本思路时,必须把这两方面紧密联系起来,既治标又治本。在实际工作中还要将政府各有关部门、社会各有关方面的力量组织起来,形成合力,协同做好有关工作,以取得最佳效果。

3. 重点突破,带动其他

全面"兴中"的标本兼治的具体任务很多,实施中不能面面俱到,一定要按轻重缓急排序,抓其中的主要矛盾及其主要矛盾方面。这些主要矛盾及主要矛盾方面既可以是"硬骨头"难题,也可以是最便于处理的问题,但都应该是处于"纲举目张"位置的问题。对其应集中力量采取有效措施加以解决,以取得突破,进而带动其他问题的解决。

4. 顺时应势,逐步扩大

全面"兴中"是一个以经济社会发展为基础的自然成长的过程,也是一项需要市场主体和政府共同合作才能完成的重大民生工程。中产阶层的发展扩大主要依靠亿万劳动者自身的努力奋斗,不能拔苗助长,不能像完成某些经济发展任务一样制定量化指标强制达到,只能顺应经济社会发展以及市场主体成长的历程,提出发展方向和趋势,并预测在一定经济社会环境条件下其可望达成的结果。一方面鼓励劳动者努力提高自身素质和能力,通过辛勤劳动、合法经营成长为中产阶层的一分子;另一方面政府要努力改善、优化中产阶层发展的环境和条件,不能越俎代庖,不能通过行政手段去制造中产阶层。

5. 环境变化,及时调整

全面"兴中"具有整体性、复杂性、艰巨性、长期性,在其实施过程中,其所依托的外部经济社会环境会因各种主客观因素的影响发生多方面变化,这些变化既可能有利于中产阶层的发展扩大,也可能不利于中产阶层的发展扩大。对此,应相应地及时进行研究,并对原有的全面"兴中"的目标、任务和措施做出科学、可行的调整，以适应经济社会环境的发展变化，更加切合实际地推进全面"兴中"工作。

三、全面"兴中"的目标

在梳理明确当代国全面"兴中"的基本思路和基本原则后，有必要对2020年和2030年我国中产阶层规模扩大的状况做一个量化预测，同时对其他方面的发展做一个定性或定量判断，以其作为实施全面"兴中"的目标。

（一）2020年目标预测分析

这里先分析预测中产阶层规模扩大的情况。本书第三章曾量化分析2013年我国中产阶层人数及所占比例，即当年全国大致有2.0亿～2.5亿人口进入我们所定义和量化界定的"中产阶层"范围，占全国13.6亿人口的14.7%～18.4%；当年劳动者个人年收入在6万～15万元，家庭年收入在8.5万～22.5万元；北、上、广、深等城市的收入水平还应比全国平均数高2倍，即劳动者个人年收入为12万～30万元或家庭年收入17万～45万元；以上劳动者及其家庭应另有一定数量的金融资产和一套或一至三套住房等资产。现以2013年有关数据为基础推算2020年我国中产阶层的人数和比例。

中产阶层人数和比例预测的逻辑思路是：首先预测到2020年我国建成全面小康社会时的中产阶层的收入水平，基本方法是以本书确定的我国中产阶层人均年收入、财产划分标准（即以人均收入或财产平均数为下限至平均数的2.5倍之间）估算2020年的中产阶层收入水平；然后，再测算到2020年时我国中产阶层的人数及占比，基本方法是在综合分析判断的基础上，估算出在2014—2020年的7年时间内我国中产阶层占比年均增长幅度将至少保持2001—2013年的年均增长速度，据此再计算出到2020

年我国中产阶层的人数及其占比。

首先,要测算到 2020 年我国全面建成小康社会时劳动者个人及其家庭年收入达到什么水平才算进入中产阶层范围。仍按照本书第三章关于我国中产阶层人均年收入、财产划分标准估算(即以人均年收入平均数或人均年财产平均数为下限至平均数的 2.5 倍),有两种估算路径。一种路径是以 2010 年居民收入水平为基础估算,即以 2010 年城镇居民家庭人均收入的平均值 21033 元/人年[①]为基数,按照党的十八大提出的"居民收入比二〇一〇年翻一番"的目标估算,到 2020 年翻一番应该达到 4.2 万元/人年。按照每个家庭有 2.86 人、其中 1.49 人就业估算,其下限为城镇居民家庭年均收入为 12.1 万元,劳动者个人年收入为 8.12 万元,再分别乘以 2.5,求出家庭年收入和劳动者个人年收入的上限。据此估算,到 2020 年就全国平均水平看,劳动者个人年收入达到 8.12 万~20.3 万元,家庭年收入达到 12.1 万~30.25 万元,就可以认为进入了中产阶层;但在北、上、广、深这样的大城市,其劳动者个人和城镇居民家庭年收入的下限、上限均要达到全国平均值的 2 倍,即 2020 年劳动者个人年收入达到 16.24 万~40.6 万元,或家庭收入达到 24.2 万~60.5 万元,才能在当地称为中产阶层。另一种路径是以 2013 年有关数据为基础乘以今后 7 年预计增长幅度估算。前面我们已经认定 2013 年中产阶层的收入下限数据,即以 2013 年劳动者个人年收入下限 6 万元为基础,考虑到 2015 年 GDP 增速为 7%左右,"十三五"期间增速可能进一步放缓,按 2014 年到 2020 年年底(即 7 年)GDP 年均增长 6.5%计算,到 2020 年年底劳动者个人年收入下限应当达到 9.3 万元[②];同时,以 2013 年城镇居民家庭收入的下限 8.5 万元为基础,也按今后 7 年年均 6.5%增速计算,到 2020 年年底其下限应当

---

① 引自《中国统计年鉴 2011》数据。

② 此 9.3 万元是以 2013 年 6 万元为不变价基础,按扣除物价因素实际增长计算的结果;若含物价因素,到 2020 年就会明显超过 9.3 万元。此段文字中其他数据均与此计算方法相同。

达到 13.2 万元;再分别乘以 2.5,求出劳动者个人年收入和家庭年收入的上限。据此估算,到 2020 年,就全国平均水平看,劳动者个人年收入达到 9.3 万～23.25 万元,家庭年收入达到 13.2 万～33 万元,就可以认为进入了中产阶层;但在北、上、广、深这样的大城市,其劳动者个人和城镇居民家庭年收入的下限、上限均要达到全国平均值的 2 倍,到 2020 年其劳动者个人年收入达到 18.6 万～46.5 万元,或家庭年收入达到 26.4 万～66 万元,才能在当地称为中产阶层。以上两种估算路径,我们认为后一种可能性更大一些。

然后再测算到 2020 年时我国中产阶层的人数及占比。2013 年我国中产阶层的人数、占比分别达到 2.0 亿～2.5 亿人和 14.7%～18.4%。这是改革开放开始到 2013 年 25 年来我国中产阶层重新产生发展的结果。25 年间,我国中产阶层成长发展大体可划分为三个阶段:第一阶段是 1978—1990 年,此期间我国 GDP 年均增长 9.01%,城镇居民人均可支配收入年均增长 5.86%[1],估算到 1990 年我国中产阶层占比大约接近 2%,12 年来年均增幅为 0.17% 左右;第二阶段是 1991—2000 年,此期间我国 GDP 年均增长 10.4%,城镇居民人均可支配收入年均增长 6.83%,估算到 2000 年我国中产阶层占比大约为 5%[2],10 年来年均增幅为 0.3%;第三阶段为 2001—2013 年,此期间我国 GDP 年均增长 9.95%,城镇居民人均可支配收入年均增长 9.35%[3],估算到 2013 年我国中产阶层占比大约为 14.7%～18.4%,13 年来年均增幅为 0.77%～1.03%。其中,2010—2013 年间大约年均增幅为 1.5% 左右。也就是说,进入 21 世纪后,特别是我国于 2008 年人均 GDP 达到 3000 美元从而进入中等收入国家行列后,随着经济高中速增长和收入分配改革、社会保障体系建设等多方面因素的

---

① 根据《中国统计年鉴》相关年份数据测算。
② 陆学艺主编的《当代中国社会结构》一书中指出,2001 年我国中产阶层占 5%;我们的估算也一样。
③ 根据《中国统计年鉴》相关年份数据测算。

共同推动,我国中产阶层年均发展扩大的比例比改革开放以来的前两个时期有了较大幅度的提高,每年分别提高近1个百分点,近4年来每年增幅更是提高到1.3～1.5个百分点。那么,从现在到2020年,虽然我国GDP年均增速可能下降到6%～7%,但到2020年,我国人均GDP可望达到1万美元以上,而且随着经济发展方式的转变、经济结构调整力度的加大,我国经济发展的质量可望明显提升,特别是在此期间全面深化改革的提速,将有利于明显消除经济社会、文化等体制中阻碍中产阶层发展扩大的主要弊端,收入分配制度改革、社会保障体系改进完善和教育体系改革以及人力资源市场的规范,将为中产阶层的发展扩大提供高于2001—2013年期间的直接支撑,而此期间城镇家庭人均可支配收入年均可望增长6.5%。将这几方面因素综合起来估算,2014—2020年年底的7个年头里,我国中产阶层占比年均增幅应能够保持近4年来年均1.5%的增速。据此以现在我国中产阶层占比14.7%～18.4%为基数测算,到2020年,我国中产阶层人数占比可望达到25.2%,高点将达到28.9%,按届时我国人口总数14.5亿人①计算,中产阶层人数可望达到3.65亿人,高点达到4.2亿人。考虑到2020年时,由于通过改革,收入分配格局逐渐趋向合理,劳动者个人和家庭收入水平中位数接近或等于平均数,则可考虑将我们界定2013年中产阶层的收入标准区间,改成按平均数的95%至平均数的2倍测算,估计那将使中产阶层人数有较多增加,中产阶层占全国人口总数的占比可望再提高4个百分点左右,达到29.2%～32.9%,中产阶层人数达到4.23亿～4.77亿人。

当然,近年来国内也有一些专家学者对2020年中产阶层的规模做过测算,其测算结果大都比我们的测算结果高。这一差距仍然是由于各自对当代中国中产阶层的定义及其收入、财产量化标准的不同所造成的。对此

---

① 引自国家发展和改革委员会社会发展司《人口发展"十一五"和2020年规划》所公布的数据。

我们不再辨析。我们坚持防止"被中产"、"伪中产"的观念,把标准定得稍高一些,希望我们测算的结果能够为广大人民群众所认可,成为大多数人所向往、追求的水平。同时考虑到 2020 年,若按"十三五"期间我国人均GDP 年均增长 6%～7%测算,预计到 2020 年我国人均 GDP 将达到 1 万美元以上,仍处于中等偏上收入国家行列,尚未进入高收入国家行列,其时中产阶层占比能够达到 25.2%～28.9%(或 29.2%～32.9%),应该也是一个不错的成绩。与世界其他新兴国家相比,也不落下风。以巴西为例,巴西 2010 年人均 GDP 达到 10993 美元,同年按人均收入中位数0.75～1.25倍测算的中产阶层占比为 24%[①],此收入区间明显低于我们所定的收入平均数至平均数的 2.5 倍区间。即使如此,两国相比,我们在人均 GDP 达到 1 万美元以上时中产阶层占比达到 25.2%～28.9%(或29.2%～32.9%),仍高于巴西的 24%。

在除中产阶层规模因素外的其他几个因素方面,2020 年大体应达到如下状况:中产阶层收入财产水平稳定提高,生活水平达到全面小康至比较富裕程度之间,有效带动内需;中产阶层中受中、高等教育人数明显增加,队伍素质明显提升,促进国家创新能力和劳动生产效率提高;中产阶层内部结构较多调整,白领、灰领岗位有较多增加,社会阶层结构有明显改善;中产阶层趋同价值观初步形成,多数中产者能够遵守社会文明要求的行为规范;中产阶层正面社会作用相对凸显,显著促进社会稳定。

(二)2030 年目标预测分析

仍先预测中产阶层规模扩大情况。2021—2030 年的 10 年,我国将进入跨越中等收入国家行列最后一小步的关键时期。基于预测《国民经济和

---

① 引自《跨越中等收入陷阱:巴西的经验教训》(经济管理出版社,2013 年)第十七章"巴西中产阶级:跨越'中等收入陷阱'的强力支撑""四、巴西中产阶级的复兴及其增长动力"有关内容和"表 17-6 巴西和拉美的中产阶级规模(按不同收入标准)"数据。

201

社会发展第十三个五年规划纲要》实施期间，我国在以习近平为总书记的党中央的坚强领导下，贯彻落实"四个全面"治国理政方略，通过全面深化经济、社会、文化等体制的改革，坚决实施经济发展方式转变和经济结构调整的战略部署，坚决实施"依法治国"的方针，将"在重要领域和关键环节改革上取得决定性成果"，"形成系统完备、科学规范、运行有效的制度体系，使各方面制度更加成熟更加定型"①。我国的经济发展质量将明显提高，人民生活将实现全面小康，社会公平正义将得到较好的落实和体现，为从2021年到2030年的持续健康发展奠定下良好的基础。

2020年后的下一个10年，预计我国仍将贯彻实施"四个全面"治国理政方略，使我国经济、政治、文化、社会、生态文明以及党建都取得更好的新进展。在此基础上，预计我国的GDP年均增速可望至少保持在5％左右，不低于或稍高于5％的可能性更大；经济发展质量将会更好，经济结构调整将取得更大成绩；收入分配将可望进一步公正合理，社会保障体系将更加健全；统一规范、平等竞争、自由流动的人力资源市场将基本建成，职业结构中白领、灰领、金领等职业将有大幅度的增加，公平的教育体系也将更好地惠及所有学龄青少年和希望获得继续教育的成年人和老年人；社会诚信制度将基本建立，人们的道德水平、文化教育水平、职业素质等将比现在有显著的提升；全国基尼系数可望降低到0.4以内，"两头小、中间大"的收入、财产分配格局可望基本形成。据此，还是以2010年的数据为计算基数，再按照对2020年我国中产阶层增长情况测算的方法进行估算。预计到2030年，我国人均GDP可望达到17850美元左右②，进入高等收入国家行列；中产阶层占比年均增幅可望维持不低于2％，10年可望增加20个百分点。到2030年，我国中产阶层人数占比可望由2020年的25.2％～28.9％

---

① 引自《中共中央关于全面深化改革若干重大问题的决定》。
② 引自《面向2030年的大国经济和社会政策》，《中国经贸导刊》2014年第7期(上)，保守测算数据。

（或 29.2%～32.9%）提高到 45.2%～48.9%（或 49.2%～52.9%）。按届时全国人口总数达到峰值 14.8 亿人[①]计算，全国中产阶层人数将达到 6.69 亿～7.24 亿人（或 7.28 亿～7.83 亿人）。若考虑到那时我国收入、财产分配格局进一步趋向合理，劳动者个人和家庭收入、财产的中位数等于平均数甚至稍高于平均数，则可将界定中产阶层的收入标准区间上下限，分别改成按平均数的 85% 及其 2 倍测算。据此估计中产阶层的人数和占比将相应增加，分别达到 7.3 亿～7.8 亿人和 49.3%～53%（或 7.7 亿～8.2 亿人和 52%～55%）。如果达到这样的人数和比例，我国将真正形成橄榄形社会结构。

除中产阶层规模因素外的其他几个因素方面，到 2030 年大体应达到如下状况：中产阶层收入和财产水平全面提高，生活水平达到与当时经济社会发展程度相匹配的富裕程度，能够明显有效地引领创新需求，成为内需的主要动力来源；中产阶层内部受中、高等教育人员占多数，队伍素质整体提升，显著促进全要素生产率提高；中产阶层内部结构合理，白领、灰领岗位占主要比重，橄榄形社会结构基本形成；中产阶层统一价值观整体形成，爱国、敬业、诚信、友善的核心价值观普遍确立，符合现代文明要求的行为规范普遍得到遵循；中产阶层的正面社会作用高度凸显，能够引领社会形成正确的主流认识，显著促进和维护社会稳定。

此时，中产阶层各构成因素相互之间高度融合，其各自形状比较相似或相近，成为一套相互之间高度重合的同心圆的叠加（见图 7-1）。

到那时，这个庞大的中产阶层将产生巨大的内需，从而使内需成为拉动我国经济发展的主要引擎。同时，素质、能力得到大幅提升的中产阶层，其个人和群体的工作效率、创造力都将有大幅度提高，推动我国全要素生产率的大幅度提升，从而大幅度提高我国的核心竞争力。而且，中产阶层

---

① 根据 2013 年 6 月 13 日联合国发布的《世界人口展望：2012 年修订版》预测，2030 年中国人口达到峰值 14.5 亿以上，据此估算为 14.8 亿。

收入或财产处于社会平均
水平与较高水平之间

生活水平达到全面小康
与富裕之间

受教育程度或职业居于社
会中等水平附近

价值观、行为准则与时代要求
一致

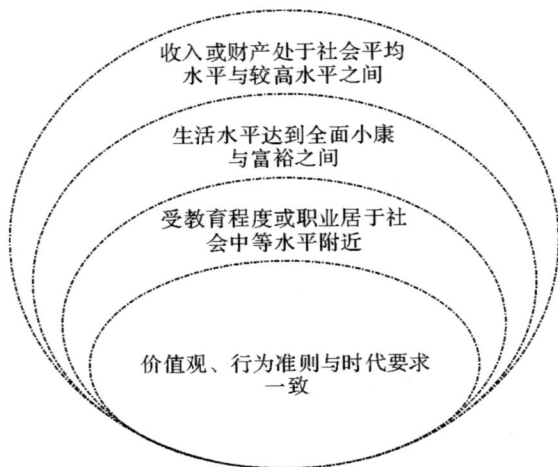

图 7-1 2030 年我国中产阶层状况

的统一的具有正能量的价值观和行为规范也可望基本形成,对全社会形成
一种有力的正面引导力量,我国关于"富强、民主、文明、和谐,自由、平等、
公正、法治,爱国、敬业、诚信、友善"的社会主义核心价值观就可望基本落
地,中产阶层对维护社会可持续的稳定和强化我国的法治、建立健全现代
国家治理体系及增强现代治理能力将发挥重大的促进作用。

以上预测的 2020 年和 2030 年我国中产阶层发展扩大的目标,其规模
及其他因素状况可能比一些学者专家的预测偏低。但这一结果是与我们
分析得出的我国中产阶层发展扩大过程具有整体性、复杂性、艰巨性、长期
性的判断相一致的。特别是考虑到我国居民整体素质不高,世界观、人生
观、价值观偏差较大,旧有思想观念和行为习惯难以很快改变,以及职业结
构与收入、财产结构的匹配需要经历相当长的历史发展过程的现实情况,
如果我们通过 6 年和 16 年(其中不含 2014 年,但计算时含 2014 年)的努
力,能够使收入财产达到中产阶层水平的劳动者及其家庭成员分别占全国
人口总数的相当比重和一半左右及以上比重,并使中产阶层的职业结构以
白领、灰领岗位为主体,使他们形成统一的具有正能量的价值观和行为规
范,那将是一个很了不起的成绩。同时,我们也要看到,实现上述预测目

标，是以保持中速的经济发展速度、经济发展方式转变、经济结构调整、全面深化改革等多方面目标均达成作为充分必要条件的。如果达不成这些条件，则上述预测的 2020 年、2030 年我国中产阶层全面兴起的目标就难以实现。可见，要完成这一系列重大任务，需要我们整个国家、全党、全体干部和亿万劳动者及其他群众付出巨大的努力才行。虽然前路仍然会面临许多艰难险阻，但我们要义无反顾地朝此目标迈进。

第八章　中产阶层全面兴起的治本措施

　　本章在分析全面"兴中"重要意义的基础上，从治本的角度提出了五方面实现我国中产阶层全面兴起的基本措施：一是高度重视全面"兴中"工作，将其与跨越"中等收入陷阱"等工作有机结合起来；二是通过保持经济健康可持续增长、多方面开辟新需求、转变经济发展方式等，提升经济质量，从而继续做大做好社会财富"蛋糕"，夯实全面"兴中"的物质基础；三是通过调整产业结构和就业结构、推进城镇化、调整收入分配结构等，拓展全面"兴中"人员来源，扩大中产阶层；四是全面深化经济社会体制改革，消除市场主体平等竞争发展的障碍和阻碍中产阶层发展扩大的弊端，为全面"兴中"提供体制机制支撑；五是加强教育和精神文明建设，提高中产阶层的整体素质，促进中产阶层的成熟。

根据第七章所阐述的我国全面"兴中"的基本思路和原则以及 2020年、2030 年中产阶层发展扩大的目标，针对我国处于大国转型过程中所面临的诸多困难，包括"中等收入陷阱"，特别是进入高收入国家行列继续爬坡的挑战，基于我国全面"兴中"具有整体性、复杂性、艰巨性、长期性的定位，本章将从整体、中长期的视角，围绕五个方面阐述在我国如何实现中产阶层的全面兴起，分析其治本的主要措施有哪些及如何实施。

一、大国转型要高度重视全面"兴中"工作

当前，我国已经进入大国转型和"四个全面"治国理政的新阶段，在这一背景下，我们要充分认识全面"兴中"的重要意义，将此项工作与全面建成小康社会、全面深化改革和跨越"中等收入陷阱"、翻越"高收入高墙"有机联系起来，为贯彻执行全面"兴中"的其他治本措施指明方向。

（一）充分认识全面"兴中"的重要意义

当代中国中产阶层的全面兴起，是指侧重于中产阶层扩大、成熟及其

应有作用发挥的过程。实施全面"兴中"工程,促进中产阶层的扩大、成熟及其应有作用的发挥,意义十分重大。一是中产阶层的扩大事关亿万人民群众的切身利益,其扩大的程度决定着全国人民共同进入全面小康社会继而实现共同富裕的程度,是我们党和政府立党为公、执政为民宗旨的根本体现,是凝聚民心的重要途径和措施,因而具有很强的政治意义;二是中产阶层的扩大、成长事关应对经济发展新常态和经济可持续健康发展,其扩大的程度决定着国内需求扩大的程度,有利于发挥内需拉动经济发展的作用,同时,其扩大及成长的程度还反作用于职业结构和产业结构的优化,直接关系到劳动者群体技能、业务水平的提升,有利于全员劳动生产率和全要素生产率的提高,因而在以上两个方面都具有很强的经济意义;三是中产阶层的成熟及其应有作用的发挥事关社会和谐稳定及社会行为规范的普及,其成熟及其应有作用发挥的程度影响着社会整体稳定的程度。中产阶层数量大且成熟度高,遵纪守法意识强,能够理性地分析、判断纷繁复杂的社会事务,并在社会上发出本阶层的声音,亮出自己的理性观点,有利于维护社会的整体稳定。同时,其成熟及其应有作用发挥的程度还决定着社会风气的提升和社会行为的规范。成熟的中产阶层拥有自己统一的、符合社会潮流的价值观和行为规范,能够成为社会主义核心价值观的认同者、执行者,能够在社会交往、公共活动等多方面发挥自己的正能量作用,因而具有很强的社会、文化意义。

以上全面"兴中"的重要政治、经济、社会、文化意义应成为社会的主流认识。首先,由于全面"兴中"工程要靠党和政府来领导、组织和推动,因此,需要各级党和政府提高对全面"兴中"重要意义的认识。其中,党政领导要从全局高度来认识和把握全面"兴中"的政治、经济和社会、文化意义;政府主管部门要结合分管业务领域的工作来认识和把握全面"兴中"的政治、经济和社会、文化意义。其次,由于全面"兴中"工程的结果要落实到市场主体和社会主体身上,同时,中产阶层的全面兴起从本质上讲是一个经济社会自身自然生长发展的过程,不可能光靠外力来推动,因此,需要各类市场主体和各类社会主体提高对全面"兴中"重要意义的认识,自觉自愿地来推进这项庞大的系统工程。这种认识应该建立在全面"兴中"将增进市场主体和社会主体物质利益与精神需求的基础之上,社会各界特别是新闻媒体等应广泛传播这种认识,促进各类市场主体和各类社会主体就此形成共识,使中产阶层的全面兴起成为市场主体和社会主体的自觉自愿的行为,成为一种源自内生动力的社会群体活动。这种对中产阶层全面兴起重要意义的共识的形成和普及,既是我们实施全面"兴中"工程的治本措施之一,同时也是实施其他治本措施的思想保证。

(二)使"跨陷阱、翻高墙"与全面"兴中"相互融合、促进

当前,我们正面临跨越"中等收入陷阱"的挑战。正如第一章所分析的,如果我国在国民经济和社会发展第十三个、第十四个五年规划期间能够分别保持年均 6.5% 和 5% 的经济增速,到 2023 年我国人均 GDP 即可达到 12795 美元,成功跨越"中等收入陷阱"并翻越"高收入高墙"。这两个五年规划期间,只要我们坚决推进全面深化改革,继续扩大对外开放,充分发挥新体制、新机制促进经济发展的作用,分别保持年均 6.5% 和 5% 的经济增速,应该是能够实现的。即使做最坏的打算,假如"十三五"规划期间只能保持年均 6.2% 的经济增速,则到 2020 年我国人均 GDP 也将达到 10867.5 美元;假如"十四五"期间只能保持年均 4.5% 的经济增速,则到 2024 年,我国人均 GDP 也能够达到 12959.7 美元,成功跨越"中等收入陷阱"并翻越"高收入高墙"。根据以上预测分析,我国今后跨越"中等收入陷阱",即达到人均 GDP 11000～12000 美元的难度不会很大,但能否确保翻越"高收入高墙",即人均 GDP 超过 12275 美元并继续向更高水平发展则面临不少困难。同时,从上述分析我们还可以看到,跨越"中等收入陷阱"、翻越"高收入高墙",特别是继续向上发展,需要解决阻碍"跨陷阱、翻高墙"

并继续向上发展的五方面问题,包括努力保持经济发展中高增速、调整经济结构和转换经济发展方式、应对人口红利消失和"未富先老"的挑战、大力扩大内需和消除经济社会体制诸种弊端,这是一项巨大复杂的系统工程。全面"兴中"也是一项庞大复杂的系统工程。在全面"兴中"和"跨陷阱、翻高墙"这二者之间存在着一种兼容、衔接的关系。一方面,二者的方向、目的一致。我们努力"跨陷阱、翻高墙",其方向是建设富强的国家,实现中华民族的伟大复兴;其目的是在做大做好"蛋糕"的基础上实现更高水平的共同富裕,而不是单纯追求人均 GDP 达到世界银行规定的某种标准水平。如果是那样,我们"跨越中等收入陷阱"并向上发展就无意义了,也背离了我们党和政府立党为公、执政为民的宗旨,老百姓也不会接受这种人均 GDP 高水平但基尼系数仍然偏高或很高的"跨陷阱、翻高墙"。同样,我们推动全面"兴中",其前提和基础是经济的健康发展,其目的是让更多的劳动者及其赡养人口进入中产阶层,过上更好的生活,其追求的目标本质上也是实现共同富裕。所以说二者的方向、目的是一致的。另一方面,二者的任务、措施有不少是相同、相近的,或者是相互支撑、兼容和互为因果的。比如"跨陷阱、翻高墙"关于扩大内需的任务和措施,即与扩大中产阶层相互衔接、兼容。扩大内需要以老百姓手里有钱、有消费能力和消费意愿为基础,这就需要扩大中产阶层,让更多的老百姓进入中产阶层,从而有经济能力和意愿去消费。又如,稳定经济增速,保持并努力提高劳动生产率,就需要提高劳动者的素质和技能,这与扩大中产阶层同时提高其素质的任务是一致的。还如,调整经济结构,支持高附加值的第二产业的发展,加快第三产业尤其是现代服务业的发展,就能够提供越来越多的白领、灰领岗位,从而有利于中产阶层的扩大;与此同时,中产阶层的扩大又会反过来支持和促进增加内需、提升效率和经济的健康发展。所以说,"跨陷阱、翻高墙"并继续向上发展是扩大中产阶层形成橄榄形社会结构的前提条件和基础,扩大中产阶层既是跨越"中等收入陷阱"并继续向上发展的内容,也是其应有的结果,同时还反作用于前者,促进前者顺利地向前推进。为此,我们应将二者相互融合,使之相互促进。

第一,要在思想认识上一致起来。基于"跨陷阱、翻高墙"与全面"兴中"方向、目的的一致性,要在思想认识上把二者统一起来,二者都是为了在努力做大做好"蛋糕"的基础上,追求更高程度的共同富裕,让越来越多的人过上更好的生活,真正实现民富国强。前者要防止单纯为了追求人均GDP水平的提高并达到和超过国际标准的认识偏差;后者要防止"兴中"只注重分"蛋糕"不考虑做大做好"蛋糕"的认识偏差。

第二,要在谋划上统筹起来。基于两套大型经济社会的系统工程中有多项工作任务的相同、相近性,要在顶层设计时把二者放在一起统筹研究,理清二者各项任务的先后逻辑顺序关系,使二者相互衔接、兼容,形成一个有机整体,充分体现中央要求的改革要注重系统性、整体性、协同性的原则。

第三,要在政策措施上衔接起来。在统筹谋划的基础上,在制定"跨陷阱、翻高墙"的有关政策时,要注意尽可能包含有利于中产阶层扩大和提升其素质等内容及措施。比如提高劳动生产率政策要包含对劳动者的培训内容和措施,调整经济结构政策要包含职业、岗位结构调整的内容和措施,扩大内需政策要包含促进人民群众增收内容和措施,等等。在制定全面"兴中"政策时,则要注意尽可能体现顺应和促进经济发展、经济结构调整及提高劳动生产率的内容和措施。比如促进劳动者收入提高的政策要以提高劳动生产率为基础,白领、灰领岗位人数、比例的增加要以产业结构、职业结构的调整为支撑,等等。两方面的政策要形成相互衔接、相互支持的关系。

第四,要在实施中抓好协同。在实施两套系统工程的政策时,要强调协同性。一方面,政策的实施要把握好实施时点、时段和先后逻辑顺序,防止前后颠倒、错位;另一方面,各项政策的实施部门要协同作业,避免各自单独实施、互不通气。要努力形成合力,努力达成政策实施"1＋1 大于 2"的效果。

第五,要在成果上相互促进。基于以上两套系统工程的方向、目的、顶层设计、政策措施及其实施的一致性、融合性、协同性,虽然两方面政策实施的成果各不相同,但相互之间应该也能够形成促进关系。经济增速保持中高速,进一步做大做好"蛋糕",有利于增量调整,理顺居民的收入、财产分配关系,扩大中产阶层并提升其生活水平;经济社会体制改革,消除各种不公正、不公平、不合理的弊端,既有利于促进经济健康发展,也有利于低收入阶层上升到中产阶层;而中产阶层的扩大和素质提高,既有利于扩大内需,促进经济发展,也有利于促进提高劳动生产率。

二、继续做大做好"蛋糕",夯实全面"兴中"的物质基础

在明确把全面"兴中"列为大国转型的重要任务,理清全面"兴中"与"跨陷阱、翻高墙"相互关系的基础上,首先要实施的中长期措施就是千方百计继续做大做好"蛋糕",夯实全面"兴中"的物质基础,这是我国发展扩大中产阶层的具有长期性的基础性工作,也是发展扩大中产阶层的必要条件。

(一)保持经济健康可持续增长

当前,我国已经由经济高速增长期转入中高速增长期。这是由我国成为世界第二大经济体以及我国现在的经济结构、发展方式存在不少问题等因素决定的,有其客观必然性。对此,我们只能顺应此转变,同时通过多方面措施防止经济增速过快下滑,以免影响就业、居民收入的合理增长等民生建设事项,进而影响中产阶层的发展扩大。

一是以稳定和完善的宏观政策支持经济稳增长。多年来我国实行积

极的财政政策和稳健的货币政策,对于经济增长发挥了较好的支撑作用。在当前我国经济下行、世界经济复苏动力不足的背景下,继续实行原有政策对于稳增长很有必要。正如李克强总理在十二届全国人大三次会议政府工作报告中所指出的:"继续实施积极的财政政策和稳健的货币政策,更加注重预调微调,更加注重定向调控,重点支持薄弱环节。"在财政政策支持方向上,应加大对公共产品的财政投入,以期取得更好的稳增长效果。与此同时,税收政策和货币政策加大对中小微企业的支持,也能够促进经济增长。其中,减轻中小微企业的税费负担作用十分重要。国家近年来先后出台了一系列优惠政策,2013 年全年减轻企业税负 1200 亿元,其中受惠的主体对象是中小企业。2013 年国务院决定,从当年 8 月 1 日起,对月销售额 2 万元以下的小微企业免征营业税和增值税。2014 年,财政部和国家税务总局联合印发《关于小型微利企业所得税优惠政策有关问题的通知》,明确自 2014 年 1 月 1 日起,将享受减半征收企业所得税优惠政策的小微企业范围由年应纳税所得额低于 6 万元(含 6 万元)扩大到年应纳税所得额低于 10 万元(含 10 万元)。[①]"十三五"期间还应继续抓好对中小微企业减轻税费负担的工作,"放水养鱼",促进中小微企业经济效益的增长。

二是以创新促增长。当前,我国科技发展进入重要跃升期。"全社会研发资金投入 2012 年首次超过 1 万亿元,其中 74% 来自于企业;截至 2012 年,我国研发人员总量达到 320 万人,稳居世界第一;SCI 收录的我国科技论文数快速增长,连续四年居世界第二;发明专利授权量达 21.7 万件,稳居世界第三;全国技术合同交易额年均增长超过 20%,达到 6400 亿元。"[②]我国在高档数控机床与基础制造装备、新一代宽带无线移动通信网、大型飞机、水电装备、高速列车、特高压输变电等方面将会获得进一步

---

① 引自《营改增助力中小企业减负》,《中国证券报》,2014 年 9 月 8 日。

② 引自吴晶晶:《"创新引擎"促发展——我国科技创新支撑经济社会发展综述》,新华网,2013-10-20。

发展,能够创造更多的增加值;同时,精密制造、清洁能源、信息安全、环境保护等一批关键共性技术的开发应用,将有力支撑相关产业的发展。2014年,我国国家高新区达 114 个,2013 年共实现工业总产值 19.7 万亿元,实现增加值 5.8 万亿元——占全国 GDP 比重达 10% 以上,工业增加值占同期全国第二产业增加值比重 16%,出口创汇占同期全国外贸出口总额 16.9%,上缴税额 1.1 万亿元,出口总额 3700 亿美元。[①] 随着科技创新能力的不断增强,科技进步的贡献率越来越高,从 2001 年的 39% 提高到 2013 年的 51.7%。[②] 据有关专家分析论证,科技投入与 GDP 增长具有长期协整关系,科技投入变动 1%,可导致 GDP 变动 1.24%。[③] 当前及"十三五"期间我国的科技投入将进一步提高,在此基础上,我国的创新将带来更多产出。除此之外,我国传统工业的技术革新、第三产业的多方面创新以及农业对现代化技术的使用等,也有利于稳定我国的经济发展增速。

三是以转方式、调结构促增长。2013 年,我国第三产业增加值占 GDP 的比重首次超过第二产业,达到 46.1%;2014 年,第一、第二、第三产业增加值分别增长 4.1%、7.3%、8.1%,第三产业增速最高;第一、第二、第三产业增加值占国内生产总值的比重分别为 9.2%、42.6% 和 48.2%,第三产业比重比 2013 年进一步提高,高于第二产业比重 5.6 个百分点。[④] 增长动力由投资出口驱动向消费驱动转变。2014 年,全年社会消费品零售总额同比增长 12%,居民消费结构持续改善,发展型和享受型消费占比提高。初步测算,最终消费对经济增长的贡献率超过 50%,比资本形成总额贡献率高 2.6 个百分点。[⑤] 以上数据显示,我国转方式、调结构取得了明

---

① 引自吴晶晶:《中国国家高新区已达 114 家　2013 年总收入 20.3 万亿》,新华网,2013-10-20。
② 引自王昊飞:《"创新引擎"促发展——我国科技创新支撑经济社会发展综述》,新华网,2013-10-20。
③ 引自百度文库《我国财政科技投入与经济增长的关系分析》中引用的王海鹏研究报告结论。
④ 数据引自国家统计局:《中华人民共和国 2014 年国民经济和社会发展统计公报》。
⑤ 引自谢鸿光:《新常态催生新动力　新进展孕育新希望——〈2014 年统计公报〉评读》,《人民日报》,2015 年 2 月 27 日。

显成绩。当前及"十三五"期间,这一趋势还将继续。而且,世界各国发展的一般规律告诉我们,人均 GDP 达到六七千美元的国家中,老百姓消费的偏好将从过去喜欢普通消费制造类的产品转向高质量、高标准消费品以及更关注服务业的消费品,这为服务业的发展带来契机。近期我国许多到日本旅游的人员大量购买实际上由我国杭州按日本标准制造的马桶盖,还有不少游客花高价购买某些日本纯绿色农产品等现象,就是我国部分居民消费升级的活例证。这表明,转变经济发展方式、调整经济结构将对我国经济增速发展发挥重要促进作用。

四是以改革促增长。全面深化改革涉及很多方面,有利于稳定和促进经济发展。坚持和完善基本经济制度,通过积极发展混合所有制经济、推动国有企业完善现代企业制度、支持非公有制经济健康发展,将能够更好地发挥各种所有制经济主体的积极性、主动性、创造性,增强市场活力;加快完善现代市场体系,通过建立公平、开放、透明的市场规则,完善主要由市场决定价格的机制,完善金融市场体系,深化科技体制改革等,将能够使市场运行更为顺畅,市场交易行为更为规范,资金配置更为合理,科技创新能力大幅度提升,从而提高市场效率;加快转变政府职能,通过进一步简政放权,深化行政审批制度改革,最大限度减少中央政府对微观事务的管理,对市场机制能有效调节的经济活动一律取消审批等,将能够进一步增强市场活力,提高市场主体活动效率。2015 年 5 月12 日,李克强总理在全国推进简政放权放管结合职能转变工作电视电话会议上明确指出:"政府施政的要义在于以敬民之心行简政之道",要求简政放权要从政府部门"端菜"变为由人民群众"点菜",并部署当年简政放权重点工作是五个"再砍掉一批",即"再砍掉一批审批事项,再砍掉一批审批中介事项,再砍掉一批审批过程中的繁文缛节,再砍掉一批企业登记注册和办事的关卡,再砍掉一批不合法不合规不合理的收费"。①
这一次会议显示了中央转变政府职能、深化行政体制改革的决心,会议
精神及决定的简政放权措施将成为各类企业特别是中小微企业和劳动
者创业、创新和提高工作效率的强大推动力。以上各项改革,都对经济
增长具有十分重要的推进作用。

通过持之以恒地实施以上宏观政策,以及创新、转方式和调结构、深化
改革等多方面措施,应该能够在"十三五"期间实现年均 6.5% 左右的经济
增速,并在"十四五"期间继续保持不低于年均 5% 的经济增速,为"翻越高
收入高墙"、进入高收入国家行列、发展扩大中产阶层提供必要的经济
基础。

(二)多方面开辟新需求

要持续保持我国经济的中高速增长,更重要的是多方面开辟新需求。
在今后相当长的一个时期,我国有三大已经或有待开辟的巨大新需求。抓
好这三大新需求的开发,对于我国"跨陷阱、翻高墙"和发展扩大中产阶层
具有极为重要的意义。

一是开发城镇化新需求。按照国际经验,城镇化率处于 30%～70%
是城镇化快速发展的阶段。2013 年,我国名义城镇化率为 53.73%,正处
于快速发展区间。② 未来 5～15 年的时期,将是我国人口城镇化快速发展
的时期。据估计,今后我国城镇人口每年大约有 1.6 个百分点的增长,也
即平均每年有 1600 多万人真正转进并融入城镇。如果按每位农村人口融
入城镇需新增综合投资至少 10 万元③计算,将平均每年带来 1.6 万亿元的
新增投资需求;同时,农民转变为市民后,由于其收入增加、生活水平提升

---

① 《李克强出席全国推进简政放权放管结合职能转变工作电视电话会议》,新华网,2015-05-12。
② 引自迟福林(主编):《转型抉择——2020 中国转型升级的趋势与挑战》,中国经济出版社,
2015 年,第 66 页。
③ 引自《我国城镇化成经济增长重要引擎》,中国行业研究网,2013-01-09。

也会带来新的消费需求；而且，城镇化进程需要同时改善农村的生产生活环境和条件，如使农民消费水平达到城镇居民平均消费水平的 60%，平均每年新增消费规模将超过 4 万亿元①，可见，推进城镇化将带来巨大的新增需求，这对于稳定和提高经济增速、改善民生、扩大中产阶层具有重大推动作用。

二是开发消费转型升级新需求。随着我国由温饱型社会向全面小康社会迈进，人们的消费需求结构也相应发生大的变化。城乡居民用于食品、衣着等生存型消费的比重逐渐下降，1990—2013 年，城镇居民生存消费支出占比由 67.61% 下降到 45.58%；农村居民生存消费支出占比由 66.58% 下降到 44.28%。与此同时，城乡居民用于居住、家庭设备及用品、交通通信、文教娱乐、旅游休闲、医疗保健等发展享受型消费的比重逐渐提高，1990—2013 年，城镇居民现金消费支出中发展享受型消费占比由 32.39% 提高到 54.42%；农村居民现金消费支出中发展享受型消费占比由 33.43% 提高到 55.72%。② 在此消费结构变化过程中，人们对物质型消费的需求有所降低，对服务型消费的需求则有较大上升。其中，据预测到 2015 年全国信息消费规模将超过 3.2 万亿元；城乡居民旅游休闲消费的人数和总费用近 10 年来年均分别增长 10.10% 和 18.63%；教育文体消费总额上升很快，仅培训市场规模近些年每年就达 1 万亿元以上；养老健康家政消费也大幅度上升，2014 年我国老年人市场消费潜力就达 4 万亿元。③ 对以上这些服务型消费进行引导开发，其消费总额度今后还将持续上涨，为我国经济发展提供巨大的内需支撑。

三是"一带一路"新需求。"一带一路"是党中央、国务院就我国全方位开放格局做出的重大决策和部署，将对我国以及世界经济发展带来重大利

---

① 引自《我国城镇化成经济增长重要引擎》，中国行业研究网，2013-01-09。
② 此段中关于生存型消费支出占比和发展享受型消费占比均引自迟福林（主编）：《转型抉择——2020 中国转型升级的趋势与挑战》，中国经济出版社，2015 年，第 107 页。
③ 引自《转型抉择——2020 中国转型升级的趋势与挑战》，中国经济出版社，2015 年，第 110 页。

好。据统计,2013 年,我国与"一带一路"沿线国家和地区的贸易额超过 1 万亿美元,占我国外贸总额的四分之一。[①] "十三五"期间,此领域贸易额还将大幅度上升;同时,"一带一路"建设将大力促进我国相关地区包括西北地区、东北地区、西南地区、沿海和港澳台地区、内陆地区的多方面发展,促进市场扩大、需求提升、产业升级和产能输出等,全面拉动相关地区经济的发展。据中金公司初步估计,未来 10 年我国对"一带一路"地区的出口占比有望提升至三分之一左右,我国在"一带一路"上的总投资有望达到 1.6 万亿美元。[②] 为此,由我国牵头成立了由五大洲 57 个创始成员国共同发起的亚洲基础设施投资银行,另外还成立了中资丝路基金,共同为"一带一路"提供金融支持。2015 年 5 月 7 日至 12 日,习近平主席出席俄罗斯纪念卫国战争胜利 70 周年庆典并访问俄罗斯、哈萨克斯坦、白俄罗斯,在完成其他外访任务的同时,与三国共同商讨推进丝绸之路经济带建设大计,中国和三国累计签署各类合作文件和协议近 90 项,涵盖经贸、能源、航天、金融、投资、基础设施等各个领域。这些丰硕成果展现了中国同三国共建丝绸之路经济带的诚意和决心。[③] "一带一路"这一战略部署带来的巨大的国内外新需求,将对我国有效应对经济发展"新常态"、跨越"中等收入陷阱"和翻越"高收入高墙"形成新的强大推动力,这无疑将有利于发展扩大我国的中产阶层。

(三)转变经济发展方式,提升经济质量

我们在保持经济发展中高速度、开辟新的市场需求、进一步做大"蛋糕"的同时,还必须加快经济发展方式的转变,切实保证做好"蛋糕",加快

---

① 此段有关数据引自《转型抉择——2020 中国转型升级的趋势与挑战》,中国经济出版社,2015 年,第 244 页。
② 引自《"一带一路"总投资有望达 1.6 万亿美元》,和讯网,2015-01-08。
③ 引自《纪念二战伟大胜利,谱写丝路合作新篇——外交部长王毅谈习近平主席出席俄罗斯纪念卫国战争胜利 70 周年庆典并访问俄罗斯、哈萨克斯坦、白俄罗斯》,《人民日报》,2015 年 5 月 13 日。

提高"蛋糕"质量。这也是关系能否"跨陷阱、翻高墙"和发展扩大中产阶层的关键环节之一。

一是要改造提升制造业。稳步淘汰其中的低附加值行业和企业，全面提升制造业的技术水平，特别是核心技术水平，推进制造业数字化进程，增强我国制造业在全球中高端产业链的竞争力，向"工业4.0"时代迈进。二是培育发展战略性新兴产业。贯彻落实《国务院关于加快培育和发展战略性新兴产业的决定》，培育发展节能环保、新一代信息技术、生物、高端装备制造产业使其成为国民经济的支柱产业；培育发展新能源、新材料、新能源汽车产业，使其成为国民经济的先导产业；创新能力大幅提升，掌握一批关键核心技术，在局部领域达到世界领先水平；形成一批具有国际影响力的大企业和一批创新活力旺盛的中小企业；建成一批产业链完善、创新能力强、特色鲜明的战略性新兴产业集聚区。三是推动能源生产和利用方式变革，大力推行节能减排，逐步淘汰高消耗、高污染、高排放企业，既大量节约能源，又大力改善生态环境。四是全面提高信息化水平，推动经济社会各领域的信息化，大幅度提高经济社会领域的工作效率，促进经济社会的快速健康发展。

以上这三方面保增长、扩需求、转方式的基本措施，决定着我国的经济"蛋糕"能否做大做好，决定着我国能否顺利跨越"中等收入陷阱"和翻越"高收入高墙"，也决定着我国中产阶层的发展扩大是否具备坚实的经济基础，因而意义和作用极为重要。

三、调整经济、社会结构，扩大全面"兴中"人员来源

如前所述，中产阶层的发展扩大既需要经济基础的依托，也离不开社会条件的支撑，主要是要通过以下基本措施和渠道来提供和扩大中产阶层的人员来源，这是发展扩大中产阶层的长期性重要工作。

（一）调整产业结构、就业结构增加中产阶层人员

改革开放以来特别是近 10 年来，我国产业结构随着经济发展和经济体制改革的相应调整，发生了很大变化。2013 年是我国三次产业结构变化最有标志性意义的一年。第三产业所占 GDP 比重首次超过第二产业，高达 46.1％，第二产业占比为 43.9％，第一产业占比为 10％；2014 年第三、第二、第一产业占比进一步顺次调整为 48.2％、42.6％和 9.2％。[①] 与此相适应，三次产业的就业结构也发生了很大变化。2013 年年末，在全国 76977 万就业人员中，从事第三产业的就业人数为 29636 万；从事第二产业的就业人数为 23170 万；从事第一产业的人数为 24171 万。三次产业就业人员的占比由 2005 年的 31.4％、23.8％和 44.8％调整为 2013 年的 38.5％、30.1％、31.4％。其中，第三产业、第二产业分别增加了 5865 万人和 5086 万人。[②] 这 8 年来，第三产业从业人员占比每年约增加 0.9 个百分点。这一趋势在"十三五"期间及其以后还将继续下去。在此基础上，2013 年我国第三产业中的服务业就业人员占当年全国就业人员总数 76977 万人的 38.5％[③]，达 29636 万人；其中现代生产性服务业、现代生活性服务业发展很快，按占 25％估算，也有 7409 万人，基本都是白领、灰领岗位人员；按服务业就业人数占比每年增加 1 个百分点计算，每年即可增加白领、灰领岗位人员 70 多万人。第二产业中的高新技术行业当前及今后也有快速发展，第二产业中的许多大中型企业升级换代也在抓紧推进，这都将增加大量灰领以及白领岗位。产业结构引发的就业结构变化，使白领、灰领岗位及其人员相应大量增加，为中产阶层的扩大提供了大量相应职业、岗位及其人员支撑。

---

① 数据引自国家统计局 2013—2014 年《国民经济和社会发展统计公报》。
② 根据《中国统计年鉴 2014》和《中国统计年鉴 2006》数据整理。
③ 引自《转型抉择——2020 中国转型升级的趋势与挑战》，中国经济出版社，2015 年，第 16 页。

与此同时,我国农业生产结构也在调整,许多地方都在扶持农业生产规模经营户的发展。农民中的规模生产经营户具有较高的农业生产效率,是我国农业发展的骨干力量,也是中产阶层的主要潜在组成部分,成为扩大中产阶层的又一个职业及人员来源。

(二)推进城镇化促进更多农民转变为市民

根据国家统计局数据,2000年以来我国城镇化率逐年提高(见表8-1),除2008—2010年三年因受国际金融危机冲击,城镇化率年均增长低于1%以外,其他年份每年增速都在1%以上,个别年份还增长2%。到2014年,我国城市化率已经达到54.77%。近几年每年转入城镇常住的农村居民都高达1800万~2000万人。

表 8-1　2000 年以来中国城市化率①

年份	2014	2013	2012	2011	2010	2009	2008	2007
城市化率(%)	54.77	53.70	52.57	51.27	47.50	46.59	45.68	44.94
年份	2006	2005	2004	2003	2002	2001	2000	1999
城市化率(%)	43.90	42.99	41.76	40.53	39.09	37.66	36.22	30.89

而据中国(海南)改革发展研究院测算,2013年我国实际人口城镇化率只有36%。② 另外,据中国社会科学院2013年《城市蓝皮书》测算,2012年我国实际人口城镇化率为42.2%。考虑到国家统计局数据未分析城镇常住人口中的大量农村户籍居民是否真正融入城镇的情况,还是以两家研究机构的数据为参考,取二者的稍高一点的平均值40%作为当前基数。结合我国近8年来城镇化率的增长速度,考虑2020年乃至2030年的我国

---

① 根据百度文库《国家统计局:中国城市化率(1949—2013)》和国家统计局发布的2014年经济数据整理成本表。

② 比例引自国家统计局《2014年国民经济和社会发展统计公报》。实际人口城镇化率是指真正享受城镇居民各项基本公共服务及其相关待遇的人口占全部人口比例。

整体发展前景,并做国际横向比较,预计届时我国实际人口城镇化率的合理区间应不低于50%～65%。由此推算,前5年每年约有2个百分点的增长,每年约有2600万的农村人口融入城镇;后10年每年约1个百分点的增长,每年约有1300万的农村人口融入城镇。试想,如果采取措施帮助每年转入城镇的2000万左右的农民真正融入城镇,在城镇有比较稳定的就业,并使他们能够享受城镇居民基本公共服务待遇;同时使其中20%的人能够获得当地社会平均收入水平,进入中产阶层收入的下限,那每年就可增加400万左右的中产阶层潜在人员。因此,顺应城乡结构调整的潮流,采取多方面措施帮助进城农民真正融入城镇,促进其稳定就业并实现收入的提高,是扩大中产阶层的又一极为重要的途径。

(三)调整收入分配结构增加中产阶层人数

在近年来实行"两个同步原则"[1]和"提低、扩中、控高"措施的基础上,我国居民收入比重和劳动报酬比重逐渐有所提高,城乡、地区、行业、群体之间的收入差距总体上均呈现缩小趋势。其中,我国城乡居民收入差距由2009年的3.3倍缩小到2013年的3.01倍[2],2014年再缩小到2.75倍[3];地区平均工资差距由2008年的2.69倍,缩小到了2012年的2.33倍;按20个门类划分的行业工资差距,由2005年的4.88倍,缩小到2012年的4.30倍[4],2013年进一步缩小到3.86倍[5];企业高管和普通职工间的收入差距,总体上看也略有缩小;全国城镇居民五等份分组最高组与最低组人均可支配收入差距,由2008年的5.7倍缩小到2013年的4.93倍[6]。特别

---

[1] 即居民收入增长与经济发展同步、劳动报酬增长与劳动生产率提高同步。
[2] 引自《2013城乡居民收入差距连续四年缩小》,中国城乡统筹发展网,2014-02-16。
[3] 根据《2014年国民经济和社会发展统计公报》有关数据计算。
[4] 引自刘学民(主编):《中国薪酬发展报告2013—2014》,中国劳动社会保障出版社,2015年,第4～21页。
[5] 根据《中国统计年鉴》相关年份数据整理计算得出。
[6] 根据《中国统计摘要2014》"中国历年按五等份分组的城镇居民家庭收入与支出统计"数据计算。

是城乡居民收入的中位数相当于平均数的比例也出现缓慢提高的趋势。按国家统计局目前刚公布的年份数据分析,从 2011 年至 2014 年,除 2012 年以外,城乡居民可支配收入的中位数相当于平均数的比例是持续提高的。其中,2011 年城镇居民人均可支配收入为 21810 元,当年城镇居民可支配收入的中位数为 19118 元,后者相当于前者的 0.879;同年农村居民人均纯收入 6977 元,中位数为 6194 元,后者相当于前者的 0.8877。2013 年城镇居民人均可支配收入 26955 元,中位数为 24200 元,后者相当于前者的 0.8977,比 2011 年稍提高了 0.0187;同年农村人均纯收入 8896 元,中位数为 7907 元,后者相当于前者的 0.8888,比 2011 年稍提高 0.0011①。2014 年我国城镇居民人均可支配收入 28844 元,中位数为 26635 元,后者相当于前者的 0.9234,比 2013 年再稍提高了 0.0257;同年农村人均纯可支配收入 10489 元(人均纯收入 9892 元),中位数为 9497 元(农民人均纯收入未发布中位数),后者相当于前者的 0.9054,比 2013 年再稍提高 0.0166②。这表明城乡居民中人均可支配收入水平达到平均数水平的人数和比例都在逐渐增加,低于平均数的人数和比例在逐渐减少,这显示城乡居民内部分配关系在逐渐改善。当然,以上这些根据国家统计局发布数据计算的结果,可能与老百姓的实际感受仍存在一定差距,但从近些年来有关数据的发展变化趋势看,总体上确实是朝收入差距缩小方向发展的。我国在向 2020 年全面建成小康社会和 2030 年迈进的过程中,要继续加大调整收入分配关系的力度,为中产阶层的扩大提供直接支持。

一是继续提高两个比重。经研究测算我们建议,应争取在 2020 年使居民收入占国内生产总值比重达到 65%,劳动报酬比重达到 53%,2030 年这两个数字分别向 69% 和 58% 靠拢,实现分别高于改革开放以来我国居民收入、劳动报酬两个比重最高年份标准的目标。二是继续缩小城乡居

---

① 根据国家统计局公布的 2011、2013 年《国民经济和社会发展统计公报》有关数据计算求得。
② 根据国家统计局公布的 2011、2014 年《国民经济和社会发展统计公报》有关数据计算求得。

民收入差距。争取在 2020 年使城乡居民收入差距缩小到 2.5 倍左右，2030 年争取缩小到 2.2 倍以内。三是继续缩小地区平均工资差距。争取在 2020 年缩小到 2.1 倍左右，2030 年争取缩小到 1.8 倍以内。四是继续缩小行业薪酬差距。争取在 2020 年缩小到 3.4 倍左右，2030 年争取缩小到 3 倍以内。五是继续缩小居民群体之间的收入差距。争取在 2020 年将城镇居民最高收入组与最低收入组差距缩小到 4.6 倍左右，农村居民最高收入组与最低收入组差距缩小到 7.8 倍左右；2030 年将城镇居民最高收入组与最低收入组差距争取进一步缩小到 4.2 倍左右，农村居民最高收入组与最低收入组差距缩小到 6 倍以内。① 六是缩小居民收入中位数与平均数的差距。目前这二者差距呈现逐渐缩小的趋势，保持这一趋势非常重要。通过以上提高两个比重、缩小四方面差距，应能够维持中位数与平均数差距缩小的趋势，到 2020 年使城乡居民收入的中位数接近平均数，其后几年使中位数等于甚至稍高于平均数，那将有利于使我国居民收入分配格局由现在的"底部大"，逐渐转变为正态分布，这将促进我国中产阶层人数明显增加。

（四）调整其他社会结构，改善中产阶层发展条件

其他社会结构还包括教育结构、组织机构、区域结构等。目前，教育结构不合理，教育资源主要集中在大城市，中小城市偏少，农村很少；相应的大、中小城市和城乡之间劳动者与居民的受教育程度也有较大偏差；这些都不利于中产阶层在大、中小城市和城乡之间比较均衡地发展。为此需要调整教育资源和教育结果的结构，使之相对均衡。组织结构是指国家组织、经济组织和社会组织等之间及内部的相互关系，目前这方面存在不少问题，这事关现代国家治理体系和治理能力的建设，也影响到激发社会活

---

① 以国家统计局关于城乡居民五等份分组现有数据最大差距为基础，未考虑国家卫计委关于居民家庭五等份最高收入组与最低收入组差距 19 倍的情况。

力和经济社会的有序运转,不利于中产阶层的成长和发展。区域结构是指国内不同地区之间资源配置及其发展状况等因素之间的相互关系,目前的基本特征仍然是不平衡,这事关国家协调发展和稳定大局,也直接影响中产阶层在我国不同区域的均衡分布。这些结构的调整对中产阶层在全国范围内包括城乡之间、地区之间、行业之间、主要职业之间的协调均衡发展,具有重要的促进作用。因此,也要作为相关事项进行调整。其中,教育结构的调整尤为重要,将其与前面分析的职业、岗位结构调整紧密结合起来,将有利于使职业、岗位结构和教育结构与收入、财产结构有机联系起来,使中产阶层的主要构成因素由现在各自形状差异较大逐渐变成形状接近和趋同,这对于扩大中产阶层并促进其朝着成熟状态发展具有十分重要的作用。

四、全面深化经济社会体制改革,扫除全面"兴中"障碍

不论是国际有益经验还是国内实践都表明,中产阶层的发展扩大是以经济社会体制弊端的消除为充分必要条件的。因此,全面深化经济社会体制改革,消除其阻碍中产阶层发展扩大的各种障碍,是具有治本意义的关键措施。

(一)深化经济体制改革,消除市场主体平等竞争发展的障碍

按照《中共中央关于全面深化改革若干重大问题的决定》的部署,在经济领域要进行多方面深化改革。其目的,就是要打破经济资源配置权限的不公平和配置结果的不合理,保证各类市场主体都能够在市场上平等竞争,从而全面激发市场主体的积极性、主动性和创造性,为做大做好"蛋糕"和追求共同富裕提供制度支撑。这一领域的深化改革对发展扩大中产阶层至关重要,其中与之联系紧密的改革主要有以下几项。

第一,产权制度改革。目前我国各类市场主体的产权仍不够明晰,特别是权益不平等、保护不对等,从起点上扭曲了市场竞争和交易关系,极不利于中小微企业以及创业和创新者的生存与正常发展,因而也极不利于中产阶层发展扩大。为此,要健全归属清晰、权责明确、保护严格、流转顺畅的现代产权制度,并使该制度持续有效地运转,保证各种所有制经济依法平等使用生产要素,公开、公平、公正地参与市场竞争,同等地受到法律保护。在此基础上,积极发展混合所有制经济,推动国有企业完善现代企业制度,支持非公有制经济健康发展。这是经济领域从源头上维护公平的治本措施之一,所谓"有恒产者有恒心",明晰产权对于促进中小微企业经营者和劳动者以及创业、创新者进入中产阶层具有重要作用,这一制度的建立健全需要持之以恒的努力。

第二,改革和完善市场体系。目前我国的市场体系仍然存在比较明显的分割和垄断现象,在人们的潜意识中也大多是靠关系做生意,而不是按照规则进行市场交易,从而使源头就不清晰、不公平的市场,在其运行过程中更加扭曲和混乱不堪,使市场资源的配置很不合理,极大地影响了市场的效率和许多市场主体的正常生存与发展,进而也阻碍了中产阶层的发展扩大。为此,要加快建设统一开放、竞争有序的市场体系,使市场在资源配置中起决定性作用。要建立公正、公平、开放、透明的市场规则,实行统一的市场准入制度,在制定负面清单基础上,各类市场主体可依法平等进入清单之外的领域;推进工商注册制度便利化,削减资质认定项目,由"先证后照"改为"先照后证",把注册资本实缴登记制逐步改为认缴登记制;改革市场监管体系,实行统一的市场监管,清理与废除妨碍全国统一市场和公平竞争的各种规定及做法;凡是能由市场形成价格的都交给市场,政府不进行不当干预;建立城乡统一的建设用地市场,完善金融市场体系,从制度建设上切实解决中小微企业融资难问题,同时完善人民币汇率市场化形成机制;打破各种形式的行政垄断、资源垄断,消除各种隐性壁垒,制定非公有制企业进入特许经营领域的具体办法;最终形成企业自主经营、公平竞争,消费者自由选择、自主消费,商品和要素自由流动、平等交换的现代市场体系。这是经济领域在运行中维护公正、公平的又一治本措施,对于发展扩大中产阶层具有重大作用,达成其目标也需要长期的努力。

第三,改革完善国民收入分配体系。要统筹研究,妥善处理好国家、企业、居民三者分配关系,妥善处理好中央与地方的分配关系;规范一次分配、二次分配和三次分配。改革完善包括财政税收体系、薪酬分配制度、社会保障体系、居民财产收益分配制度等。从长远看,重点是建立健全现代财政税收体系以及居民财产收益分配制度。其中,建立健全现代财政税收体系,一要根据国家经济发展水平及政府、企业、居民的不同合理需求,分析判断三者之间合理的分配比例关系各是多少,作为协调处理三者分配关系的引导。二要构建统一完整的国家财政收入体系,将各级政府的各种税费收入,土地出让金收入,国有企业和国有资本、资产各项收益等均纳入国家财政预算管理,防止"跑、冒、滴、漏";同时开征环境保护税,研究开征房产税等,逐步建立综合与分类相结合的个人所得税,协调平衡征收工薪劳动者收入与高收入群体财产收入、经营收入的个人所得税的关系,改变重前者轻后者的征税做法,协调平衡好劳动、资本等要素的纳税基础、税率及其缴纳的税费水平;健全地方税收体系,形成稳定税源;要改进完善税收制度,在实施"税收法定"时,明确重点应是对政府控制其自行提高税率,同时应留出政府可降低税率的空间,以利于中央与地方政府根据实际情况和需要择机下调税率,就继续减轻中小微企业的税费负担做出制度性安排。三要改进完善政府支出体系,提高基本公共服务占财政支出的比重,明确教育、医疗、社会保障等财政支出比例的下限,并随财政收支盘子的扩大逐步提高其比重;明确各级政府党政公务和行政性事业支出占财政支出比例的上限,尤其要压缩其中"三公经费"的支出比例,并随机关事业单位机构和人员编制等改革合理压缩党政公务支出和行政性事业支出;同时建立事权与支出责任相适应的制度,相应建立中央对地方的一般性转移支付增长机制,协调好中央与地方的财政支出责任。四要强化各级人大代表对各级政府财政收支预决算的审议监督,改进完善财政收支预决算报表,规范每年两会期间各级人大代表审核各级政府财政收支预决算的程序和时间,切实发挥好各级人大会议和人大代表的监督作用,形成一种可操作的制度性安排,切实保证纳税人的钱用得合法、合规、合情、合理。改革完善居民财产收益分配制度,主要是结合完善产权制度,进一步明确居民的房产所有权及其出租出售收益权、农民的宅基地占有使用权及其出租出售收益权、农民集体土地流转收益分配权等,健全民众的不动产收益分配制度,以切实保障居民出租出售房地产的收益、农民的土地转让收益等;同时,要进一步健全股市交易收益分配制度、投资收益分配制度等居民动产收益分配制度,以更好地保障居民的动产收益。以上这些制度实施的最终结果应该达成政府、企业、居民三者之间分配关系合理,国民收入分配格局和其中居民收入分配格局合理的目标,从而有利于实现共同富裕,有利于扩大中产阶层。

(二)深化社会管理体制改革,消除阻碍中产阶层发展扩大弊端

按照《中共中央关于全面深化改革若干重大问题的决定》的部署,在社会领域也要进行多方面深化改革。其目的是为建立自由、平等、公正、法治的社会提供制度规范,开通社会各层级人员纵向、横向流动的通道,激发社会及其成员的活力。这对于发展扩大中产阶层也极为重要。其中主要是要处理好政府管理与社会及其成员自治的关系。

一是要改革管理体制,正确履行政府职能。深化行政体制改革,创新行政管理方式。凡市场机制能有效调节的经济活动,一律取消审批,对暂时需要保留的行政审批事项要规范管理、提高效率;直接面向基层、量大面

广、由地方管理更方便有效的经济社会事项，一律下放地方和基层管理。同时通过优化政府管理流程和组织机构，正确确定各级政府及其部门的职能，科学定编定员，完善决策权、执行权、监督权既相互制约又相互协调的行政运行机制，既提高管理效率，又减轻社会负担。对其中有一项以往一直没有做又十分重要的工作要做出安排，即中华人民共和国到底需要多少公务员和从事其他相关公共事务的人员，包括党政机关工作人员，公安、法院、检察院机构人员，公共医院工作人员，义务教育人员等。要列专题进行研究，在正确界定公共部门职能、职责的基础上，采取量化分析、纵向与自己比较和横向与国际（境外）比较①的科学合理测算等方法，来核定一定时期内全国以及各地区、各领域、各部门、各单位的公务人员数量标准，改变民间诟病的所谓"八顶大盖帽管一顶烂草帽"的状况，从源头上真正落实简政放权，进一步促进转变政府职能，同时提供更高质量和更多数量的社会管理和公共服务。通过以上多方面措施，增强社会的活力。

二是要健全城乡一体化体制机制。主要是彻底打破城乡分割管理体制，推进城乡要素平等交换和公共资源均衡配置；全面推进户籍制度改革，全面实施居住证制度，建立健全与居住年限等条件相挂钩的基本公共服务提供机制；统筹城乡基础设施建设和社区建设。可研究划出专门资金用于农村基础建设和社区建设，这是市场经济发达国家消除城乡差别的重要措施之一，其经验值得我们认真借鉴；同时这也为我国少数经济发达地区的类似实践所证明效果良好。当前及今后相当一个时期，我们都应努力推进城乡基本公共服务均等化，逐步提高农民基本公共服务待遇水平，缩小其与城镇居民相关待遇的差距。

---

① 据了解，我国香港特别行政区的全部公务人员（包括政府工作人员、辅助政府机构工作人员、公共教育工作人员、公共医疗机构工作人员）是按照全部香港居民人口总数的3％核定的，600万香港人可配置18万公务人员，此比例多年不变。内地也可以研究出一种科学合理、符合国情的量化公务人员定编定员的办法，以此跳出以往政府机构"精简一次，膨胀一回"或完全靠政府首脑个人的决心来核定公务人员编制的旧圈。

三是要深化教育体系改革。要大力促进教育公平,统筹城乡义务教育资源均衡配置,构建利用信息化手段扩大优质教育资源覆盖面的有效机制,逐步缩小区域、城乡、校际差距;健全家庭经济困难学生资助体系;深化大、中、小学校教材和教学方法的改革,使中小学教材和教学方法能够适应青少年和儿童基础知识学习和道德情操培养的需要,大学教材和教学方法应能够适应市场和培养创新人才、复合型人才的需要;加快现代职业教育体系建设,深化产教融合、校企合作,强化在职学习培训,让各类用人单位都形成高度重视并有效实施在职在岗学习和培训,自觉培养高素质劳动者和技能型人才。让社会各种家庭背景的学生和不同层级的劳动者均享有平等的受教育权利,都能够站在受教育的同一条起跑线上。

四是要全面加强法治建设。主要是进一步完善保障人民权力和公民权利的各项制度,推进社会治理体制创新和法律制度建设,进一步健全人民代表大会制度,增强人民代表的立法权、任免权、重大事项决定权等,更好地代表人民监督政府;同时深入推进依法行政,加快建设法治政府;保证公正司法,提高司法公信力;进一步保障宪法规定的公民的政治、经济、社会、文化等各项权利;增强全民法治观念,推进法治社会建设等,为建立自由、平等、公正、法治的社会提供法律法规和制度支撑。

通过以上几方面改革,建立起社会成员纵向、横向自由流动,有序升降和移动的局面,促进中产阶层的发展扩大。

五、加强教育和精神文明建设,促进中产阶层整体素质的提高

成熟的中产阶层的标志,就是共同拥有符合社会发展潮流的统一价值观和行为规范。由于我国曾经历"文化大革命"十年内乱,中华民族几千年的优秀传统文化受到全面冲击和破坏,再加上改革开放以来曾较长时间放

松思想教育工作,"一切向钱看"思潮曾一度泛滥;近些年来,更有西方思潮乃至西方敌对势力对我国思想文化领域的侵蚀,同时国内也出现了极左、极右思想的干扰,因而造成思想文化领域的认识比较混乱,全社会人们的思想道德水平出现了较大程度的滑坡。受此影响和冲击,我国中产阶层无法置身事外,也相应出现认识混乱和思想滑坡等问题。对此,必须把中产阶层建立统一价值观和行为规范的工作纳入到全民族社会主义精神文明建设的系统工程之中,随着"四个全面"治国理政方略和全国精神文明建设工作的推进,有针对性地采取以下措施,促进中产阶层整体素质的提高。

(一)梳理明确中产阶层素质提升的思路

毫无疑问,中产阶层素质提升有赖于全国人民精神文明建设的整体进程。全国精神文明建设氛围比较好,进程比较顺畅,效果比较明显,中产阶层素质提升也就比较快。但同时,中产阶层作为广大人民群众中的特定群体,其职业相对稳定且得到社会认可,所受教育程度相对不低或较高,其生活水平已经进入全面小康和比较富裕状况,其人员大多数有条件也有意愿追求社会尊重和自我价值实现,因而这个群体提升素质比社会低层级人员具备更多有利的条件。为此,中产阶层素质提升的路径应具有自身的特点。我们可以沿着素质提升的对象、内容、方式和处所、结果这一脉络来梳理。一般而言,中产阶层素质提升的对象包括其中的劳动者及其家庭成员两大群体。以 2015 年为时点来划分,其中劳动者群体可大体划分为两个部分,即 20 世纪 70 年代及以前出生的劳动者和"80 后"、"90 后"劳动者;而家庭成员特别是其中尚未成人的青少年和儿童,其思想认识教育又有自身的特点,因而可与劳动者区分开来。这两个群体及其两个部分人员的素质提升总的要求和大方向是相同的,都是培育有理想、有道德、有文化、有纪律的社会主义公民,树立爱国、敬业、诚信、友善的公民核心价值观,但具体内容特别是近期亟须培育的内容则是不一样的。就培育方式和处所而言,应对两大群体和两个部分人员有所区别;就其结果而言,两大群体和两个部分人员也会各有不同。按这样一条思路开展中产阶层素质提升工作,可望取得更好一点的效果。

(二)分类开展工作,提升中产阶层的整体素质

一是区分素质提升工作对象。就全国而言,20世纪70年代及以前出生的劳动者,特别是其中20世纪五六十年代出生的劳动者,受"文化大革命"前的传统教育多,具备较多相同、相近的思想认识观念和水平;而"80后"、"90后"的青年劳动者,则与前一部分劳动者有较大区别,因而可区分开来。但在不同地区尤其是不同用人单位,由于人员构成的不同等,则还应该根据实际情况考虑是否需要进一步区分,以利于更有针对性地开展素质提升工作。中产阶层家庭成员的重点是其中的大学生和未成年人,对他们无疑应作为一个特别的素质提升对象群体。

二是分类确定培育内容。在坚持培育有理想、有道德、有文化、有纪律的社会主义公民,树立爱国、敬业、诚信、友善的公民核心价值观的大前提下,基于中产阶层内部群体、人员部分划分的不同,其思想认识面临的问题及其需求也就不同,因而需要分类确定不同的培育内容,所确定的培育内容应该是被培育者所最缺乏的。其中,20世纪70年代及以前出生的劳动者,其一般具备热爱劳动、勤奋工作等好品质和尊重组织、服从领导、听从指挥等传统观念,但由于大多数人曾受社会、人生多次变迁的冲击以及社会负面因素影响,容易产生不信任人、不愿全力付出、不大相信真善美事物等偏差认识。他们既批判社会上拉关系、会钻营、搞腐败等现象,不少人内心又时而羡慕;他们中大多数人既反感不守规矩、出行时闯红灯、购物时乱插队等做法,但因受过去长期短缺经济资源匮乏的影响,轮到自己时往往也同样作为,在行为习惯上容易产生不遵守社会文明进步规则的现象。对此,培育内容一般应更多注重职业道德、诚信、遵守社会文明规范以及对极

左、极右错误思潮的具有说服力的批判等,以树立正确观念,纠正现实中存在的相关问题,并在此基础上向更高一些的素质水平迈进。而"80后"、"90后"劳动者,一般都具备思想开放、独立性强、接受新事物快、不墨守成规等优点,但不少人同时也存在以自我为中心、以物质经济为主导,历史观、价值观模糊等思想认识偏差,部分人还存在"娇骄"二气。对此,则需更多地注重培育爱国、敬业、团队协作、集体意识、奉献精神等思想观念,以引导其朝正确方向前进。对上述两部分劳动者,各用人单位还可根据本单位实际,再进一步细致分析,针对人们思想认识存在的突出问题开展思想教育等工作。对中产阶层家庭的大学生,主要应注重培育其正确的世界观、历史观、价值观、人生观,对比介绍中西方关于世界、中国的历史演变以及关于价值、人生等的认识,不回避社会上已流传的各种政治、经济、文化观点以及极左和极右的看法,既理性批判其中的错误认识,又客观介绍正面观点,用历史和现实中重大事件的事实、案例来引导大学生接受正确的"四观"。对未成年人则需注重培育基本的人际交往规范和社会文明礼仪,切忌搞那种"假大空"的思想认识教育,如一般泛泛地教育青少年和儿童"五讲四美三热爱"等,而应该教育他们尊敬师长、关心同学、热爱父母,努力学习、关心集体,遵守交通规则、不插队、不乱丢垃圾等这些看得见摸得着的基本文明规范。其中,对初、高中学生培育的内容可再丰富一些,层次再高一些。为这些青少年和儿童今后进入社会、参加工作或自谋职业、自我创业打下基本的价值观、行为规范基础。

三是选择恰当的方式和处所进行培育。对1970年及以前出生的劳动者群体,一方面要做一些社会主义精神文明建设的宣讲,提关于爱岗敬业、诚实守信、遵守社会文明规范等要求;另一方面要尽可能多地用正反两种实际例子来教育人,比如用当前反腐败案例、出国旅游不遵守规则丢人现眼等反面案例教育人,同时用感动中国、爱岗敬业模范人物等正面案例教育人,或者以本地区、本单位的正反案例教育人。对"80后"、"90后"劳动者,一方面要进行关于爱国、敬业、团队协作、集体意识、奉献精神等思想观念的宣讲;另一方面也应使用实际案例来引导、感染人,特别是要使用青年人喜欢听、看和乐于接受的语言、图影等媒介和手机、投影仪等载体来开展工作,以取得好的效果。其培育处所、途径可以与用人单位企业文化建设或地区精神文明建设工作融为一体,通过用人单位会议、班前班后小会、职工大会、单位内部培训班、职工学校、员工手册、企业墙报等,也可以通过社会报刊、短信、网络或家庭等来实施。对中产阶层家庭的大学生,切忌用生硬的语气、老化的政治术语或官腔等进行宣传教育,应允许大学生讨论,在讨论中用正确的理论和观点循循善诱;对未成年人,则应围绕基本的人际交往规范和社会文明礼仪,采取更为生动活泼、浅显易懂的方式方法进行培育;其处所、途径包括高等院校、高中或初中学校、幼儿园,还有家庭以及社会。用最易于为人们所接收的方式方法和途径培育正确的价值观与行为规范,这是中产阶层素质提升工作的关键环节。

四是结果评估和改进。用人单位,特别是开展此项工作的地区应对本单位、本地区精神文明建设以及中产阶层素质提升工作的结果进行评估,以判断此项工作推进的效果如何,是否达到预期目标。一般而言,一个用人单位队伍或一个地区人民群众的精神面貌比较振作,行为举止比较规范,通过短信、网络等渠道传播的信息比较健康,单位或地区社会风气比较正等,尤其是与以前相比有改善提升,表明所在单位或地区精神文明建设工作取得了较好效果,已采取的措施基本可以继续实施或稍加健全。反之,则表明已采取措施存在某些或较多不足,需要调整和改进。通过结果评估做出客观判断,改进不足和欠缺,促进下一阶段的工作取得更好的结果。

需要强调的是,社会和单位精神文明建设以及其中中产阶层素质的整体提升工作要想取得明显成效,除了自身工作要做到位外,更多地决定于"四个全面"治国理政方略贯彻落实得如何。全面从严治党做得好,反腐倡廉工作取得更大成绩,党风端正了,将能够带动整个社会风气朝好的方向转变;全面依法治国取得新进展,法律健全、法治公正,法律面前人人平等,冤案、错案等得到纠正,将为精神文明建设和中产阶层素质整体提升提供法律支撑;全面深化改革攻坚克难,全面建成小康社会目标达成,将为精神文明建设和中产阶层素质整体提升提供体制机制与物质支撑。可见,这是一项长期而艰巨的综合性工作,或者说它要由"四个全面"治国理政方略的贯彻落实加精神文明建设工作取得重大进展后才能获得良好结果,需要我们几代人为之做出长期不懈的努力。

以上这五方面中长期治本措施,各有不同的功能作用,相互依存、相互促进。将全面"兴中"作为大国转型的重要任务,将发挥统一认识,把握定位的作用,引导其后四方面工作沿正确方向推进;保持经济健康持续发展,做大做好社会财富"蛋糕",是为中产阶层的发展扩大奠定物质基础;调整经济结构、社会结构,是为中产阶层的发展扩大提供人员来源;全面深化经济社会体制改革,是保证公平合理分配"蛋糕",让更多劳动者和居民获得中等收入和财产并能如愿从事白领、灰领岗位及其他自己适合的工作的关键环节,为中产阶层搭建起本阶层框架;而加强教育和精神文明建设,是铸造中产阶层灵魂、形成规范行为的基本措施。这五方面中长期治本措施的实施,将有助于中产阶层规模的扩大、收入和财产水平的提高、质量的提升、结构分布合理,形成正确的价值观和行为规范,并能够在社会上发挥正面引导推动作用。一句话,将有助于我国中产阶层的全面兴起。

第九章　当前全面"兴中"的重点工作

本章系统阐述当前我国中产阶层全面兴起的五方面重点工作：一是要将全面"兴中"作为重大的社会建设任务，将发展扩大中产阶层纳入国民经济和社会发展规划，并列入各级政府的日常议事日程；二是要深化收入分配制度改革；三是进一步健全社会保障体系和就业创业扶持体系；四是力争在当前城乡、产业、职业结构调整中取得明显进展；五是充分发挥用人单位和劳动者的主体作用，鼓励用人单位积极培育中产者，劳动者努力成长为中产者。

在第八章梳理明确全面"兴中"的中长期主要措施,基本回答全面"兴中"如何治本问题后,本章将集中分析和阐述当前直接促进发展扩大中产阶层的任务和措施,主要抓好五方面重点工作。

一、将"兴中"作为重大的社会建设任务

发展扩大中产阶层事关广大人民群众的切身利益,事关社会和谐与经济健康可持续发展,因此,有必要将其作为重大的社会建设任务,在国家宏观、地方中观层面列入国民经济和社会发展规划,进行部署。

(一)将发展扩大中产阶层纳入国民经济和社会发展规划

当前,国家和地方都在抓紧研究制定《国民经济和社会发展第十三个五年规划纲要》。值此之际,应考虑将发展扩大中产阶层纳入规划,以利于将其与国民经济和社会发展的大局紧密结合起来,引领当前及今后几年发展扩大中产阶层的工作。长期以来,我们的五年规划和年度计划在安排经济社会发展目标时,通常习惯于确定规模扩大、水平增长等指标,这在我国

处于工业化初中期、人民生活由温饱向小康迈进的阶段是完全必要的,但在我国进入中等偏上收入国家行列、工业化中后期和全面建成小康社会阶段,特别是我国经济社会结构性矛盾突出的背景下,发展目标光提规模扩大、人均水平增长等指标就明显不适应形势发展的需要了,应增加有关结构性调整的指标,以此指导和推动我们的经济社会发展。就人民生活持续改善指标而言,建议在发展目标中增加结构性调整指标或要求,把扩大中产阶层、逐步形成橄榄形社会阶层结构等纳入其中,而不是继续像现在一样,仅在原则中或其他非发展目标领域一般性提出结构调整的要求。考虑到中产阶层及社会阶层结构这些概念可能暂时难以达成共识,也可改换其他概念,如扩大中等收入群体,逐步形成橄榄形分配格局等。当前如果不适宜或难以在发展目标中提出明确的量化指标,就先提发展方向要求,待今后时机成熟后再提量化指标。总之,应该改变到目前为止各个五年规划在发展目标中只提居民人均收入提高指标的做法①,补充提出调整居民收入分配格局乃至调整社会阶层格局的要求,以更好体现我国作为社会主义国家追求共同富裕的本质特征,顺应人民的期盼,正如习近平总书记所强调的,使改革和发展大大增强广大人民群众特别是其中低收入阶层、中产阶层的获得感。

(二)把扩大中产阶层纳入各级政府的日常议事日程

在将扩大中产阶层纳入国民经济和社会发展目标后,接下来还要做好后续工作,将五年规划纲要中关于扩大中产阶层发展的目标分解落实到各级政府的年度工作计划,列入各级政府的日常议事日程,从而逐年推动此项工作。各级政府年度工作计划不一定设立具体量化指标,但应有发展方

---

① 《中华人民共和国国民经济和社会发展第十二个五年规划纲要》较以前各个五年规划(计划)有改进,在“第四章 政策导向”中提出了“明显增加低收入者收入,持续扩大中等收入群体”的导向要求,但在“第三章 主要目标”中则未提出此要求。

向要求,使用诸如"加快扩大"、"使中产阶层(或中等收入群体)有较多增加"等定性描述的要求,以此指导推动各年度发展扩大中产阶层的工作。各级政府在组织部署推动当地年度工作时,要将五年规划目标、年度计划要求分解下达到政府各有关主管部门,由各有关主管部门制定具体行动计划和实施措施,实实在在地推动扩大中产阶层的工作。还可以参考目前国家层面专门设立中央管理企业负责人薪酬改革领导小组的方式设立相关领导小组,由各级政府主管此方面工作的负责人担任组长,各有关主管部门的负责人担任小组成员,共同研究部署和推动此项工作,协调处理实施中遇到的问题,形成齐抓共管的合力,以期更顺利地推进全面"兴中"工作。

以上将扩大中产阶层目标纳入规划、相关工作纳入日常议事日程,是当前全面"兴中"重要工作的第一项,它将发挥顶层研究部署、指导推动工作的作用。

二、深化收入分配制度改革,扩大中等收入群体

收入分配制度改革直接决定公平合理的收入分配制度、规则的建立健全,直接影响居民收入、财产分配格局的合理调整,直接影响中产阶层的发展扩大。因此,在明确全面"兴中"发展目标并将全面"兴中"列入政府日常议事日程后,在继续做大、做好社会财富"蛋糕"的基础上,应将收入分配制度改革作为排在前列的全面"兴中"重点任务,抓好以下五方面工作。

(一)深化薪酬制度改革,扩大中等收入群体

薪酬是居民包括中产阶层的全部收入的主要部分。根据国家统计局数据,薪酬约占居民收入总量的 65％左右。同时,薪酬制度是收入分配体系的重要组成部分,对其进行改革,解决亿万工薪劳动者直接面对的分配问题,建立公平合理的薪酬制度和机制,实施"提低"、"扩中"、"控高",逐步

理顺薪酬分配关系,发挥其扩大中等收入群体,进而促进扩大中产阶层的重要作用,无疑是收入分配体系改革的首要任务之一。

一方面,要进一步改革完善企业薪酬制度,建立健全薪酬分配激励约束机制。一是改革国有企业高层经营管理人员的薪酬制度,规范国企高管薪酬分配。2014 年 8 月,中央深化改革领导小组专题审议并通过了《中央管理企业主要负责人薪酬制度改革方案》,同年 11 月,又以中共中央文件的名义下发了有关政策文件,对中央管理企业负责人薪酬制度改革做出了全面部署,进一步规范了中央管理企业负责人薪酬制度。目前,国务院主管部门正在部署推动其他中央企业负责人薪酬制度改革,同时,组织各地区参照《关于深化中央管理企业负责人薪酬制度改革的意见》精神,制定本地省属国有企业负责人薪酬制度改革方案和政策并组织实施。这是以上带下推动薪酬改革,从中央管理企业负责人薪酬改革到其他中央企业负责人薪酬改革,再到地方国企高管薪酬改革,然后拓展到国企其他人员和其他企业的薪酬制度改革。当前,要切实抓好其他中央企业高管薪酬制度改革,同时抓好地方所有国企高管薪酬改革,还要抓国有参股金融企业高管薪酬制度改革以及上市公司高管薪酬制度改革。当然,国企高管薪酬制度改革要根据国企功能分类实施差异化薪酬制度,不是一刀切。其中,公益保障类国企高管薪酬水平要从紧控制,与同层级公务员工资水平适当平衡,商业一类、商业二类①国企高管薪酬水平则可分别适当放开一些,对国企中真正由市场选聘、没有官员或准官员身份的职业经理人,则可参照市场同类人员薪酬水平合理确定。国有参股金融企业高管和上市公司高管薪酬改革,除对其中国有股东派出高管参照中央管理企业高管薪酬改革政策执行外,其他人员则应遵循市场规律,建立一套适应市场要求的高管薪酬监管机制和办法,核心是强化小股东监督权。比如通过修订《中华人民

---

① 2014 年以来,国务院国资委对中央企业进行了公益保障类、商业一类、商业二类三种类别的划分。

共和国公司法》或其实施细则,规定上市公司高管薪酬方案要提交股东大会半数以上股东在网上审议表决确定,从而杜绝上市公司高管实际上自定薪酬的现象。以上企业高管薪酬改革不会减少中产阶层人数①,反而有利于理顺薪酬分配关系,同时引导企业建立健全公平合理的薪酬分配机制,从而在宏观层面促进中等收入者人数增加,因而与扩大中产阶层相关。二是继续改进完善国有企业薪酬制度。首先要建立健全适应国有企业功能分类的薪酬总量决定机制,分类合理核定国企薪酬总量,为增加中等收入者,缩小不合理的行业、企业薪酬差距提供制度支撑。其次要建立健全统一公平的员工薪酬制度和薪酬能增能减的分配激励机制。各类国有企业一定要打破员工身份界限,在国企内部建立统一公平的薪酬制度,绝不能按所谓"正式工"、"临时工"身份去建立薪酬差距很大的不同制度。国企可以对工作性质和劳动特点不同的员工分别建立不同的薪酬制度与分配办法,但不同制度之间的薪酬水平差距必须控制在合理的范围之内,以有利于激励能力强、贡献大的各类人员,也有利于增加中等收入者。同时,根据员工完成绩效情况确定薪酬,在分配中向关键重要岗位且做出重要贡献的专业技术人员、经营管理骨干、技能工人等适当倾斜,下浮未完成绩效任务员工的薪酬。这是扩大中等收入者的重要途径,这些人员是中产阶层的重要成员。三是引导推动非公有制企业建立健全薪酬制度。首先要引导非公企业建立健全内部薪酬支付制度,加快杜绝按"行规"分配的错误做法;其次要引导非公企业健全薪酬分配制度,建立员工个人薪酬正常调整机制,改变员工在企业干若干年薪酬水平不动的做法;再次,要积极稳妥地推行非公企业实行工资集体协商和行业性、区域性工资集体协商,建立非公企业特别是劳动密集型中小企业员工薪酬总量及水平决定和正常调整机制,重点是对企业内技能工人根据其技能水平的提高、所做贡献的增加相

---

①　因北、上、广、深四地国有企业高管年薪降薪后如果仍在 35 万元及以上,其他地区国有企业高管年薪降薪后仍在 20 万元及以上,即为高收入者,超出本书量化界定的中产阶层范围。

应提高其工资,使他们特别是其中的高级工和技师的收入水平有较多增长,能够进入中等收入群体。这是提高低收入群体薪酬、促进其中部分人员进入中等收入群体的重要机制安排,涉及的低收入工薪劳动者约占全部在岗职工总数的 40%,若能实现,大约能使其中 15% 的人员的薪酬达到中等收入群体的收入下限(即达到平均薪酬水平),即可增加约 2460 万人。①

四是正确实施按技术、资本等要素分配的办法。各种所有制企业特别是其中高新技术企业,要加快建立健全技术要素参与分配机制,建立健全以实际贡献为评价标准的科技创新人才薪酬制度,鼓励企业对紧缺急需的高层次、高技能人才实行协议工资、项目工资等;探索建立科技成果入股、岗位分红权激励等多种分配办法,保障技术成果在分配中的应得份额;完善高层次、高技能人才特殊津贴制度;允许和鼓励品牌、创意等参与收入分配。这些人员是中产阶层的重要组成部分。同时,要稳妥推进员工持股制度。在股份制企业和上市公司,对具备条件的企业试行员工持股制度,开辟企业员工财产收益通道。其中,国有控股企业员工持股要完全符合条件才能试行,且只能由员工投资持股,不能分配实股和干股,以防止国有财产流失。五是进一步完善最低工资制度。重点是完善最低工资确定和评估机制。完善确定机制是要科学合理地选择最低工资的确定依据,特别是测算办法,使之既全国统一,又符合各地区实际;完善最低工资评估机制是要科学合理地确定各地区最低工资的区间及其上限、下限,以利于指导各地区科学合理地确定最低工资标准,指导各地区协调平衡最低工资标准与当地各种相关因素变动的关系,同时以利于国家协调平衡各地区最低工资标准水平的关系。这是依法维护工薪劳动者合法薪酬的底线,也是间接促进"提低"的措施。通过以上改革,进一步巩固和扩大企业中的中等收入者规

---

① 低工薪收入按低于在岗职工平均薪酬水平 50% 测算,约占全国工薪劳动者 4.1 亿的 40%,约 1.64 亿人,如果能使其中 15% 的人员薪酬达到在岗职工平均薪酬水平以上,进入中产阶层收入水平的下限,就能增加 2460 万中等收入者。

模,促进扩大中产阶层。

　　另一方面,要改进完善机关事业单位工资制度。公务员工资制度改革包括多项任务。首先,要调整工资结构,提高基本工资比重,降低津贴、补贴的比重,这是当前公务员工资分配中最明显的问题。据统计,2014年以前,全国公务员职务工资、级别工资之和(俗称基本工资)大约只占公务员全部工资的近30%,其余70%多为各种津(补)贴,这是极不合理的,根本违背工资分配的一般规律。之所以出现这种状况,一是由于国家安排的基本工资标准偏低,又多年没有提高;二是由于2006年全国公务员工资制度改革清理整顿津(补)贴时,因条件不成熟未把名目繁多的津(补)贴全部纳入整顿范围,不少地方还保留了所谓改革性津(补)贴,而在各地财政"分灶吃饭"的条件下,近年来一些地方违反国家政策又自行安排提高了这些津(补)贴标准,从而造成津(补)贴比重过大。调整工资结构的过程,也是进一步清理整顿津(补)贴、规范分配秩序的过程,要开"前门"、"正门",同时必须关"后门"、"斜门",把各地所有津(补)贴都纳入整顿监管范围。2014年年底,国家已对此制定了调整公务员基本工资的政策,当前要抓好落实。其次,要完善工资制度,一是要建立职务与职级并行的制度,创造一个当官不当官都能够按有关程序和要求分别晋升职级的双通道制度,让那些虽未当官但承担任务重、个人能力强、所做贡献多的一般公务员,也能够与当官的一样晋升职级,领取与同职级当官者差不多的工资;二是要科学合理地安排职务、级别工资标准及其差距,像现在国家主席的职务工资、级别工资月最高标准分别只有4000元左右,且与科员职务、级别工资标准的差距只有10倍多①,远低于计划经济时期国家主席职务工资相当于办事员工资18倍多的差距,显然不合理,应提高水平、拉开差距;同时还要建立健全地区附加津贴等项制度。第三,要建立健全工资运行机制,包括比较机制、决

---

　　① 根据国家人事部、财政部共同制定下发的2006年公务员工资制度改革方案所定工资标准计算得出。

定机制和正常调整机制以及宏观调控机制。其中,比较机制就是《中华人民共和国公务员法》规定的对"企业相当人员"、"工资水平调查比较",将其"结果作为调整公务员工资水平的依据"的机制。这里,企业相当人员就是企业管理人员,因为这两类人员的工作性质、劳动特点是基本相同的,具有可比性,国际上也基本是采取与企业管理人员横向比较的方法;决定机制就是要明确公务员工资调整采取何种程序、由谁批准,比如明确目前由全国人大授权国务院依据调查比较结果决策,并研究今后是否应提交全国人大常委会审议;健全正常调整机制就是要改变目前工资调整无规律的状况,使公务员工资水平随国民经济发展、比照追随企业管理人员工资水平和物价变动等相应地及时调整;宏观调控机制就是要将公务员全部收入纳入国家监管范围,坚决纠正违反国家政策规定的分配行为。搞好公务员工资制度改革,可以说是直接"扩中"的重要措施,约能实现使 717 万公务员[①]的大多数人员进入中产阶层。

全国事业单位人员有 3153 万人[②],基本上都是白领,目前平均薪酬水平稍高于社会平均薪酬,是中产阶层的天然组成部分。改革和完善事业单位工作人员工资收入分配制度,有利于进一步扩大中产阶层,其核心是健全制度、规范秩序、理顺关系。健全制度就是要在事业单位分类改革的大框架下,抓紧研究建立符合不同行业的事业单位特点的收入分配制度,改变目前全国 110 多万个事业单位,科学、教育、文化、卫生、体育等多个行业都执行统一的岗位绩效工资制度的做法,使工资制度体现不同行业的事业单位工作人员的工作性质和劳动特点,增强其激励性;同时,其工资标准可允许有一定弹性,关键是按公益一类、公益二类划分,分别科学合理地确定好由财政拨款的工资总额额度,比照公务员工资水平的变动,建立健全工资正常调整机制,今后逐步转向政府购买公益性服务的路子,建立与提供

---

① 引自国家公务员局网站 2013 年年底全国公务员数据。
② 引自《中国事业编制曝光:3153 万人》,《新京报》,2014 年 5 月 16 日。

公益性服务质量好差、数量多少紧密挂钩的事业单位工资收入调整机制。届时除公益一类事业单位外,其他事业单位就可不再控制人员编制。国家主要管住财政拨款额度,其他均可适当放开。在尚未重建不同行业事业单位工资制度之前,则暂按现行制度执行,搞好基本工资的调整和绩效工资的实施。规范秩序就是大力规范事业单位各种隐性收入、不规范收入。原则上公益一类单位不得创收。同时,要梳理明确其他事业单位的创收渠道,对其进行规范,明确哪些不得与工作人员薪酬挂钩,如医院不得通过卖高价药来提高职工薪酬。明确可创收的部分如何缴税、如何分配、如何纳入工资制度、如何实施监管。彻底改变目前部分事业单位乱创收、乱发津(补)贴及制度外收入等状况,使事业单位工作人员的薪酬水平及提高建立在依法依规和制度规范的基础之上。理顺收入分配关系首先是从宏观、中观层面对事业单位的薪酬总量(包括福利等)进行调控,加快缩小不同行业、不同事业单位之间不合理的收入差距;其次是调整事业单位内部薪酬分配关系,包括切实解决员工因是否有编制而造成的同工不同酬问题;强化绩效导向,使能力强、贡献大的人员劳酬相符;同时下调部分酬高于劳的人员的薪酬,缩小不合理的薪酬差距。通过以上改革,使事业单位绝大部分人员进入中产阶层,并保证其收入水平建立在合法合规、公平合理的基础之上。

进一步改革完善党政机关、事业单位人员工资制度,发挥党政机关、事业单位人员工资制度改革对企业工资制度改革的示范带头作用,有助于打击和取缔非法收入,规范灰色收入,逐步形成公开透明、公正合理的收入分配秩序,也就有利于中产阶层的扩大。

(二)建立健全居民财产收益制度,增加居民的财产性收入

一是完善农民土地转让收益制度,增加农民财产性收入。按照《中共中央关于全面深化改革若干重大问题的决定》(以下简称《决定》)关于"缩

小征地范围,规范征地程序,完善对被征地农民合理、规范、多元保障机制"的要求。(1)要严格界定公益性和经营性建设用地,特别是要明确界定"公共利益"的内涵和外延,以控制某些地方政府肆意滥用征地权力,随意扩大征地范围,从而严格逐步缩小征地范围。(2)要严格规范征地程序,通过修改完善有关法规、政策使之具有公开性、公平性、公正性。比如可明确征地必须先经过与被征地农民商议、说明并获得其原则同意的程序,商议内容应包括征地方案及具体的补偿安置方案;然后向有关部门报批,再向被征地农民宣传介绍,使之家喻户晓;最后才进入实施。(3)要完善并落实对被征地农民合理、规范、多元的保障机制,包括其就业、社保、子女就学、迁居等事项。在此基础上,按照《决定》关于"保障农民公平分享土地增值收益"的要求,在依法治国进程中研究修改完善《中华人民共和国土地管理法》第47条的规定,在充分考虑土地对农民承载的生产资料和社会保障的双重功能的基础上,根据区域经济发展、土地区位条件、人均耕地面积和市场供求关系等因素来合理确定征地补偿标准,并切实抓好贯彻执行,以法律规定保障农民的土地转让收益权,有效保障被征地农民的生产生活。同时,要结合中央已发文批准在全国33个县进行农地入市、土地流转的试点,摸索经验,开通农民获取土地转让的资产收益通道,增加中产阶层人口数量。据估算,如果全面建立健全农民土地转让收益制度,将可能使几千万农民逐步进入中产阶层。

二是规范城镇居民房产出租出售收益制度,依法增加城镇居民财产性收入。据中国新闻网载,国务院前总理温家宝在十二届人大一次会议做政府工作报告时宣布,2012年年底,我国"城镇和农村人均住房面积32.9平方米、37.1平方米"。另外,国家统计局住户调查办公室曾于2011年在其公布的《城镇和农村居民收支状况和生活质量》报告中称,"至2010年年底,城镇居民家庭自有住房率为 89.3%"。^① 据此分析,全国城镇,特别是一线、二线城市中部分居民拥有两套及以上住房,其中可拿出闲置房屋出租或出售。另据啄木网载,赶集网 2013 年 12 月 2 日发布的《2013 租房市场报告》称,"全国平均房租为 1051 元/月"。其中,"北京在调查覆盖的 36个城市中月均房租最高,达到 1479 元/月,上海、深圳分别为 1328 元/月、1140 元/月。而广州每月房租平均为 939 元/月,排在第 10 位"。而城镇住房售价长期以来一直走高。北、上、广、深这些一线城市,住房售价一般都在每平方米 2 万元左右,好地段住房售价更高达每平方米 3 万元、4 万元甚至 5 万元及以上。可见,城镇部分居民出租住房即可获得一笔可观的财产性收入,如果出售住房则可获得几百万元甚至上千万元及以上的财产性收入。这些居民无疑都是中产阶层甚至富裕或富豪阶层的成员。现在的问题是,城镇居民出租住房大多数均为甲乙双方私下交易,实际上出租者无人缴纳个人所得税;而出售住房的个人所得税则实际上由买房者承担了。出租房屋的租金一般为一千多到几千元/月,收益尚不算畸高;出售房屋则可获得一笔很高甚至是天价的收益,不缴纳个人所得税是既不合法也极不合理的。应该专题研究制定有现实操作性的政策措施,对出租、出售住房的城镇居民征收个人所得税,调节城镇部分居民的偏高、过高财产性收入,使中产阶层的房产收入建立在合法依规的基础上,同时不会把他们的财产性收入转变为租房、购房居民的沉重经济负担,产生一批"房奴",从而避免减少中产阶层的人数并防止大幅度降低那些需要租房、购房的中产阶层成员的生活水平。

三是改进完善上市公司股东分红制度,增加居民股份分红收益。根据中国证券监督管理委员会 2014 年 10 月公布的统计数据,当年我国境内上

---

① 引自国家统计局:《城镇居民家庭自有住房率 89.3%》,《京华时报》,2011 年 3 月 8 日。

市公司（A、B股）有 2584 家。① 据"金融界 JRJ.COM"所载 2012 年 5 月 10 日《每日经济新闻》消息称："根据证监会统计，2010 年我国上市公司共有 854 家未进行现金分红，占全部公司家数的 39％，2008 年至 2010 年连续 3 年未进行现金分红的有 522 家，2006 年至 2010 年连续 5 年未进行现金分红的有 422 家。"这既不符合《公司法》的有关规定，也是对居民财产性收入的一大压制，不利于发展扩大中产阶层，应该予以纠正。当年中国证监会曾表示要检查这些上市公司的财务报表及其真实利润情况，加强监管，要求其强化回报股东的意识，督促这些公司按照法律法规自主分配税后利润。但据报载，2013 年仍有部分上市公司未对股东分红，仍然是"铁公鸡"一毛不拔。而那些分红的上市公司，据报载其分红率大都不高，有的上市公司的分红率甚至远远低于一年定期存款利率。② 可见，这类问题仍没有完全解决。为此，中国证监会等机构应进一步加大监管力度，强化上市公司年报信息披露，发动股东强化对投资公司的监督或以脚投票，形成对"铁公鸡"和过低、过少分红公司的制约，保障居民依法获得投资回报的权益，促进扩大中产阶层。

四是改进完善股市交易制度，增加居民的股票交易收益。多年来，我国的股市一直处于暴涨暴跌的状况，2015 年 5—6 月再次上演股市猛涨暴跌的惨剧，无数小股民炒股亏损甚至血本无归，投资股市不但没有成为居民财产性收入的重要渠道，反而成为损害小股民资产收益的途径。正如吴敬琏先生说的："中国股市不如赌场，赌场里有规矩不能看别人的牌，而中国股市有些人可以看到别人的牌，可以作弊和操纵。"③这是因为我国股市有某些大股东乃至国际金融大鳄等在一定程度上操纵股市交易，大出大进，买空卖空，造成股市暴涨暴跌。其原因在于制度设计有缺陷，实际执行

---

① 引自《2014 年 10 月底我国境内上市公司（包括 A 股及 B 股）数量为 2584 家》，中商情报网，2014-11-20。

② 引自《40 多家上市公司从未分红"铁公鸡"为何一毛不拔》，中国网，2013-07-12。

③ 引自吴敬琏：《中国股市不如赌场》，中国改革论坛网，2014-01-14。

又很不规范。为此,需要总结历次特别是 2015 年这次股市暴涨暴跌的问题,有针对性地重新设计股市交易制度,至少要对现有股市交易制度做较大幅度的改进完善。同时提高中国证监会等有关机构、部门的监管能力,减少和避免现实监管中已经出现的诸多偏差和错误,依法加强对股票交易行为的监管,形成有效的监管机制,使股市回归正常,重新成为居民财产性收入的有效规范渠道,促进增加居民的财产性收入,促进扩大中产阶层。

此外,还应大力加强对金融交易领域的规范和监管。如应研究现行银行的存储、借贷制度和规则,对饱受老百姓诟病的银行存贷差办法进行改进,保证老百姓到银行存钱获得合理的利息;对民间借贷行为进行规范,防止高利贷引发诸多社会问题;对各种新型金融方法如 P2P、居民家庭金融资产理财等要及时总结经验、发现问题,及时进行规范,以切实保证居民的资产收益不受无谓的损失,避免其阻碍中产阶层的发展扩大。

(三)改进完善财政税收制度,增加居民转移性收入

在财政支出方面,要继续逐步加大民生支出。根据财政部网站数据,2008 年以来,我国民生支出占国家财政公共支出的比例一直逐年提高,但其中社会保障和就业项加教育和医疗卫生项合计支出占财政总支出的比例并不很稳定,2008 年最高时占比为 10.8％,2012 年下降到 9.97％,2013年稍上升为 10.3％,仍低于 2008 年的占比。[1] 为了贯彻公共财政取之于民、用之于民的原则,应进一步强化政府民生支出的责任,确定社会保障和就业、教育、医疗卫生以及住房保障、城乡社区建设等的支出下限比例,以持续改善民生,促进中产阶层的扩大。以 2014 年国家财政支出水平为例,当年教育、医疗卫生与计划生育、社会保障和就业、住房保障四项民生支出总额为 53873 亿元,占财政收入的 35.6％[2],相当于全国居民人均直接或

---

① 根据 2009—2012 年《中国财政年鉴》数据整理计算。

② 摘自向楠、史额黎:《财政收入有多少用于民生》,《中国青年报》,2015 年 3 月 7 日,第 T03 版。

间接分享 3961.25 元,这无疑有利于保障并改善低收入居民的基本生活,同时促进扩大中产阶层。在当前我国进入经济增速下行的新常态阶段,为了建立改善民生的财政长效机制,需要"节流开源"。"节流"就是要贯彻李克强总理所说的政府过紧日子的原则,压缩各级党政机构的管理经费,特别是其中的"三公经费",强化中央对地方行政经费,特别是"三公经费"使用的调控力度,对超出国家政策规定擅自安排给公共部门超标准增加经费、加薪的,要予以纠正,并对责任人进行查处。据报载,按照党中央部署,2013 年 6 月至 2014 年 10 月为时一年多的群众路线教育实践活动,向全党全国交出了一份反"四风"的成绩单。全国"三公经费"较活动开展前压缩了 530.2 亿元,下降 27.5%[1],可见"节流"的空间不小。"开源"不是加税,是指要全面强化对各类国有资产收益的监管,把国有企业包括国有银行的经营性资产收益、各类国有单位不动产(包括矿产、土地、房产等)收益都纳入财政预算。据报载,2013 年全国国有企业资产总额 104.1 万亿元,当年营业总收入和实现利润分别高达 47.1 万亿元和 2.6 万亿元[2],逐步提高国有企业和银行向国家上缴利润的比例,国家将增加几千亿元收入。而国有土地每年的出让收入更高达 4 万亿元左右,矿产探矿权、采矿权出让收入也很大;还有各类国有单位空余房产的出租、出售也是一笔很大的收入;加上高速公路超期收费和城市停车位收费,累加起来也是一笔不小收入。对这些交易所获得的收益,均应制定明确规则进行规范,杜绝无规则留归国有部门、单位自行分配使用的现象,明确规定应上缴口径、比例,并将上缴额度的绝大部分用于民生。为此,还要继续改进完善财政预决算管理制度及其相关报表,切实保证让人大代表看得清、读得懂,能够真正有效发挥各级人大对各级政府财政预决算的监督作用,特别是能够监督好行政经费,

---

① 引自《党的群众路线教育实践活动收官 三公经费压缩 530 亿》,《新京报》,2014 年 10 月 19 日。
② 引自《15.5 万户国企家底首次对外公开:总资产超 104 万亿》,《人民日报(海外版)》,2014 年 7 月 29 日。

重点是其中的"三公经费"的预算计划、使用标准及实际执行情况,监督好用于民生的各项资金,从源头上管好纳税人的钱的计划和使用。这一改革对保障改善民生、追求共同富裕和促进扩大中产阶层意义重大,作用也很明显。

在税收方面,要进一步减轻中小微企业的税费负担,减轻创业企业、创新企业以及个体工商户的税负负担,增强中小微企业以及个体工商户的活力,促进低收入行业、创业创新企业员工薪酬的提高;同时扶持个体工商户提高经营收入。这一群体数量很大。截至2013年年底,全国各类企业总数为1527.84万户。其中,小型微型企业1169.87万户,占到全部企业总数的76.57%。将4436.29万户个体工商户纳入统计后,小型微型企业所占比重达到94.15%①,估算其就业人员有2.5亿左右,如果加上中型企业以及机关事业单位工薪劳动者人数则可达4.1亿以上。如果能使其中10%的人员较多地提高收入,进入中等收入群体,就能增加中产阶层人数4100万。②

同时,要强化对垄断行业税收和税后利润的征收,研究决定在"十三五"期间继续提高上缴比例并执行;与此同时要研究并逐步减少对某些垄断行业的财政补贴额度,增强财税制度调节行业分配关系、贯彻公平分配原则的力度,这也有利于在宏观层面间接增加中小微企业及其员工的收入,间接促进扩大中产阶层。

此外,要继续改进完善个人所得税制度,将现行个人所得税分项征收逐步转变为分项征收和综合征收相结合,适时调整起征点,研究适当降低对工资薪金的最高税率;同时,建立根据家庭负担情况相应豁免费用的制度,适当降低低收入和中等收入群体的个人所得税税负,进一步改善中低

① 引自《截至2013年底全国共有小微企业1169.87万户　占企业总数76.57%》,中国市场调查网,2014-03-28。
② 据估算全国工薪劳动者4.1亿,其中各类企业工薪劳动者3.7亿,机关事业单位工薪劳动者4000万。

收入居民的生活质量,促进扩大中产阶层。

(四)加快夯实收入分配基础管理制度,促进全面"兴中"

为了使以上收入分配制度改革三方面工作取得较好效果,进而促进扩大中产阶层,还必须加快夯实收入分配基础管理制度。总的要按照《中共中央关于全面深化改革若干重大问题的决定》和国务院批转国家发改委、财政部、人力资源和社会保障部《关于深化收入分配制度改革的若干意见》(以下简称《若干意见》)的要求,大力整顿和规范收入分配秩序,加强制度建设和基础工作,提升技术保障。一是继续建立健全各用人单位的财务会计制度、审计制度,加强管理和检查监督,逐步全面夯实用人单位的收入分配基础管理制度。二是建立健全现代支付和收入监测体系,规范现金管理,整合公安、民政、社保、住房、银行、税务、工商等相关部门信息资源,建立健全社会信用体系和收入信息监测系统。三是强化用人单位工会、职代会对本单位收入分配的民主监督作用,强化各级工会的民主维权作用,强化各级大人、政协对全国以及本地区收入分配的监督作用,发挥好新闻媒体对收入分配制度改革的正面宣传以及披露存在问题的作用。只有夯实此基础,理顺收入分配关系才有可能实现,进而促进发展扩大中产阶层。

(五)加大分配关系调整力度,促进缩小不合理差距取得新进展

深化收入分配制度改革的主线就是"提低、扩中、控高",调整收入分配关系,逐步形成合理的收入分配格局,将能够为中产阶层的扩大奠定橄榄形的收入、财产结构基础。在当前我国经济增速下行阶段,理顺收入分配关系必须既要靠增量,又要动存量。不确立这样的思路并下决心采取相应措施,就无法理顺收入分配关系。

在"提低"方面,近些年来国家采取了一系列措施,取得了明显的成效。一是提高农民收入,采取包括全面免除农业税,实行农产品补贴、畅通农产

品流通渠道并降低费用、购买农机具补助办法,扶持农业规模生产经营户,实行农村土地流转,增加农民土地出让收益等,再加上全面建立农村社会保险制度、农村居民最低生活保障制度等,使农民近些年来的人均纯收入增速一直快于城镇居民。二是提高城乡贫困居民收入,主要是提高低保标准、帮助就业等,也取得了较好效果。三是提高企业退休人员的待遇,我国连续 11 年调整提高了企业退休人员的退休金。四是促进提高低收入工薪劳动者的收入,采取了一系列措施,包括合理适时提高最低工资标准,在建筑、餐饮等行业进一步健全工资管理制度和支付保障制度,继续加大劳动保障监察力度,及时查处拖欠克扣劳动者工资问题,切实保障劳动者的工资按时足额发放;在非公有制企业,主要是劳动密集型中小企业,推行劳资工资集体协商,逐步建立健全员工工资正常调整机制,逐步提高劳动者的工资水平。还有,指导督促各类用人单位大力贯彻落实同工同酬原则,使农民工、劳务派遣工、临时工等在同工情况下基本实现同酬,在不同工执行不同薪酬制度情况下,其薪酬分配少受或不受歧视,不同制度的薪酬水平落差保持在合理范围之内。以上这些措施,均应结合当前及"十三五"前期的实际情况,进一步抓好落实和修订完善。其中,尤其要加快研究《若干意见》中已要求制定的完善非公企业员工工资正常调整机制的政策,使之具有现实可行性并抓好贯彻执行。这对于保证非公企业工薪劳动者有尊严地劳动,促进其中部分低收入工薪劳动者逐步进入中等收入群体尤为关键。

在"扩中"方面,贯彻落实按生产要素贡献分配原则,实行了前面已介绍过的若干改革措施,包括引导企业在薪酬分配中向关键重要岗位人员及能力强、贡献大的员工适当倾斜,提高他们的薪酬水平;实行科技成果奖励办法,试行员工持股等;调整机关事业单位人员的工资水平;通过多种措施提高城镇居民的生活水平。当前及"十三五"前期,要结合职业、岗位结构调整等,进一步健全并实施关于"扩中"的各项收入分配改革政策,扩大中等收入群体。

在"控高"方面,2014年8月,中央深化改革领导小组决策改革中央管理企业负责人薪酬制度,对央企高管偏高、过高薪酬实行限薪、降薪。人社部副部长邱小平在接受记者采访时明确宣布:"改革后多数中央管理企业负责人的薪酬水平将会下降,有的下降幅度还会比较大。"①这就是通过"控高",在"动存量"缩小不合理薪酬差距方面开了一个好头。2015年,所有中央企业负责人薪酬都要按中央有关文件规定进行改革。同时,全国各地国有企业负责人薪酬也要按照文件精神,结合实际制定方案进行改革。这是一个涉及全国15.5万户国有企业负责人的薪酬制度改革,动存量的面不小。在国有企业高管薪酬带头改革的推动下,还将按照《若干意见》有关规定,根据市场运行机制要求强化非国有金融企业和上市公司高管的薪酬监管,主要是强化企业内部制衡机制,发挥董事会特别是股东大会的监督作用,防止高管自定高薪,缩小这些非国有企业高管薪酬与职工平均工资的不合理差距。此外,还将对不合理的行业、单位之间的不合理薪酬差距及地区居民之间不合理的收入差距进行调控。

当前,还需在"控高"上争取新突破。即对高收入群体的过高收入和过高财产要加大税收征管力度,并从源头上控制其不合法、不合规的收入。现在这方面基本处于底数不清、征管不力、源头失控状况。为此,一方面要对暴富人员如"房叔"、"房嫂"等被媒体曝光人员的收入、财产进行清查,并依法没收违法收入和财产,对不能认定为违法的收入、财产,要依法征收个人所得税;通过这些案例,积累摸清底数、加强征管、源头控制的有益经验。另一方面,要加快健全现代支付和收入监测体系,摸清高收入群体的真实收入和财产情况,在此基础上加强税收征管,切实把"控高"工作做到位。

---

① 引自《人社部副部长邱小平就中央管理企业负责人薪酬制度改革答记者问》,《中国组织人事报》,2014年9月3日。

三、进一步健全社会保障与就业、创业体系

社会保障体系既是民生的"安全网",也是防止中产阶层下滑的"止滑器",而就业和创业体系,既是民生之本的载体,也是增加中产阶层人员的重要途径。在当前经济增速下行的新常态阶段,抓好此两项体系建设,既是贯彻中央"稳增长、调结构、促改革、惠民生"战略部署的需要,也是发展扩大中产阶层的必要措施。

(一)加快健全社会保障体系,解除中产阶层后顾之忧

改革开放以来,我国社会保障体系建设始终作为民生建设的重大任务逐步向前推进。特别是进入 21 世纪后,社会保障制度建设取得了突破性进展,覆盖城乡居民的社会保障体系框架基本形成,保障水平较大幅度提高,社会保障管理服务体系初步建立,《中华人民共和国社会保险法》也已经出台。但从全面建成小康社会的高目标看,从更好地满足人民群众的期盼和促进扩大中产阶层的需要看,也还存在一些问题,主要是制度还不够完善,覆盖面还有待扩展,保障水平还需逐步提高,各类人员的社会保障待遇关系还需逐步理顺,社保公共服务水平有待进一步提高,社保基金保值增值亟待落实。为此,需要进一步改进完善社会保障体系,在切实保障城乡居民基本生活,解决好老弱病残问题的同时,发挥其促进扩大中产阶层的作用。

首先,要进一步完善社会保障制度。现在社会保障制度最大的问题还是存在一定程度的碎片化,机关事业单位养老保险制度刚开始并轨,城乡居民养老保险制度刚开始部署合并,城乡居民医疗保险制度仍然是"两张皮",城乡居民最低生活保障制度的实际运行也不大相同。这种状况不利于体现公平,不利于调动居民、劳动者积极参加社会保险的积极性,也不利

于有效发挥社保体系"安全网"、"止滑器"的作用,当然也不利于中产阶层的发展扩大。为此,一要全面落实机关事业单位与企业养老保险制度并轨的政策规定。2014年国务院已经做出部署,但要全面落实到位还有许多工作要做。比如,财政差额拨款的公益二类事业单位,其并轨资金是按差额拨还是全额拨,如果按差额拨其自有资金不足怎么办? 又如,对机关事业单位强制建立职业年金并由财政拨款,企业自愿建立企业年金并自筹资金的制度安排,就需要再在理论上、政策上进一步研究,做出让企业广大职工能够接受的回答。还如,对实际上难以完全做实的个人账户也需要进一步研究如何处理,并在制度上进行完善。二要继续做好城乡居民养老保险制度和医疗保险制度的合并工作,进一步完善城乡居民养老保险转移的相关操作办法,同时要继续研究城乡居民医疗保险能否和如何转移的管理办法,以利于城乡居民的流动。这对于人民自由迁徙和人力资源合理配置是非常必要的,也有利于中产阶层的发展扩大。三要创造条件研究并实施合理下调社会保险缴费费率,以利于提高各类用人单位和劳动者及居民参保的积极性。这将是一个系统工程,需要多方面统筹研究并部署。

其次,要继续扩大社保覆盖面。据人力资源和社会保障部原副部长胡晓义介绍,2013年我国养老保险还有约2亿人未覆盖,大部分是就业流动性强的农民工;医疗保险也仍有几千万人游离在制度之外[①];工伤保险还有许多农民工未参保。另据2015年2月5日至6日召开的全国社会保险局长会议透露,到2020年,我国养老保险覆盖率要达到95%,约10亿人。[②] 可见,目前扩面工作量还不小。特别是在经济新常态下,扩面压力不小。对此,一要继续做好用人单位和劳动者及居民的思想认识工作,让大家了解参保缴费既有义务,也有好处;二要研究对某些偏高费率适当降低,以适应新常态形势变化的需要,减轻用人单位压力,使之能够承受,因

---

① 引自人社部副部长:《"以房养老"不会取代养老保险》,《新京报》,2013年10月22日。
② 引自人力资源和社会保障部:《2014年4项社保节余5875亿元》,人民网,2013-10-22。

而愿意缴费;三要努力健全并做好社保经办服务工作,让用人单位特别是劳动者和居民在缴费、转移接续社保关系、领取社保金等时,能够得到方便快捷的服务;四要继续加强对社保费的征管。据人社部发布信息,2013年全国累计实地稽核企业237万户次,涉及参保职工21451万人次,查出少报、漏报人数779万人次,少缴、漏缴社会保险费34.2亿元。① 估计全国实际少缴漏缴的社保费比稽核出来的要多。因此,需要继续强化征管,减少社保费的"跑冒滴漏"。只有以上四项措施结合实施,才能取得成效,也才能减轻今后社保基金的压力。

再次,要合理安排社会保障水平。一方面要根据经济发展水平、经济承受能力和保障人民群众生活需要合理提高社会保障标准。其中,对城乡居民最低生活保障标准,要根据基本生活消费品价格变化适时调整,以切实保障城乡贫困居民的基本生活水平不下降;对养老金要根据与在职员工工资水平的合理替代率和社保基金支付能力等来安排是否调整;对医疗保险金要根据逐步提高职工和居民医疗水平与医疗保险基金支付能力来调整。另一方面,对机关事业单位退休人员养老金水平要控制其过快上涨,要基于其与机关事业单位在职人员工资的合理替代率和企业退休金水平的平衡关系来安排,使之与机关事业单位在职人员工资水平的替代率由现在的85%～90%逐步下调到75%以下,其中应包含拟建立的职业年金待遇水平,防止其成为企业退休人员退休金水平攀比的标杆。只有合理安排社保水平,才能使社会保障具有合理性和可持续性。

第四,要妥善协调平衡各类参保人员的社会保障待遇关系。这是社保体系公平性的核心体现,也是我国社保体系目前最突出的也很难解决的问题。目前我国社会保障水平在各类人员之间还存在较多不平衡。一是城镇居民与农村居民社保标准差距还比较大。据中国社会科学院近期发布

---

① 摘自《人社部发布2013年全国社会保险情况》,人民网,2014-06-24。

的 2014 年《社会蓝皮书》显示,2012 年,城镇及其他居民养老保险的养老
金中位数为每年 1200 元,而新型农村社会养老保险的养老金中位数为每
年 720 元,后者只相当于前者的 60%,二者中位数相差 480 元。① 据有关
研究机构数据,2013 年城镇参保居民医疗保险报销比例为 66.7%,且可报
销的医疗项目较多;而农村参加新农合居民的医疗保险报销比例名义上有
75%,实际报销比例为 57.6%,且能报销的医疗项目,两方面居民享受医
疗保险待遇差别比较大。② 二是机关事业单位体系人员退休待遇与企业
体系人员退休金的差距明显偏大。目前,机关事业单位与企业已开始实行
养老金制度并轨,但二者待遇水平的差距在 2015 年并轨后,不但没有缩
小,可能还由于机关事业单位退休人员提高退休待遇而又有所拉大。按
《关于增加机关事业单位离退休人员离退休费的实施方案》设计要求,2015
年,机关事业单位退休人员养老金每月最低增长 260 元,最高增长 1100
元。而企业离退休职工平均养老金 2014 年为每月 2064 元,即使 2015 年
按 10%的幅度增长,人均增长额为每月 206 元,仍赶不上机关事业单位退
休人员养老金的最低增长水平。③ 三是退休人员内部,由于先退后退,特
别是由于原退休制度与新建立的社保制度的不同,往往形成几个层级型的
待遇差距,在退休人员内部造成较大矛盾。以上这些不平衡状况,既有历
史原因形成的差距,又有基于不同领域、不同体制、不同资金来源和支付能
力造成的差距,还有由于理念偏差、制度本身缺陷造成的差距,情况比较复

---

① 引自王晓慧:《城乡人均养老金水平相差 24 倍　成城镇化阻碍》,《华夏时报》,2014 年 1 月 23
日。
② 引自人力资源和社会保障部社会保障研究所医疗研究室内部研究资料数据。
③ 根据《关于增加机关事业单位离退休人员离退休费的实施方案》,对机关事业单位离休人员的
规定是:行政管理人员,省部级正职及以上每月提高 1400 元,省部级副职 1140 元,厅局级正职 900 元,
厅局级副职 730 元,县处级正职 570 元,县处级副职 480 元,乡科级及以下 400 元;专业技术人员,教授
及相当职务 820 元,副教授及相当职务 540 元,讲师(含相当职务)及以下职务 400 元。对机关事业单
位退休人员的规定是:行政管理人员,省部级及以上每月提高 1100 元,厅局级 700 元,县处级 460 元,
乡科级 350 元,科员及办事员 260 元;专业技术人员,教授及相当职务 700 元,副教授及相当职务 460
元,讲师及相当职务 350 元,助教(含相当职务)及以下职务 260 元;工人,高级技师和技师 350 元,高级
工以下是 260 元。

杂,可以说既有一定客观必然性,也明显存在不合理之处。在我国进入中等偏上收入国家行列、即将全面建成小康社会之际,在人们迫切希望成为中产阶层之一员、同时我国经济发展进入新常态的背景下,我们必须认真研究,妥善协调平衡好各类人员的社会保障待遇关系,朝更加公平合理的方向迈进。为此,一要确立正确协调平衡各类人员社会保障待遇关系的思路。简言之,就是"提低控高,分类协调,逐步缩差",即要把缩小社保待遇的不合理差距作为广义收入分配体制改革、构建合理分配格局的组成部分,将其作为促进发展扩大中产阶层的重要工作内容,抓两头,即提高相关人员偏低的社保待遇,调控某些人员偏高的社保待遇;不"一刀切",即根据城乡居民、各类职工、各种社保制度的不同情况,分别采取不同的协调平衡措施;渐进式协调平衡,即对不合理差距只能逐步解决,不能一蹴而就,同时也不是搞绝对平均,各类人员待遇之间合理的差距仍然应保留。二要高度重视并协调平衡好机关事业单位退休人员与企业退休人员的退休待遇差距。社会上对此高度关注,担心制度并轨,待遇差不变。在两方面制度并轨时,为了减少改革阻力,结合在职人员调整基本工资,对机关事业单位退休人员实行了"老人老办法,中人待遇不降,新人新制度",退休人员均提高了退休金,这是有必要的,但实际上其与企业退休人员的退休待遇差又有一定程度的拉大。为此,今后要控制机关事业单位退休人员退休金的增速。今后随着经济发展,在公务员管理制度多项改革、精简机构和人员的情况下,公务员工资水平将有合理提高,在此基础上控制机关事业单位退休人员的退休金水平,使之与机关事业单位在职人员工资水平的替代率由现在的 85%～90% 逐步下调到 75% 以下,其中应包含拟建立的职业年金待遇①,防止其成为拉高企业退休人员退休金水平的标杆。如果不下调其

---

① 现在机关事业单位养老金相当于在职人员工资水平的替代率大约为 85%～90%,今后应将包括机关事业单位退休人员的基础养老金、个人账户养老金、职业年金("中人"另外还有过渡性养老金)合计水平替代率降低到 75% 以下。

替代率,社保基金加财政资金都是无法承担的,而且会持续拉抬企业退休人员退休金,造成部分企业退休人员退休金高于在职人员工资的情况[①],形成新的分配关系不合理现象,挫伤企业在职人员的积极性,制约企业经济效益的提高,进而反过来对养老保险费的征缴带来不利影响。合理控制机关事业单位退休人员退休金(含职业年金)的增长,同时对企业退休人员退休金适当继续提高,逐步缩小两方面人员的不合理待遇差,其结果绝不是将两方面退休金拉平,只是使两方面的退休金水平分别达到与各自人力资本和积累劳动贡献相匹配的程度。这样既符合机关事业单位与企业退休人员之间待遇的公平,又不会造成两方面养老金的攀比上涨,对养老保险基金形成无法承受的压力。三要协调平衡好城乡居民在养老、医疗、最低生活保障等方面的社保待遇关系。其中,城乡居民养老待遇、最低生活保障待遇已在制度上做出了安排,将在今后的运行中逐步缩差;医疗保险待遇也在制度上做出了协调平衡安排,但近期需要对大病保险等保险待遇做一些特定平衡。另外,对退休人员内部的待遇差,也需在今后调整退休金待遇时逐步安排,缩小不合理差距。

第五,要大力提高社会保障公共服务水平。一方面要加强社保经办机构和队伍的建设,以适应社保全面覆盖、参保人员数量和需提供服务后工作量巨大的实际情况。据报载,人社部的数据显示,全国社保经办机构人均服务参保人次负荷比由 2000 年的 2757∶1 上升到 2012 年的 9692∶1,明显超出国际平均水平。在社保重镇广东,全省人均负荷比已经高达21342∶1。[②] 因此,必须健全机构并充实人员,以改变当前社保经办机构和人员数量少的状况。另一方面要大力加强社保经办队伍培训,提高人员素质,从而提升社保经办服务数量和质量,让参保人员享受"门好进、脸好

---

① 目前在一些不发达地区已经出现了企业退休人员退休金与企业在岗人员工资水平倒挂现象。
② 引自郭晋晖:《中国成世界第一大社保体系 1 人服务 1 万人超负荷运行》,《第一财经日报》,2014 年 4 月 29 日。

看、事好办、效率高"的服务。

最后,要抓紧开辟社会保障基金保值增值渠道。据人社部原副部长胡晓义在 2015 年 2 月 5 日至 6 日召开的全国社会保险局长会议上透露,到 2014 年年底,基本养老保险、城镇基本医疗保险、工伤保险和生育保险四项社会保险当期节余 5875 亿元,累计结存 43765 亿元,社保基金总体安全,具备一定抵御风险的能力。但基金平衡压力日益增大,2014 年基金收入从前几年的平均增幅 20% 左右降至 10% 左右,而随着人口老龄化加剧,支出增幅仍高居不下。[①] 因此,如何使社保基金保值增值,成为今后社保基金能否承担支付需要的关键问题。目前,全国社保基金的结存额达 3.06 万亿元[②],主要靠买国债、存银行来保值,难以切实保证增值。为此,人社部尹蔚民部长表示,人社部一直在研究养老保险基金投资运营的问题。在保障基金绝对安全的前提下,除了继续购买国债、存银行外,会采取选择一些效益较好的有升值前景的项目进行投资。对进入股市会有一定比例的限制,并相对集中运营,委托给专业的投资机构来运营,同时加强监管[③],以实现社保基金的保值增值。另外,应研究开辟国有资产划拨社保基金的新渠道,可以考虑选择一些收益一贯比较稳定、效益比较好的中央企业和地方大型国有企业,拿出其中的一部分产权,划拨到社保基金名下,社保基金根据所持有的这部分产权,通过年度分红获得持续不断的收益。只要产权是归社保基金所有的,收益就是长期稳定的。这相当于提前做一笔已经被历史证明有收益保障的投资,且不需真花钱投资,没有风险,现在到了享受分红时期。至于其他的国有股转持、利润划转等,都可以继续作为社保资金的另一部分来源,但通过国有企业良好产权的划拨,社保基金可以持续、稳定地获得分红,这个与其他途径相比相对更为可靠和有效。

以上这些完善社会保障体系的措施,对于保障和改善民生,维护社会

①　引自《人社部:社保基金平衡压力增大》,新华网,2015-02-05。
②③　人力资源和社会保障部:《社保基金投资理事会平均收益率超 8%》,腾讯网,2015-03-10。

稳定具有极为重要的意义，同时，对于防止低收入群体扩大，防止某些中等收入者由于各种各样原因下滑到低收入群体也具有极为重要的作用，因而是促进发展扩大中产阶层不可或缺的措施。

（二）健全就业创业扶持体系，促进更多劳动者进入中产阶层

健全就业和创业体系，扩大新增就业人员数量，扶持更多人创业成功，无疑将增加中产阶层的潜在成员数量，对于"惠民生"和扩大中产阶层意义重大。当前，进一步健全就业和创业体系主要应有利于解决以下四方面问题。

第一，努力解决好大学毕业生就业问题。据报刊所载数据，我国大学毕业生人数从 2004 年的 280 万人迅速增长，差不多一年一个百万台阶，到 2008 年增加到 559 万人，从 2009 年开始跃升至 600 万人以上，达 611 万人[①]，近几年继续增长，到 2014 年更跃升为 727 万人[②]。这是一个庞大的具有较高文化程度和人力资本的人群，解决好他们的就业问题，既是增加人力资源市场生力军的需要，也是解决 700 多万户家庭民生之本问题、维护社会稳定的需要，同时还是扩大中产阶层潜在成员数量的需要。为此，政府要继续完善大学毕业生就业政策，包括"三支一扶"政策、艰苦地区工作就业奖励政策、自主创业政策、选拔公务员政策、提供就业便利优惠政策，同时应科学调控招生规模和招生专业，紧盯新增经济发展项目，开发就业岗位，拓宽大学毕业生就业渠道，并落实创业扶持政策，加强配套服务。高校要调整学科专业设置，完善实践教育教学体系，注重大学生就业能力的培养。企业应与高校构建合作互动平台，安排相关专业的大学生实习，帮助大学生提升职业能力和实际操作水平，构建良好的用人机制，吸纳毕业生就业。大学毕业生自己则需转变就业观念，增强自身就业能力，勇于

---

① 引自《高校毕业生就业状况统计及监测体系构建》，《人民论坛》2012 年第 33 期。
② 引自《2014 年全国高校毕业生人数 727 万人　再创历史新高》，中国教育在线，2014-04-02。

迎接市场就业竞争的挑战。这样多方面齐心合力,共同解决大学毕业生的就业问题。

第二,努力解决好农村转移劳动力就业问题。据国务院农民工工作领导小组原办公室主任、人社部原副部长杨志明 2015 年 2 月 28 日介绍,我国农民工共计 2.74 亿人,其中,外出打工的农民工人数高达 1.68 亿人。[①]解决好外出打工农民工的就业问题,既有利于满足劳动力输入地区经济发展的人力资源需求,也有利于农民增收,还有利于将其中部分能力强、贡献大、收入高的农民工转变为中产阶层的成员。如果按 1.68 亿农民工的 10% 计算,就能增加 1680 万潜在或现实的中产阶层成员,这是一个不小的数量,可见解决此问题意义重大。为此,一要加强农民工公共就业服务机构建设,为农民工就业服务提供组织、队伍支撑;二要强化劳动力输出地与输入地的信息沟通交流,建立相关工作机制,尽可能保证两地农民工供给和需求的一致;三要加强对农民工就业前和在岗培训,提高其就业适应能力;四要引导用人单位与农民工依法签订劳动合同,在合同中明确其劳动权益及义务,为维持劳动关系的和谐稳定提供法律依据;五要按照农民工"十有"要求,做好农民工就业及其后有关服务工作,包括报酬有保障、参保有办法、维权有渠道、住宿有改善、生活有文化、子女有教育、发展有目标等。

第三,努力促进创业,实现大众创业。在 2014 年夏季达沃斯论坛上,李克强总理就明确表示,要破除一切束缚发展的体制机制障碍,让每个有创业意愿的人都有自主创业空间,让创新创造的血液在中国全社会自由流动,让自主发展精神蔚然成风。[②] 2015 年 3 月全国人大、政协两会期间,李克强总理更明确提出"大众创业,万众创新"的新要求。为此,要贯彻落实李克强总理的讲话精神,一是消除障碍,多方面提供创业方便,包括简化创

---

① 摘自《中国共 2.74 亿农民工　1.68 亿外出打工》,中国网,2015-02-08。
② 引自百度百科:《大众创业》词条"提出背景"中相关文句。

业登记注册的手续,降低创业的门槛;对创业的小微企业,更多地提供租金低廉的创业空间;取消不必要的检查监管等。二是提供信息和典型引导。政府主管部门可收集整理市场需求等创业信息或创业方向,引导小微企业和个人在了解市场需求的基础上创业,提高创业与市场需求的匹配度。同时,政府主管部门可及时调查、整理创业成功的企业和个人的有益经验与典型案例,通过媒体宣传,以引导其他企业和个人学习借鉴,取得更好的创业成果。三是给予多项扶持,包括资金支持和税费减免。政府可使用引导资金来吸引更多的种子基金,为创业提供资金支持。同时,进一步有针对性地减免创业企业和创业个人的税费,使其轻装上阵,快速发展。从国际经验看,创业者中能够涌现大批中产阶层成员甚至富豪,在我国也不会例外。我们可将大众创业既作为解决就业问题、激活市场活力的重要举措,同时又作为扩大中产阶层的重要途径。

第四,努力解决好兼并重组和关停企业员工的再就业问题。据麦肯锡公司董事长在"中国发展高层论坛 2014 年会"发表的演讲,全国产能过剩行业可能会有 30% 就业人员失业[①],而高消耗、高污染、高排放企业(与产能过剩企业有一定交叉)户数和员工人数也不少,如果再加上低附加值企业则涉及面更宽,涉及员工人数更多。在当前经济新常态下,加大经济结构调整力度,就必须对其进行调整。这必然会带来大量员工的下岗、失业,这既会引发重大的社会问题,增加失业人口和贫困家庭数量,也不利于保持和扩大中产阶层的潜在人员基数。为此,要未雨绸缪,预先测算这些行业企业可能下岗人员的数量及分布,安排分流安置和其他再就业或待岗培训的多种渠道,并准备好失业救助措施,把因此引发的下岗失业问题带来的负面影响缩小到最低程度,为减小再就业压力、保障民生和保持、扩大中产阶层潜在人员基数创造有利条件。

---

① 引自郭立莆:《化解产能过剩进程中失业人员再就业对策研究》,《河北企业》2014 年第 9 期。

四、力争在当前城乡、产业、职业结构调整中取得明显进展

当前,为了应对经济新常态,我国加快了经济结构调整步伐。在此进程中,我们应顺应城乡、产业、职业结构的调整,开辟和扩大中产阶层的人员来源,为发展扩大中产阶层提供人员支持。

(一)贯彻户籍制度改革政策,推动进城务工农民转变为市民

2014年,国务院印发了《关于进一步推进户籍制度改革的意见》(以下简称《户籍改革意见》),明确了改革目的:"促进有能力在城镇稳定就业和生活的常住人口有序实现市民化,稳步推进城镇基本公共服务常住人口全覆盖";进一步调整了户口迁移政策,"全面放开建制镇和小城市落户限制","有序放开中等城市落户限制","合理确定大城市落户条件",在特大城市建立完善积分落户制度;创新人口管理,"建立城乡统一的户口登记制度",取消农业户口与非农业户口性质区分;保障农业转移人口及其他常住人口的合法权益,"完善农村产权制度","扩大基本公共服务覆盖面",加强基本公共服务财力保障。[①] 这对于调整城乡结构,促进农民转变为市民提供了系统的政策支持。当前,要切实抓好该文件的贯彻落实,使进城务工的农民及其随迁家属转变为市民的工作取得明显进展。

一是进一步细化有关政策。《户籍改革意见》提出了一系列的政策要求,但还不够细化,操作性还有待加强。特别是特大、大、中、小城市以及建制镇,各方面情况差别都较大,如何把户口迁移政策定得科学、合理,如何统筹研究教育、就业、医疗、养老、住房保障、农村产权、财力保障等相关政

---

① 此段加引号的文字摘引自国务院《关于进一步推进户籍制度改革的意见》。

策,使其相互之间能够衔接,还有许多工作要做。这也是《户籍改革意见》对各地区、各有关部门提出的要求,当前要抓紧做好。

二是先解决好那些在城镇合法稳定就业和有合法稳定住所(含租赁)的农民工及其家属的户口转移工作,同时抓紧解决包括医疗、子女就学等其他权益保障、享受城镇居民基本公共服务的问题。这批农民工中不乏能力强、业绩好、收入高的成功人士,解决他们的户籍问题及其他权益保障问题,一定能够使之早日成为中产阶层的一员。通过解剖一批"麻雀",既积累经验,发现问题,促进完善政策,同时也树立起一批样板,让其他农民看到转变为市民的实际好处,引导他们朝此方向努力,争取早日转变为市民。

三是帮助那些已进城几年、就业尚不够稳定者找到稳定工作,逐步融入城镇。主要是提供就业信息、职业选择指导、技能培训等,促使这些农民工在劳动力市场的流动中逐渐稳定下来。同时,指导企业加强农民工管理,建立健全薪酬支付和调整制度、社保制度等,维护好农民工的合法权益,对面临困难的企业给予政策扶持,使更多的农民工在城镇稳定下来,逐步转变为市民。

四是筹措基本公共服务财政资金。要及时掌握已经和将要转为市民的农民数量,对他们转变为市民所需要的资金进行测算,筹措相应财政资金,不足部分应抓紧向上级申请转移支付,切实保证农民工及其家属按照《户籍改革意见》转为市民后,能够享受到政策规定的基本公共服务。

(二)顺应产业结构调整,增加灰领、白领岗位及其人员

按照《国民经济和社会发展第十二个五年规划纲要》部署,"十二五"期间,我国加快推进重点产业结构调整,加强企业技术改造,大力发展节能环保、新一代信息技术、生物、高端装备制造、新能源、新材料、新能源汽车等战略性新兴产业,实施产业创新发展工程,构建下一代信息基础设施,加快经济社会信息化,特别是加快发展生产性服务业,大力发展生活性服务业。

近些年来,以上规划均取得了重要进展。一方面推动了我国经济的发展和经济竞争力的提升;另一方面也使我国产业结构和职业结构发生了有益的变化,使我国灰领、白领岗位逐年增加,为发展扩大中产阶层提供了新的职业、岗位及其人员支撑。2015 年 3 月,在第十二届全国人大第三次会议上,人大代表们还专题研究了《中国制造业发展纲要(2015—2025)》初稿,预计该规划将纳入《国民经济和社会发展第十三个五年规划纲要》,并可能专门以国务院文件形式下发此"发展纲要",这预示着我国在今后 10 年间将继续推进产业结构的调整和产业升级,同时也预示我国的职业结构、岗位结构会继续发生大的变化。为此,我们应顺应产业结构调整和产业升级,增加灰领、白领岗位,配置适合人员,为中产阶层的扩大提供职业、岗位及其人员支撑。

一是结合制造业升级换代,相应增加高、中级技能岗位,并相应增加技能工人。据国家统计局数据,2013 年我国城镇制造业企业有员工 5291 万人[①],其中,排名全国 500 强的制造业企业有员工约 1300 多万人[②]。为了使制造业升级换代,需大量增加数字化机床等高新设备,淘汰一批旧设备,相应地需大量增加高中级技能工人和专职编程技术人员。如果就 5000 万人的大盘子估算,大约相应新增 10% 以上,加上原初级技能人员升级为高、中技能等级,还需增加 5% 以上,二者合计将超过 15%,达 750 万人以上。这批人随着技能提高、效率提高,收入也将提高,将成为中产阶层的新成员。

二是结合我国服务业大发展,相应增加灰领、白领岗位及其人员。我国服务业包括生产性服务业和生活性服务业,其中生产性服务业重点发展现代物流业、信息高技术服务业,有序拓展金融服务业,规范提升商务服务业;生活性服务业主要是发展居民商贸服务业、旅游业、家庭服务业以及体

---

①　根据《中国统计年鉴》和《中国高技术产业统计年鉴》有关数据整理计算得出。
②　根据《2013 中国制造业企业 500 强发布　增长大幅放缓》有关数据测算,新华网,2013-08-31。

育事业和体育产业。我国的服务业涉及面很广,涉及从业人员总数大约有2.6亿人。随着我国服务业建设向现代化发展,特别是生产性服务业信息化技术的广泛使用,其技术含量将大幅度提升,相应地其白领和灰领岗位及其人员将大幅度增加。如果按2.6亿人的10%估算,就达2600万人。随着这批人教育程度的提高,素质、能力的提升和工作效率及业绩的提升,他们的收入、在用人单位的地位和影响力均会相应提高,也将成为中产阶层的新成员。

三是结合农业结构战略性调整和加快农业科技创新,相应增加新型农业经营者和农业技术工人。这既是发展现代农业的需要,也是在农民中培育中产阶层成员的有效途径。目前,在东北、华北地区已经出现了新型农业大户和一批农业机械工人。对此,首先要对这些新型农民给予扶持,帮助其巩固现有规模和效益,在此基础上再争取新发展。其次,要结合农民转移到城镇、土地流转等,继续稳步增加规模经营农地,相应增加规模经营农业大户和农业机械工人,促进他们成为中产阶层的新成员。这批新型农民如果按2014年农业劳动力总数10548万人[①]的5%测算,就有500多万人能够或已经进入中产阶层。

(三)加强职业培训和在岗培训,提升广大劳动者素质

在现阶段我国产业结构调整和产业升级换代的进程中,如何提升劳动者综合素质以适应形势发展需要,成为当前人力资源开发管理的重大任务,也是促进中产阶层成员走向成熟的重要措施。

首先要加强管理技术人员的学习、培训,提高其管理、技术水平和职业素质。管理技术人员作为白领,一般受教育程度都在大学专科或本科以上,是中产阶层的天然成员,也是中产阶层的重要组成部分,能够引领现今

---

① 根据国家统计局《2014年国民经济和社会发展统计公报》公布的全国就业人员总数77253万,减去城镇就业人数39310万,再减去全国农民工总数27395万后得出10548万人从事农业劳动。

中国中产阶层内受教育程度偏低的其他成员提高文化素质。因而搞好他们的学习、培训意义重大。当前,首先要抓好管理技术人员的专业培训,提升他们的管理业务或专业技术业务水平,进一步做好管理、技术工作,提高用人单位的管理、技术效率和效果。其次要抓好管理技术人员的职业道德教育,特别是其中的公务员、其他公共服务人员、企业管理人员的职业道德教育,提升职业道德水平,由政府部门率先改变"门难进、脸难看、事难办"的旧风气、旧习惯,引导社会风气的转变,发挥中产阶层对社会的正面引导作用,同时促进培育中产阶层的核心价值观。再次,要抓好管理技术人员创新思维和创新能力的学习、培训,尤其是专业技术人员的创新思维和创新能力,对于使我国由制造大国转变为制造强国、智造大国尤为关键。

其次要加强技能工人、灰领岗位人员的学习、培训。这支队伍既是中产阶层的组成部分或潜在组成部分,也是创造物质财富的重要力量,抓好他们的学习、培训具有重要意义。一方面,要通过在岗培训、专项培训、职业技术学校教育等提高他们的技能水平,使之能够成为企业生产、服务工作的骨干,为大幅度提高我国第二、三产业产品和服务的数量和质量奠定能力基础;另一方面,要通过用人单位员工手册、内部报刊、网络、手机等或班前会、职工大会、专题讲座等,通俗易懂地传播爱岗敬业、诚实守信等观念,提高产品和服务的质量与数量,使这个群体在多做贡献的基础上也能够相应获得较高的薪酬,促进他们中相当部分人员进入中产阶层。

再次要加强对农民工的培训。这支队伍人员数量庞大,所受教育程度不高,其中有部分中产阶层的潜在成员,他们需要培训的内容与城镇职工有较大的不同,因而应有针对性地对其开展培训,主要采取进城一般性培训、上岗培训、在岗培训和专项培训的方式。劳动力输入地、输出地可分别对成批输入、输出的农民工先进行一般性培训,让农民工了解城镇生活、工作的通常规则,或针对农民工进城后的某些共性问题进行有针对性的培训,以使农民工能够尽快适应城镇的生活和工作。人社部门和用人单位可对新参加工作的农民工进行上岗培训,以使他们基本了解岗位工作要求,上岗后就能发挥应有作用。企业应对农民工进行在岗培训,使之熟练掌握操作流程和技能,提高其劳动能力,还应做一些专项培训,包括专项技术培训、职业道德教育等。通过培训,提高农民工的综合素质,更好地适应城镇及用人单位的工作、生活,同时也培育了其中能够成为中产阶层成员者,为扩大中产阶层提供间接支持。

五、全面"兴中"应充分发挥用人单位和劳动者的主体作用

发展扩大中产阶层是一个经济社会发展的自然过程,也是经济社会体制改革、多项政策措施作用的相应结果。其中,市场主体——用人单位和劳动者发挥主体作用,具有极为重要的意义。

(一)用人单位:如何培育中产者

中产阶层的发展扩大取决于经济社会环境良好、有序,而良好、有序的经济社会环境是由其基本构成单元——用人单位拥有良好的内部环境所支撑的。这一良好的内部环境包括用人单位经营管理理念较新,各项管理制度比较健全,各项管理机制运行有序,单位文化包容性强,内部劳动关系、人际关系整体和谐融洽,各类劳动者职业生涯通道基本开通等。除了新成立的用人单位外,一般而言,成立多年特别是比较成熟的用人单位,如果其内部环境良好、有序,其经济社会效益就好,同时,其人力资源队伍就会有一个比较合理的结构和形状。其中,白领岗位为主的这类用人单位,其人力资源队伍大都是橄榄形的;灰领岗位为主的这类用人单位,其人力资源队伍较多是方尖碑形的;蓝领岗位为主的这类用人单位,其人力资源队伍较多是底部明显缩小的金字塔形的,进入金字塔中层的蓝领劳动者明

显多于同类其他单位。所以说,大多数用人单位能否在内部建立合理形状的人力资源队伍结构,培育大量的具有中等及以上技能素质水平的劳动者群体,是社会上能否扩大中产阶层、形成橄榄形社会阶层结构的关键。用人单位营造有利于人力资源队伍发展并形成合理形状的环境条件,既是保持其自身健康可持续发展的需要,也是其应尽的社会责任,对于扩大中产阶层具有极为重要的作用。为此,用人单位应抓好以下几项工作。

一是要树立正确的人力资源理念。用人单位应高度重视人力资源,把人力资源当作人力资本,把支付的薪酬、福利、培训等费用当作能带来更多价值的投资;把构建内部橄榄形分配格局并形成合理形状的人力资源队伍结构当作提升本单位效率效益的手段,同时也当作自己的社会义务。应坚持使用正确的人力资源理念指导本单位的人力资源开发和管理工作,实现本单位人力资本和经济社会效益的双提升。

二是要做好人力资源基础管理工作。首先,用人单位应科学设置生产经营或业务流程,据此设置或重新优化组织机构,正确划分各部门、单位的职责权限,科学设置各部门、单位的工作岗位,并做好定岗定员等工作。这是强化人力资源队伍建设的基础工作,有此基础,才可能实现因事设岗、因岗配人,尽可能把每位员工配置到适合其发挥自己聪明才智的岗位上工作。这既是提高用人单位工作效率的需要,也是促进员工成长的需要,有利于为发展扩大中产阶层提供人员基础。

三是要建立健全促进人力资源队伍成长发展的制度机制。主要是建立健全绩效管理体系、全面薪酬激励机制、素质能力提升机制和职业生涯发展机制。通过绩效管理体系明确组织、团队和员工的绩效目标,将其有机衔接起来,指导员工和整个队伍的工作方向;通过灵活多样的薪酬分配制度和办法,对整个队伍以及每位员工所付出的劳动、所得到的业绩及时支付应得报酬,并辅之以精神鼓励,激励整个队伍和每位员工做出更大贡献;通过培训开发系统,有计划、有针对性地对员工因人制宜地培训和开发,持续提升每位员工和整个队伍的素质能力水平;通过员工职业发展通道,开通各类人员横向可转换、纵向可升降的职位体系,营造用人单位内部"360行,行行出状元"的良好氛围,促进员工积极向上发展,在提升自己素质能力水平和个人地位、待遇的同时,对本单位和社会做出更多贡献。

四是要建立充满活力、形状和结构合理的人力资源队伍。用人单位应拟订本单位人力资源发展规划,在梳理明确本单位近、中、远期生产经营或业务服务等发展目标和规划的基础上,对人力资源队伍各层级、各类别人员情况做出科学分析和预测。通过上述人力资源队伍成长发展的制度机制,全面调动每位员工的积极性、主动性和创造性,促进其成长进步,使具备条件者上升到职业发展通道的中、高层级,逐步形成本单位合理的人力资源队伍形状,更好地发挥人力资本的效能作用。最终实现员工个人发展成长、队伍素质能力整体提升、用人单位经济社会效益全面提高的多方共赢局面,同时促进中产阶层的扩大。

如果多数用人单位能够做到以上四条,那么我国的核心竞争力将可上一个新的台阶,国家的全面现代化就有了人力资源队伍的可靠保证,同时,中产阶层的扩大就有了坚实的基础。

(二)劳动者:我们如何成长为中产者

在用人单位发挥促进全面"兴中"作用的同时,劳动者个人更应发挥自己的主观能动性,使自己早日成长为用人单位的骨干,或社会上的有用之才。即便所在用人单位暂时不具有良好环境,也不要等,自己应继续努力向上,或另外选择合适的用人单位就业,或自谋职业和自己创业。一般而言,各类劳动者在全面"兴中"进程中,需要按照以下四点共性要求行动。

第一,树立积极向上、奋发有为的人生理念。古语说,"男儿当自强","有志者事竟成","天行健,君子以自强不息"。中华民族自古代以来,一直信奉这种自强不息的精神。作为当代中国的一位成年人,理应继承这种精神,推动自己在通过努力解决生理需要、安全需要、社交需要的基础上,争取解决获得社会认可、尊重的需要。尤其是作为上有老、下有小的成年人,必须具有对家庭负责、对父母尽孝之心,担当抚养、赡养等多项责任。而作为中产阶层的一员,当然更应事业有成,能够让自己及家人过上比较舒适的生活,并能够给予社会一定回报。为达此目标,就一定要树立起积极向上、奋发有为的人生理念,指引自己在人生旅途上努力拼搏。无此种人生理念的人,就不可能进步,也不可能进入中产阶层。

第二,找准自己的人生位置。每位劳动者由于个性、天赋、爱好、自身条件等的区别,因而适合工作的职业、岗位及其层级就不同。因此,要想自己的人生取得真正的进步,成长为中产阶层的一员,首先要选择好适合发挥自己聪明才智的职业、岗位及其层级,不要跟风随大流;也不要去选择那些名声大、位置高,但自己并无兴趣爱好且不具备相应能力的职业、岗位及其层级。勉强追求那些自己不适合的职业和岗位,只会使自己处于名不副实的尴尬境地。在一个正常社会环境中,体现自己价值的不是位置名称的高低,而是自己的真才实学和实际业绩。只要有真本事、有实绩,不论在什么职业、岗位上干,都能够在本行当中向上发展,都能够成长为中产阶层的一员,甚至更上一层楼。

第三,努力学习并发奋工作。要在适合自己的职业、岗位上早日成长进步,成为中产阶层之一员,必须努力学习、刻苦钻研,努力提高自己的工作能力和素质,发奋工作,干出实绩。如果不努力学习、钻研,在当今经济全球化、信息化我国处于工业化中后期的社会背景下,在我国进入全面建成小康社会、全面深化改革、全面依法治国、全面从严治党的新的历史阶段,我们的思想认识和业务能力将难以跟上时代发展的步伐,难以适应职业、岗位工作要求提高的变化,就可能落伍甚至被迫改换低能力要求的职业或低层级的岗位工作;如果不发奋工作、干出实绩并不断提高实绩水平,我们将难以适应组织或社会的需要,将完不成职业、岗位规定的任务,就可能被淘汰。因此,努力学习,发奋工作,既是形势发展和组织或社会的客观要求,也是个人走好人生旅途的现实需要。每位劳动者要敢于通过公平的竞争展现自己的才能,勇于通过实绩比拼展现自己的贡献,从而一步一步在自己选择的职业、岗位上向中高层级发展,获得社会的认可,最终体现自己的价值。在这个过程中,也自然会成长为中产阶层的一员。

第四,在改善自己和家人的生活、提升自己地位的同时回报社会。劳动者为了提高自己的收入、财产水平或保持中产阶层的生活水平,通过努力学习、发奋工作获得应得回报,既对所在单位做出了应有贡献,也改善了自己及家人的生活。但作为成熟的中产阶层的一员,光考虑个人及家庭、只尽个人的工作义务是不够的,还应与其他员工尤其是中层及以上员工一起形成合力,共同对所在单位的整体发展做出贡献。在此基础上,中产阶层成员还应对社会做出贡献,包括发表正确价值观导向的言论,集体做出规范的行为,参与慈善事业等,影响社会风气向好的方向发展。

在遵循以上共性要求的基础上,各类劳动者要成为中产阶层之一员,还应根据自身职业、岗位特点做好以下工作。

白领劳动者作为从事科研技术、经营管理、公共服务等工作的智力人才,他们很容易成为中产阶层的一员。但切不能赖以自傲,仍然需要持之以恒地努力,开阔眼界,多方了解有关信息,紧跟科研技术或经营管理、公共服务等创新发展的潮流,刻苦学习,掌握新知识、新技术,结合实际钻研科研技术或经营管理、公共服务等业务难题,提升自身的素质能力水平和创新力,努力解决面临的科研技术或经营管理、公共服务等难题,以获得社会更高的认可与肯定,在白领群体中向更高层级发展,使个人价值得到更多体现。

灰领劳动者作为介于白领、蓝领之间,既具有良好的理论素养,又能付诸实践的复合型、实用型人才,要及时了解、把握国内乃至国际技能、设计等方面的革新、革命新动态,及时学习掌握新技术、新技能,提升自身素质和操作水平,结合实际推进我国应用新技术、新技能并对其改进完善和创新。其中,个人侧重理论的要强化提升操作能力,个人侧重操作的要补充并提高理论素养。无论哪种灰领人才,都应尽可能掌握一套独到的技能或操作办法,能够为所在单位做出重大实绩,同时为中国由制造大国转变为制造强国和智造强国贡献一份力量。

蓝领劳动者是从事技术含量较低、相对简单的重复性工作的人员,他们是大规模社会生产、服务及其正常运转的不可或缺的劳动大军,对国民经济和社会发展做出了极为重要的贡献。作为这类劳动者,主要有两个发展空间。一个发展空间是通过自己刻苦学习、熟练掌握技能操作方法,成长为中高级技能工人,既提升自己的素质能力水平,又适应我国进入工业化中后期产业升级换代需要大量灰领劳动者的形势,其中也有少数人可通过努力学习经营管理、专业技术知识,提高自己的文化知识水平和素质,成长为白领劳动者。另一个发展空间就是在本职岗位上努力工作,专心琢磨本职工作的技巧、诀窍,大幅度提高自己的工作效率或服务质量,成为本行当的能工巧匠,既获得较高的劳动报酬,也能获得组织的充分肯定和社会的高度认可。特别需要指出的是,随着社会发展,白领、灰领职业、岗位及其从业人员逐步大量增加,愿意从事蓝领岗位的人员逐渐减少,形成新的供不应求格局,蓝领劳动者的薪酬水平将会有大幅度提高。这已经为西方发达国家的类似现实情况所证实,近期在我国也出现了诸如抹灰工工资高于白领人员工资的情况。因此,在我国,蓝领劳动者中也必然会成长出相当数量的中产阶层成员。

自由职业者是不隶属于某个组织或单位、以自己的某项职业能力向市场和客户提供相关脑力劳动产品或服务的人员。在西方国家中,这一群体中的绝大多数人天然是中产阶层的组成人员。在我国,随着经济社会发展,这类人员也逐渐增多。他们在以自己的特定方式向市场和客户提供产品或服务过程中,获得自己的劳动报酬。其中,一些没有单位的作家、画家、艺术家、自由撰稿人、网络写手、摄影师、专利代理人、技术顾问、房地产经纪人、广告中介、直销人士等人员已经成为中产阶层的一员,有的还进入了富裕阶层。这个群体的劳动者,主要靠个人的特定职业能力尤其是独创性或创新性及其效率,获得市场和客户的认可和肯定。因此,自由职业者要努力提升并充分发挥自己的这种职业能力,发掘自己的独创性或创新性,做出成绩获得市场和客户的认可,从而成长为中产阶层之一员。

　　自我创业者是当代中国特别需要的一个群体。正如李克强总理在第十二届全国人大第三次会议上做政府工作报告中所强调的:"推动大众创业,万众创新。这既可以扩大就业、增加居民收入,又有利于促进社会纵向流动和公平正义。"可见,创业和创新是联系在一起的,增加居民收入与社会纵向流动也是联系在一起的,这两方面都与发展扩大中产阶层紧密相关。这里所称自我创业者是一个宽泛的称谓,包括大学毕业生自我创业,海外学者、游子回国创业,下岗失业者自我创业,主动离职者自我创业,自由职业者重新创业,企业家、个体户另辟新领域创业等。作为自我创业者,非常重要的是应具备比较特别的个人素质,包括较强的心理素质、身体素质,较强的创造性思维,以及较强的创新能力、分析决策能力、预见能力、应变能力、社交能力等。自我创业者要充分发挥这些特别的个人素质,抓住机遇,利用政府正在逐步创造、提供的政策支持,在市场上努力打拼出一片自己的天地,在为市场和客户提供独到的产品和满意服务的同时,自己也成长为中产阶层的一员,甚至成长为如马云、柳传志、张朝阳、潘石屹等著名企业家一样的成功创业者。

　　其他劳动者还可以有多种分类,都应像上述几类劳动者一样,从自己所从事的职业、岗位的需要并尽可能结合个人的职业兴趣出发,尽力发挥自己之所长,发奋拼搏,在满足市场和客户需要的同时使自己的收入、财产达到社会平均水平及以上,同时努力提高自己的综合素质,争取成长为成熟的中产阶层的一员。

参考文献

［1］习近平. 习近平谈治国理政［M］. 精装中文版. 北京:外文出版社,2014.

［2］托马斯·皮凯迪. 21 世纪资本论［M］. 巴曙松,陈剑,余江,等,译,北京:中信出版社,2014.

［3］陆学艺(主编). 当代中国社会阶层研究报告［M］. 北京:社会科学文献出版社,2002.

［4］陆学艺(主编). 当代中国社会结构［M］. 北京:社会科学文献出版社,2010.

［5］胡永泰,陆铭,杰弗里·萨克斯,陈钊. 跨越"中等收入陷阱":展望中国经济增长的持续性［M］. 上海:格致出版社,2012.

［6］厉以宁. 中国道路与跨越中等收入陷阱［M］. 北京:商务印书馆,2013.

［7］丹尼尔·贝尔. 后工业社会的来临［M］. 高铭,等,译. 北京:商务印书馆,1984.

［8］陶开宇. 中等收入阶层消费和谐化趋势研究［M］. 北京:中国经济出版社,2009.

[9] 周晓虹. 全球中产阶级报告[M]. 北京:社会科学文献出版社,2005.

[10] 托克维尔. 旧制度与大革命[M]. 冯棠,译. 北京:商务印书馆,1992.

[11] 李春玲. 断裂与碎片:当代中国阶层分化实证分析[M]. 北京:社会科学文献出版社,2005.

[12] 沈瑞英. 矛盾与变量:西方中产阶级与社会稳定研究[M]. 北京:经济管理出版社,2009.

[13] 费尔南多·奥古斯都·阿德奥达托·韦洛索,莉亚·瓦尔斯·佩雷拉,郑秉文. 跨越中等收入陷阱:巴西的经验教训[M]. 北京:经济管理出版社,2013.

[14] 杨继绳. 中国当代社会阶层分析[M]. 南昌:江西高校出版社,2013.

[15] 梁晓声. 中国社会各阶层分析[M]. 增订本. 北京:文化艺术出版社,2014.

[16] 迟福林(主编). 转型抉择——2020 中国转型升级的趋势与挑战[M]. 北京:中国经济出版社,2015.

[17] 李春玲(主编). 比较视野下的中产阶级形成——过程、影响以及社会经济后果[M]. 北京:社会科学文献出版社,2009.

[18] 黎熙元. 梦想与现实:香港社会分层与社会流动[M]. 北京:北京大学出版社,2008.

[19] 莱特·米尔斯. 白领:美国中产阶级[M]. 周晓虹,译. 南京:南京大学出版社,2006.

[20] 李培林. 重新崛起的日本[M]. 北京:中信出版社,2004.

[21] 魏城. 所谓中产:英国《金融时报》中文网对中国中产阶层的调查[M]. 广州:南方日报出版社,2007.

[22] 朱耀群. 中产阶层与和谐社会[M]. 北京:中国人民公安大学出版社,2005.

[23] 沈瑞英. 转型期中国中产阶层与社会秩序问题研究[M]. 上海:上海

社会科学院出版社,2012.

[24] 蔡昉. 避免"中等收入陷阱"——探寻中国未来的增长源泉[M]. 北京:社会科学文献出版社,2012.

中文期刊

[1] 顾纪瑞. 界定中等收入群体的概念、方法和标准之比较[J]. 现代经济探讨,2005(10):14.

[2] 李春玲. 如何定义中国中产阶级:划分中国中产阶级的三个标准[J]. 学海,2013(3).

[3] 郁方. 19世纪末以来中国中产阶层的消费文化变迁与特征[J]. 学术研究,2005(7):4.

[4] 何建章. 论"中产阶级"[J]. 社会学研究,1990(2).

[5] 周晓虹. 中国中产阶级:现实抑或幻象[J]. 天津社会科学,2006(2):60~67.

[6] 马丽娟. 关于中国中产阶层的特点及其社会功能[J]. 前沿,2006(4).

[7] 方才金. 关于"中产阶级"问题的思考——兼谈我国现阶段的阶级斗争[J]. 湖北社会科学,1990(4).

[8] 吴健,李晓辉. "中间阶级论"评析——当代资本主义国家中产阶级问题的理论考察[J]. 教学与研究,1990(5).

[9] 李强. 关于中产阶级和中间阶层[J]. 中国人民大学学报,2001(2).

[10] 罗必良. 中产阶级在崛起[J]. 商业时代(半月刊),2002(11).

[11] 徐江. 新中产阶级崛起:中国富裕时代的开始[J]. 经贸世界,2001(8).

[12] 陈小雅. 中国中产阶级浮出水面[J]. 商业文化,2002(2).

[13] 苏海南. 努力扩大我国的中等收入者比重[J]. 宏观经济研究,2003(4).

[14] 傅宏波. 正在崛起的中国中产阶级[J]. 观察,2004(4).

[15] 李强. 怎样看待我国的中产阶级[J]. 领导文萃,2007(9):14~17.

[16] 陆学艺. 中国社会阶级阶层结构变迁 60 年[J]. 北京工业大学学报：
社会科学版,2010(3).

[17] 张车伟,蔡翼飞. 日本"国民收入倍增计划"及其对中国的启示[J]. 经
济学动态,2010(10).

[18] 刘欣. 中国城市的阶层结构与中产阶层的定位[J]. 社会学研究,2007(6).

[19] 李培林. 中国中产阶级的规模、认同和社会态度[J]. 社会,2008(2):1~20.

[20] 李强. 关于中产阶级的理论与现状[J]. 社会,2005(1).

[21] 丁骥千. 法国社会阶级差别的重现[J]. 国外理论动态,2003(7).

[22] 苏海南. 理顺收入分配重在"提低、扩中、调高"[J]. 时世报告:大学生
版,2006,45(23).

[23] 霍米·卡拉斯. 中国向高收入国家转型:避免陷入中等收入陷阱的因
应之道[J]. 比较,2011,56(5).

[24] 苏海南,常风林. 构建"橄榄形"分配格局[J]. 时事报告:大学生版,
2010,65(1).

[25] 白维军,王奕君. 巴西缩小收入差距的作法及启示[J]. 经济纵横,
2012(3).

[26] 肖富群. 当代中国中产阶层研究[J]. 广西师范大学,2003.

报告

[1] Anxious Middle:Why Ordinary Americans Have Missed out on the
Benefits of Growth[R]. Financial Tims,November 2,2006.

[2] 林华. 哥斯达黎加的经济发展与收入分配[R].

网页

[1] 新中国成立 60 周年专题报道——中国下海风云录. http://news. qq.
com/zt/2009/ldzg/xhjs. htm.

［2］社会中间阶层生存状态透视 有车有房还说不快乐. 人民网,2004-8-6.
http：//www. people. com. cn/GB/jingji/1047/2690403. html.

［3］日本的启示：国民收入倍增计划造就日本黄金时代. 凤凰网,2007-3-18.
http：//news. ifeng. com/history/1/200703/0318_335_89552_3. shtml.

［4］"世界各国如何解决贫富差距：完善社保扶贫抑富",新华网,2010 年 4
月 10 日。

［5］胡赟. 中产阶级在中国最难定义. 南方周末,2011-8-4. http：//news.
xinhuanet. com/world/2010-04/01/c_1211931_2. htm.

后　记

　　我们三位作者是"一老"加"两青",因先后都关注并研究过中等收入群体等问题而组成了一个小组,共同撰写本书。从 2014 年 7 月 7 日由中国(海南)改革发展研究院与浙江大学出版社在京共同召开"中国经济转型与创新发展丛书座谈会",明确丛书撰写任务和进度安排后,我们在继续做好大量日常劳动保障研究工作的基础上,挤时间开始本书撰写的准备工作,收集研究有关文献资料,讨论修改撰写提纲,于当年 9 月开始分工撰写本书各章节。由于日常事务繁杂,基本只能靠业余时间动笔,只是到 2015 年二三月份才算占用了部分正常上班时间,于 4 月 2 日完成初稿。根据丛书编委会 4 月下旬反馈的意见,对初稿又做了系统修改、完善,终于于 5 月中旬按期完成了本书的撰写任务,这让我们顿感轻松和愉快。

　　尽管我们三人曾经对"中等收入群体"、"中产"等问题进行过研究并发表过相关文章、研究报告,但在撰写本书过程中,仍深深感到这是一个需要重新收集整理相关资料的过程、需要重新思考探讨的过程、需要重新认知表达的过程。"中产阶层",这是一个当今人们既熟悉又有些陌生的名称,是一个人们既羡慕又有些隔膜的群体；而"中产阶层的兴起"则更是一个既与亿万老百姓生活品质提升息息相关，又与国家经济发展、社会进步等紧密联系的社会工程。学界和社会上对此一直众说纷纭。关于"当代中国中产阶层"是什么样的，"中产"标准如何在现实性与激励性、导向性之间取得平衡，如何客观评价"中产"的功能地位等就有多种观点认识，特别是在当前我国处于经济增速换挡期、经济结构调整阵痛期、前期刺激政策消化期"三期叠加"和面临"中等收入陷阱"挑战的形势下，当代中国能否和如何全面"兴中"，以及政府到底需不需要、能不能在"兴中"中有所作为等重要问题上，更是存在歧见。而今年既是"十二五"规划的收官之年，又是"十三五"规划草案的起草之年。在此背景下，将以上关于"中产阶层"相关问题的新探讨、新认识公之于众，起抛砖引玉之用，应该是每位研究者的应尽义务和责任。我们很高兴能赶上这一时间完成本书，我们愿意把自己就此重新学习思考的一些新认知通过本书与各有关方面交流，我们更期盼自己重新梳理的当代中国全面"兴中"思路和措施能通过本书引发大家的讨论。如果我们的一些看法和建议能够对起草"十三五"规划提供一点参考，能够为中国大国转型建言献策，那将是我们的骄傲和光荣。

坦率地说，"中产阶层"这一主题涉及社会学、经济会、政治学等多领域，相关论述成果已颇丰厚，争议也大。我们在写作中一直希望写出高度、写出深度、写出特色，拿捏好专业性、可读性和实效性之间的关系，做到"深入"而"浅出"，但能否或者能在多大程度上实现这些初衷，还有待读者检验。

本书由苏海南拟订写作提纲，执笔导言、第七章、第八章、第九章；由王宏执笔第三章、第四章、第六章；由苏海南、常风林执笔第一章、第五章；常风林执笔第二章；全书由苏海南审改定稿。在撰写过程中，我们三人既分工又合作，既鼓励观点碰撞又寻求最终达成共识，因而本书是我们"一老"加"两青"共同努力的成果。

本书得以付印出版，要感谢中国（海南）改革发展研究院和浙江大学出版社。我们在撰写本书过程中，还得到了中国劳动学会和中国劳动保障科学研究院有关专家、学者的帮助，也得到我们的家人、同事和朋友等的大力支持，在此一并表示衷心的感谢！

作　者
2015 年 5 月于北京